INHALT

VORWORT *von Karl Habsburg-Lothringen* _____ 7

EINLEITUNG _____ 9

ARTSTETTEN – *»Verbunden durch das Band der Ehe,*
vereint durch das gleiche Geschick« _____ 12

BADEN – *Die klassizistische Weilburg des Siegers von Aspern* _____ 19

ECKARTSAU – *Letzte Zuflucht vor dem Exil* _____ 24

GMUNDEN-ORT – *Refugium eines Aussteigers* _____ 31

GUSSWERK – *Der Brandhof – das Mustergut von*
Erzherzog Johann und seiner Hausfrau _____ 37

GUTENSTEIN – *Die Burg Friedrichs des Schönen* _____ 44

GRAZ-KARLAU – *Vom Lustschloß zur Strafanstalt* _____ 49

HALBTURN – *Schauplatz einer Romanze* _____ 54

HERNSTEIN – *Der historische Traum eines Erzherzogs* _____ 60

INNSBRUCK-AMBRAS – *Denkmal eines Renaissancefürsten* _____ 66

INNSBRUCK – EREMITAGE – *Ein Erzherzog als Einsiedler* _____ 72

ISCHL – *Franz Josephs »Himmel auf Erden«* _____ 79

KLAGENFURT – *Die Residenz der Erzherzogin Maria Anna* _____ 87

LAXENBURG – *Habsburgischer Lieblingssitz mit*
700jähriger Tradition _____ 94

LINZ – DIE KAISERLICHE BURG – *Leidensstation*
Kaiser Friedrichs III. _____ 105

LINZ – DIE FREINBERGTÜRME – *Obsessionen*
eines Turmbaumeisters _____ 111

MANNERSDORF AN DER LEITHA – *Wo Kaiserin Maria*
Theresia badete _____ 117

MAYERLING – *Die Tragödie im Jagdschloß* 123

MÜRZSTEG – *Vom kaiserlichen Jagdschloß zur Präsidentenvilla* 129

PERSENBEUG – *Das Schloß über der Donau* 139

REICHENAU AN DER RAX – *Die Habsburger auf Sommerfrische
– Rudolfsvilla und Schloß Wartholz* 146

SALZBURG-KLESSHEIM – *Ein Habsburger in der Verbannung* 154

SALZBURG – RESIDENZ – *Habsburgische Emigranten in der
Residenz der Fürsterzbischöfe* 162

SCHLOSSHOF – *Habsburger im Marchfeld* 169

SCHÖNAU AN DER TRIESTING – *Vom Prunkschloß
zum Landhaus* 176

WELS – DIE KAISERLICHE BURG – *Wo »der letzte Ritter« starb* 182

WIEN – ALBERTINA – *Ein Zeugnis habsburgischer
Sammelleidenschaft* 187

WIEN – AUGARTEN – *Des »Volkskaisers liebste Schöpfung«* 193

WIEN – THERESIANUM – *Von der kaiserlichen Favorita
zur Eliteschule* 198

WIEN – HERMESVILLA – *Titanias Zauberschloß* 206

WIEN – SCHLOSS HETZENDORF – *Witwensitz und Gästehaus* 215

WIEN – NEUGEBÄUDE – *Ein Torso klagt an* 222

WIEN – PALAIS RAINER – *Ein Opfer der Nachkriegszeit* 231

WR. NEUSTADT – DIE BURG – *Eine Residenz als Militärakademie* 236

LITERATUR 243

BILDNACHWEIS 248

VORWORT

Karl Habsburg-Lothringen

Das vorliegende Buch über »Habsburgs Häuser« kann mit Recht als ein höchst informatives Werk bezeichnet werden, welches den geschichts- und kunstinteressierten Menschen von heute gleichzeitig als Nachschlagewerk, aber auch zur Beschreibung der Lebensführung vergangener Jahrhunderte dienen und auch einen Einblick in das Privatleben der »Häuser« bieten kann. Erfreulich ist auch die Tatsache, daß hier eine objektive und nicht einseitig wertende oder gar verurteilende Geschichtsschreibung erfolgt und daß die Autorin, Dr. Anna Maria Sigmund, Zitate von Zeitzeugen verwendet. So kann ein abgerundeter Eindruck entstehen, und die Leser können sich selbst ein Bild von der Zeit und den Bewohnern machen. Dies ist gerade angesichts der heute weitverbreiteten Art der Geschichtsschreibung besonders erwähnenswert. Denn heute geht es vielen Historikern nicht darum, Geschichte so zu beschreiben, wie sie damals war, sondern die Geschichte im Vergleich zu heute darzustellen und subjektiv zu bewerten.

Ich bin überzeugt, daß dieses Buch eine interessierte Leserschar finden wird, und hoffe, daß diese Art der Geschichtsschreibung viele Nachahmer finden wird. Der Autorin sei Dank für ihre umfassende Arbeit gesagt.

Wien, im Sommer 1995

Die Habsburger haben nicht nur residiert, sie haben auch gewohnt; und bevor sie in der Kapuzinergruft ein endgültiges und letztes Domizil fanden, schufen sich viele von ihnen, je nach Geschmack, Zeitumständen und finanziellen Möglichkeiten, ihr sehr persönliches, oft unverwechselbares Ambiente. Von ihren großen Residenzen soll hier nicht die Rede sein: Sie sind allesamt wohlbekannt. Aber sie bauten auch Stadtpalais und Lustschlösser, trutzige Burgen und reizvolle Villen, praktische Witwensitze und verschrobene Klausen, mustergültige Bauerngehöfte und skurrile Wehrtürme. Selbst wenn man sich – wie hier – nur auf ihre Bautätigkeit in Österreich beschränkt, wäre ein vielbändiges Werk vonnöten, um eine vollständige Übersicht zu bieten. Das soll hier auch gar nicht angestrebt werden; es kann nur eine knappe Stichprobe geboten werden, ein kurzer, aber hoffentlich abwechslungsreicher Ausflug in die vielfältige, mit der österreichischen Landschaft seit Jahrhunderten so innig durchwobene Wohnwelt der Habsburger. Die Ausdrucksformen dieser höchst privaten Tätigkeit führen weg von den Herrschern und hin zu den habsburgischen Menschen, die plötzlich mit ihren Vorzügen und Schwächen hervortreten und verständlich werden. Nicht alles, was sie schufen, entsprach den strengsten ästhetischen Anforderungen, doch bei der Auswahl des Standortes bewiesen sie stets eine bewundernswerte Treffsicherheit. Die Vorliebe der Habsburger für eine bestimmte Gegend kann als ein absolutes Gütesiegel ihrer Schönheit gelten – und heute läßt sich die österreichische Kunstlandschaft gar nicht ohne ihre Bautätigkeit vorstellen.

Dabei war der erste, wenig bekannte Besuch eines Habsburgers, nämlich der Ottos von Havichsburg, in Österreich – er fand im Zuge einer Heerfahrt nach Ungarn schon im September 1108 statt – ohne Folgen geblieben.

Ebenso hinterließ Rudolf von Habsburg trotz seiner folgenschweren Politik keine Bauwerke, obwohl er sich länger in Österreich aufhielt als je ein Reichsoberhaupt vor ihm.

Auch im Hochmittelalter sollte die habsburgische Bautätigkeit eine bescheidene bleiben. Das ursprünglich landfremde Geschlecht beanspruchte und übernahm in Österreich das reiche Erbe der ausgestorbenen Babenberger, zu dem auch zahlreiche Gebäude gehörten. Sie wurden für die eigenen Bedürfnisse adaptiert und angepaßt. Die Rezeption des Renaissancestils erfolgte in Österreich vergleichsweise spät und kollidierte überdies mit dem ersten Aufflackern der religiösen Auseinandersetzungen, so daß sich die Errichtung von Neubauten im 16. Jahrhundert in vergleichsweise engen Grenzen hielt. Erst nach dem Ende der Religionskämpfe und dem Sieg der Gegenreformation kam es zu einer Belebung der Bautätigkeit, die nach der Bannung der Türkengefahr in einen triumphalen Bauboom mündete. Einen zweiten Höhepunkt erlebte die private Bautätigkeit dann in der Gründerzeit des 19. Jahrhunderts, als der Historismus mit seiner Stilvielfalt, verbunden mit neuen technischen Möglichkeiten, vielen der ausgeprägt individualistischen habsburgischen Persönlichkeiten einen idealen Boden für die Verwirklichung ihrer Bauwünsche bot.

Verschiedenartig wie die Bauwerke der Habsburger waren auch die Architekten. Vom kaiserlichen ersten Kammerdiener, der ein Faible für Bauten hatte, bis hin zu den berühmtesten Architekten der Zeit spannt sich der Bogen der für die Familie Habsburg tätigen Baukünstler. Manche der Habsburger waren dem Diktat ihrer selbstbewußten und gelegentlich recht exzentrischen Architekten hilflos ausgeliefert, doch andere trugen viel Eigenes zu den Entwürfen bei, und nicht wenige legten selbst Hand bei der Durchführung an. Vor allem aber durchdrang die Familie die Bauwerke mit ihrer einzigartigen Geschichte – und ihren Geschichten. Mit Hilfe zeitgenössischer Zitate wollen wir auch hinter die Fassaden blicken – die ja bekanntlich nicht nur schmücken, sondern auch verbergen – und das private Leben, das sie bargen, in Momentaufnahmen festhalten.

Manche der Bauwerke sind, unbeschadet der Zeitläufte, weiterhin in habsburgischem Besitz. Andere wurden verkauft. Viele wurden vom Staat übernommen und dienen heute als Museum oder Institut, als Sommersitz des Bundespräsidenten oder auch als Strafanstalt. Nicht wenige wurden abgerissen und leben nur noch in Berichten und Bildern. Dazu gehören etwa die Weilburg bei Baden oder das Palais Rainer – unersetzliche Verluste. Andere, wie etwa das großartige Neugebäude in Wien, sind wie aus dem Bewußtsein verdrängt und drohen zu verfallen. Das sollte nicht sein. Vom prunkvollen Palast bis zur bescheidenen Jagdhütte – die Häuser der Habsburger stellen ein Kulturerbe dar, das keinen geschichtlich Interessierten gleichgültig lassen kann.

Schloß Artstetten

ARTSTETTEN

Als der Thronfolger Franz Ferdinand (1863–1914) heimlich mit der Gräfin Sophie Chotek, seiner späteren morganatischen Gattin, korrespondierte, wählte er das Pseudonym »Graf Artstetten«, ohne dabei auch nur im entferntesten zu ahnen, welch tragische Signifikanz Artstetten für ihn und seine Familie erlangen sollte.

Die niederösterreichische Herrschaft Artstetten gehörte zum Familienbesitz und war schon zu Lebzeiten des Vaters, Erzherzog Karl Ludwig, auf den Thronfolger übergegangen.

Schloß Artstetten liegt hoch über dem Donautal, unweit von Melk, und besteht aus einem drei-, im Norden viergeschoßigen, um einen rechteckigen Hof gruppierten Baukörper. Mit Zwiebelhelmen versehene Rundtürme betonen die Ecken. Der Vierflügelbau entstand durch den sukzessiven Ausbau einer mittelalterlichen Burganlage. Von 1560 bis 1592 ließ der damalige Besitzer, Matthias Grundrechning, unter Anfügung eines Seitentraktes eine Umgestaltung im Renaissancestil vornehmen. Von 1691 bis 1698 erbaute Max Braun von Rottenhaus und Rosental den West- und Nordflügel und gab Artstetten dadurch in Grundzügen seine heutige Gestalt.

Nach einer langen Reihe verschiedener Eigentümer erwarb 1823 Kaiser Franz II. (I.) die Herrschaft. Sein Enkel Erzherzog Karl Ludwig, der Artstetten geerbt hatte, begann 1863 mit der Anlage eines Parks und der Pflanzung einer Allee. Eine allgemeine Adaptierung und Modernisierung des Schlosses für gelegentliche Sommeraufenthalte umfaßten die Deckung der Türme mit kegelförmigen Schieferdächern, aber auch den Einbau von Bädern.

Franz Ferdinand hatte zu Artstetten, wo er als Kind einige Sommer verbrachte, keine besondere Beziehung. Als er 1875 nach dem Tod Franz' V. von Modena das große estensische Vermögen erbte, galt sein Hauptinteresse den böhmischen Gütern Konopischt und Chlumetz. Trotzdem hegte der Thronfolger für Artstetten – seinem mit nur einigen hundert Hektar kleinsten Besitz – Ausbaupläne. 1912 bekamen auf besonderen Wunsch Franz Ferdinands die Türme wieder ihre originalen barocken Kuppeln aus Kupfer, und 1914 entstand ein dem Stil des Hauptschlosses angepaßter Verwaltungsanbau. Ein großes Archiv- und Bibliothekszentrum (für 70 000 Werke) kam allerdings über das Planungsstadium nicht hinaus.

Artstetten, Stich von G. M. Vischer, 1672

Am 1. Juli 1900 heiratete Franz Ferdinand im nordböhmischen Reichstadt (heute Zákupy) seine langjährige Freundin, die Gräfin Sophie Chotek. Die Eheschließung war gegen den hartnäckigen Widerstand des Kaisers durchgesetzt worden, da Sophie zwar dem böhmischen Uradel entstammte, aber nach den antiquierten habsburgischen Familiengesetzen nicht ebenbürtig war. Dies waren nur Angehörige regierender Herrscherhäuser. Die zwei Tage vor der Heirat geleistete »Renunziation« Franz Ferdinands zwang ihn, auf die Thronfolge seiner zukünftigen Kinder zu verzichten. Sophie erhielt den Titel einer Fürstin (ab 1909 Herzogin) von Hohenberg.

Kein Mitglied des Erzhauses nahm an der als Familienangelegenheit abgetanenen Hochzeit teil. Das gab dem Thronfolgerpaar einen Vorgeschmack auf sein künftiges Leben bei Hof. Fürst Montenuovo, der Obersthofmeister Kaiser Franz Josephs und selbst ein Nachkomme der Beziehung von Marie Louise – deren Gatte Napoleon damals noch lebte – mit dem Grafen Neipperg, ließ mit maliziösem Vergnügen alle Facetten des spanischen Hofprotokolls zur Anwendung kommen. So durfte die Fürstin Hohenberg an der Hoftafel nicht neben ihrem Mann sitzen und erhielt für Hofbälle einen Begleiter zugewiesen. Man erlaubte ihr nicht, bei Paraden neben Franz Ferdinand zu stehen, und stufte sie rangmäßig hinter der jüngsten unverheirateten Erzherzogin ein. Das gesellschaftliche Leben des Thronfolgers und seiner Gattin war reich an Affronts und kränkenden Zurücksetzungen und stellte für beide eine schwere

13

Belastung dar. Trotzdem führte das Paar eine sehr glückliche Ehe. Um den Zwängen des Protokolls zu entgehen, blieb man der kaiserlichen Residenzstadt Wien möglichst fern und wohnte vorzugsweise in Konopischt, Chlumetz, aber auch in Blühnbach, Artstetten oder dem Kärntner Jagdschlößchen Lolling.

Franz Ferdinand war ein begeisterter Bauherr und guter Organisator. Als überzeugter Denkmalschützer unterstützte er die »Zentralkommission zur Erforschung und Erhaltung historischer Baudenkmäler« und nahm auf all seinen Besitzungen große Umbauten vor. Daneben betreute er zahlreiche Bauvorhaben (Objekte der öffentlichen Hand sowie des habsburgischen Familienfonds), wie etwa die Wiener und die Innsbrucker Hofburg, Schloß Ambras, Schloß Eckartsau und das Wiener Belvedere.

Die Geburt eines toten Sohnes im November 1908 führte dem Thronfolgerpaar seine Ausnahmesituation wieder schmerzlich vor Augen, denn das Protokoll schloß eine Bestattung in der für Angehörige des Herrscherhauses reservierten Kapuzinergruft selbstverständlich aus. Sich über das Protokoll hinwegzusetzen, wie es einst Kaiserin Maria Theresia mühelos getan hatte, die ihre verehrte Erzieherin, die Gräfin Fuchs, als besondere Auszeichnung unter den Habsburgern bestatten ließ, kam für Kaiser Franz Joseph nicht in Frage. Es blieb dem Thronfolger nichts anderes übrig, als sich 1909 in Artstetten, seinem Wien am nächsten liegenden Besitz, eine Familiengruft zu schaffen. Vermutlich hätte Franz Ferdinand bei seinem Regierungsantritt als erstes das seine geliebte Familie so diskriminierende Gesetz geändert. Dazu sollte es allerdings nicht kommen. Am 28. Juni 1914 fielen der Thronfolger und seine Gattin dem Attentat von Sarajevo zum Opfer. Über die damals in Wien herrschende Stimmung und die Person Franz Ferdinands schrieb Stefan Zweig:

»… die Nachricht von seiner Ermordung erregte … keine tiefe Anteilnahme. Zwei Stunden später konnte man keine Anzeichen wirklicher Trauer mehr bemerken … Franz Ferdinand … fehlte gerade das, was in Österreich für eine rechte Popularität unermeßlich wichtig war: persönliche Liebenswürdigkeit, menschlicher Charme, und Umgänglichkeit der Formen. Ich hatte ihn oftmals im Theater beobachtet. Da saß er in seiner Loge, mächtig und breit mit kalten, starren Augen, ohne einen einzigen freundlichen Blick auf das Publikum zu richten … nie sah man ihn lächeln, keine Photographie zeigte ihn in aufgelockerter Haltung …«

Tatsächlich erfreute sich der Thronfolger weder beim Kaiser noch in der Öffentlichkeit irgendwelcher Beliebtheit. Die nach seiner Ermordung bei Hof einsetzenden Intrigen bezüglich des Zeremoniells seiner Beisetzung wurden jedoch allgemein als würdelos empfunden. Immerhin war der Thronfolger in Ausübung seines Dienstes für die Monarchie gestorben. Als »Generalinspektor der gesamten Bewaffneten Macht« hatte er als Stellvertreter des Kaisers fungiert. Seinem Rang entsprechend gebührte ihm ganz selbstverständlich ein

Das interessante Blatt

Abonnementspreise mit wöchentlicher Postversendung: für Oesterreich-Ungarn: vierteljährig 3 Kronen 25 Heller, halbjährig 6 Kronen 50 Heller, ganzjährig 13 Kronen 80 Heller; für Deutschland: vierteljährig 4 M., halbjährig 8 M.
ganzjährig 16 M.; für alle übrigen Länder des Weltpostvereines: vierteljährig 7 Francs, halbjährig 14 Francs, ganzjährig 28 Francs. — Einzelne Nummern 24 Heller.
Redaktion und Administration: Wien, III. Rüdengasse 11 (Telephone 4199, 9767 und 9540), Stadtbureau: Wien, I. Schulerstraße 18.

| Nr. 28. | Erscheint Jeden Donnerstag. | Wien, 9. Juli 1914. | Abonnements durch jede Buchhandlung und Postanstalt. | XXXIII Jahrg. |

Die Beisetzung des Thronfolgerpaares.

Die letzte Fahrt zur Gruft auf Schloß Artstetten.

In der Dämmerung bei Morgengrauen werden die Leichenwagen mit den Särgen des Erzherzog-Thronfolgers Franz Ferdinand und der Herzogin Sophie von Hohenberg auf einer Fähre über die Donau von Pöchlarn nach Artstetten übersetzt.
Nach einer photographischen Aufnahme der „Kilophot“. G. m. b. H., Wien.

Überführung des Thronfolgerpaares von Pöchlarn nach Artstetten

Platz in der Kapuzinergruft. Da es der Hof als undenkbar empfand, auch die Herzogin von Hohenberg in der Gruft der Habsburger aufzunehmen, kolportierte man die pseudo-pietätvolle Behauptung vom Wunsch des Ermordeten nach Beisetzung in Artstetten und ersparte sich eine öffentliche Aufbahrung und ein Staatsbegräbnis. So brachte man am 3. Juli 1914 die aus Sarajevo über Triest nach Wien transportierten Leichen zum Westbahnhof, um sie nach Artstetten zu überführen. Der Trauerzug wirkte, im Vergleich zum sonst bei Begräbnissen von Persönlichkeiten von Stand üblichem Pomp, geradezu ärmlich.

Die Arbeiter-Zeitung schilderte ihren Lesern die Vorgänge recht anschaulich: »Um zehn Uhr nachts wurden die Leichen des Thronfolgerpaares in zwei einfachen, schwarzen Fourgons durch die MariahilferStraße zum Westbahnhof geführt. Düster war der Leichenzug und bar des höfischen Pompes, den die Menge der Zuschauer erwartet zu haben schien. An der Spitze und im Nachtrab je eine Eskadron Ulanen, zu beiden Seiten des Straßensaumes Infanteriesoldaten in Parade, die, im Konduktschritt marschierend, Spalier bildeten, ein paar einfache Hofequipagen, die den Hofstaat des Thronfolgerpaares bargen, dann die beiden schwarzen, geschlossenen Fourgons, denen rechts und links Leibgardisten, Dragoner und Hofbedienstete das Geleite gaben. Ein pomphaftes Bild bot nur das glänzende Trauergefolge von hohen in- und ausländischen Offizieren, Malteserrittern und Hofwürdenträgern, die zu Fuße einherschreitend, barhaupt der Majestät des Todes ihre Ehrenbezeigung erwiesen …«

Nach der Einsegnung brachte ein Sonderzug die Särge nach Pöchlarn, wo bei der Ankunft ein schweres Gewitter losbrach. Durch den strömenden Regen und das Scheuen der Pferde wurde der Transfer des vierspännigen Leichenwagens auf die Fähre und dann über die Donau zum waghalsigen Abenteuer. Am nächsten Tag fanden die Trauerfeierlichkeiten in der Pfarrkirche von Artstetten statt. Nur wenige Mitglieder des Kaiserhauses waren gekommen.

Ferdinand Karl, der jüngere, todkranke Bruder des Thronfolgers, hatte es sich allerdings nicht nehmen lassen, den Ermordeten die letzte Ehre zu erweisen. Dazu benötigte er die spezielle Erlaubnis des Kaisers, denn nach seiner Heirat mit einer Professorentochter war der Erzherzog aus dem Kaiserhaus ausgeschlossen worden. Österreich durfte der nunmehrige Ferdinand Burg nicht mehr betreten. Für das Begräbnis gestattete ihm Franz Joseph jedoch für einen einzigen Tag den Aufenthalt in Artstetten. Der Abt vom nahegelegenen Wallfahrtsort Maria Taferl segnete die Särge. Dann erfolgte die Beisetzung in der Gruft des Schlosses Artstetten.

Die auf den Sarkophagen von Franz Ferdinand und Sophie angebrachte Inschrift »Iuncti Coniugio Fatis Iunguntur Eisdem« (Verbunden durch das Band der Ehe, vereint durch das gleiche Geschick) dokumentiert lakonisch das tragische Schicksal des Paares.

Das von Franz Ferdinand als Witwensitz für seine Gattin vorgesehene Gut

Artstetten diente seinem Sohn Maximilian als Wohnort. 1938 wurde der Besitzer vom nationalsozialistischen Regime enteignet und in ein Konzentrationslager gebracht. Die Rückstellung des Besitzes an die Familie Hohenberg erfolgte erst 1949.

Heute dient Schloß Artstetten dem Andenken Franz Ferdinands von Österreich-Este. Auf Initiative seiner Nachkommen, in deren Besitz sich Artstetten befindet, wurde 1983 das Erzherzog-Franz-Ferdinand-Museum mit der ständigen Ausstellung »Von Mayerling nach Sarajevo« eingerichtet. Darüber hinaus wurden und werden in Artstetten Sonderausstellungen zu interessanten Habsburgerthemen veranstaltet (»70 Jahre seit Sarajevo«, »Kinderzeichnungen der Habsburger«, »Erzherzog Ferdinand Maximilian, Kaiser von Mexiko« sowie »Die grüne Welt der Habsburger«).

Die Weilburg bei Baden, Gouache, um 1825

BADEN

DIE KLASSIZISTISCHE WEILBURG
DES SIEGERS VON ASPERN

Das Wohlbefinden meiner Kinder, der Staub und die Langeweile von Wien ... dies alles hat mich bewogen, einen köstlichen Bauplatz im Helenental zu erwerben«, schrieb Erzherzog Karl (1771–1847), als er 1819 daranging, im Badener Helenental unterhalb der Ruine Rauheneck in höchst reizvoller Lage ein Schloß zu errichten.

Die »Langeweile« des enttäuschten Erzherzogs beruhte darauf, daß er nach seiner Niederlage in der Schlacht gegen Napoleon bei Deutsch Wagram (1809) von allen militärischen Funktionen enthoben worden war. Obwohl er sich darum bemühte, gab ihm sein kaiserlicher Bruder Franz I. unter dem Einfluß Metternichs kein Kommando mehr. So endete die glänzende Karriere eines der fähigsten Feldherren Österreichs – des einzigen militärischen Talents unter den Habsburgern der Neuzeit. Mit seinem Sieg bei Aspern (1809) hatte er Napoleon den Nimbus der Unschlagbarkeit geraubt, er hatte sich als Oberbefehlshaber der Rheinarmee (1796) bewährt und als Präsident des Hofkriegsrates das Heerwesen reformiert. Der »Löwe von Aspern«, der trotz seiner schweren epileptischen Krankheit von frühester Jugend an in der Armee gedient hatte, war ein Opfer der Politik geworden.

Erzherzog Karl zog sich ins Privatleben zurück – seit 1815 war er in überaus glücklicher Ehe mit der jungen Henriette von Nassau verheiratet und widmete sich hauptsächlich militärischen Studien, die ihn bald zu einem der bedeutendsten Militärschriftsteller des 19. Jahrhunderts werden ließen.

Im September 1820 wurden der Architekt Josef Kornhäusel (1772–1860) und der Bildhauer Josef Klieber (1773–1850) mit dem Bau und der Ausgestaltung eines Sommersitzes auf dem von Freiherrn von Doblhoff erworbenen Grundstück beauftragt. Zum Gedenken an Henriettes Heimat wurde der Neubau Weilburg genannt. Mit dem hessischen Schloß gleichen Namens, einem vierflügeligen Renaissancebau, sollte er allerdings keine Ähnlichkeit haben. Schon im August lagen die ersten Pläne des Architekten vor, der vor einer interessanten Aufgabe stand, denn Aufträge für neu zu errichtende Schlösser waren in der Zeit des Vormärz eine Rarität. Meist ging es darum, bereits vorhandene Bauwerke der herrschenden Mode anzupassen. Im September erfolgte die Grundsteinlegung, und im Spätherbst stand die riesige, 184 m lange Anlage bereits im Rohbau. Zur Applanierung des abschüssigen Terrains mußten von dem damit beauftragten Baumeister Anton Hantl gewaltige Aufschüttungen vorgenommen und aufwendige Substrukturen errichtet werden. Schon im Juni 1823 war der Bau vollendet. Die Gesamtkosten beliefen sich auf 772 000 Gulden. Die Abrechnung Kornhäusels, für die er nur ein einziges Blatt Papier benötigte, blieb erhalten.

Der langgestreckte klassizistische Bau im Pavillonsystem war eine ideale Symbiose zwischen Natur und Kunst und besaß eine auf das Helenental ausgerichtete Schaufront. Der Eingang und die Zufahrt waren bergwärts und störten dadurch in keiner Weise den Gesamteindruck der landschaftsbeherrschenden Anlage. Kornhäusel, zu dessen Hauptwerk die Weilburg werden sollte, benutzte als Vorbild für den Grundriß das Belvedere des Prinzen Eugen in Wien. Den Baublock in der Mitte flankierten je zwei turmartige Pavillons, an die niederer gehaltene halbkreisförmige Stallbauten ansetzten. Vor den Mitteltrakt war ein alle Stockwerke verbindender Portikus gesetzt, auf dem sich das steinerne Allianzwappen der Häuser Nassau und Habsburg befand. Das Wappen sollte die Zerstörung des Schlosses überdauern. Eine zweiarmige Freitreppe führte in den Park.

Im Inneren gab es keine wie sonst in Schlössern anzutreffenden Repräsentationsräume, sondern schlichte, jedoch sehr elegante, im Stil des Empire gestaltete Zimmer. Das erzherzogliche Paar besaß getrennte Suiten im ersten Stock. Die Farben Grün, Lila, Blau, Grau und Gelb herrschten vor. Als Werkstoffe dominierten Mahagoni und Bronze. Alles verströmte biedermeierliche Lebensart und Behaglichkeit. Die gesamte Einrichtung stammte aus der Werkstätte von Joseph Ulrich Danhauser, der 1814 seine »k.k. privilegierte Landesfabrik aller Gattungen Meubel« und damit das erste Wiener Inneneinrichtungshaus gegründet hatte. Die Ausstattung von Vestibül und Vorräumen mit Plastiken des Bildhauers Josef Klieber unterstrich die Architektur in idealer Weise. Der englische Schloßpark reichte bis hinauf zur uralten Ruine Rauheneck und erstreckte sich im Tal bis zum Schwechatfluß.

Die liebliche Landschaft des Helenentals gehörte im Biedermeier zu den bevorzugten Ausflugszielen der Wiener. Und die neue Weilburg stellte einen vielbewunderten Anziehungspunkt dar, den sogar der mürrische Beethoven auf seinen Spaziergängen lobte. Lanner und Strauß präsentierten im Weilburger Schloßpark ihre neuesten Kompositionen, und die Maler fanden ideale Motive. Kein anderes neues Gebäude dieser Epoche wurde so oft und so vielfältig dargestellt wie die Weilburg.

Um den als liberal bekannten Erzherzog und seine Gattin scharte sich bald ein Kreis freisinniger Literaten und Dichter. Nach dem frühen Tod Henriettes von Nassau, die im Alter von 32 Jahren an Scharlach verstarb, wurden die Geselligkeiten allerdings stark eingeschränkt. Der zurückgezogen lebende Witwer widmete sich der Erziehung seiner Kinderschar und der Verwaltung seiner großen Ländereien. Nach seinem Tod im Jahre 1847 erbte der älteste

Die Weilburg, 1939

Sohn, Albrecht, die Weilburg. Auf ihn folgte Albrechts Adoptivsohn Friedrich. Dieser Erzherzog Friedrich sah sich als Erbe eines ungeheuren Vermögens und ausgedehnter landwirtschaftlicher Güter und verwaltete sie ausgezeichnet. Die von ihm fast als Monopol betriebene Milchwirtschaft war so gewaltig, daß er ganz Wien beliefern konnte. In Baden, wo es sogar ein Milchgeschäft »Zum Erzherzog Friedrich« gab, trug ihm dies den Spitznamen Mili-Pantscher ein. Für das Gesellschaftsleben auf der Weilburg war eher Friedrichs Gattin Isabella (geb. von Croy) zuständig.

Nach dem Zusammenbruch der Monarchie zog sich Erzherzog Friedrich auf seine Güter in Ungarn zurück. Auf der Weilburg blieb nur mehr ein Verwalter. 1930 fand in dem gut erhaltenen Schloß eine vielgelobte Jubiläumsveranstaltung statt, wobei die Weilburg als schönstes Gebäude der Stadt gepriesen wurde. Den Zweiten Weltkrieg überstand es jedoch nicht. Einen Tag vor dem Einmarsch der russischen Truppen in Baden (2. April 1945) brach ein vermutlich von der im Rückzug befindlichen Wehrmacht gelegter Brand aus, der tagelang wütete. Den Rest besorgten die in den unversehrt gebliebenen Räumen einquartierten Besatzungstruppen. Interessanterweise blieb eine im Keller eingemauerte Gemäldesammlung unbeschädigt und unentdeckt, bis ein Gärtnergehilfe das Versteck verriet.

Da jegliche Maßnahme zur Sicherung der Bausubstanz unterblieb, standen 1960 außer dem imposanten Portikus nur mehr einige Mauerreste. Der Baugesinnung der Nachkriegszeit entsprechend, dachte man nicht daran, die Weilburg als eines der bedeutendsten Monumente des Klassizismus wiederzuerrichten, sondern plante eine Zeitlang sogar riesige Wohntürme, die das Helenental beherrscht hätten. Im August 1964 sprengte man die Reste der Weilburg. Erhalten haben sich nur Stücke des Wappens und die in Baden mittels zahlreicher Abbildungen hochgehaltene Erinnerung.

Schloß Eckartsau

ECKARTSAU

LETZTE ZUFLUCHT VOR DEM EXIL

Nach 700 Jahren«, sagte Kaiser Karl I. mit müdem Lächeln, als sich der Hofzug in Bewegung setzte, der ihn am 23. März 1919 in das Schweizer Exil bringen sollte.

Damit endete die Regierungszeit der Habsburger in Österreich, dort am Rande des Marchfelds, wo sie 1278 mit der Schlacht bei Dürnkrut und Rudolf von Habsburgs Sieg ihren Anfang genommen hatte.

Kaiser Karl hatte sich am 11. November 1918 nach Eckartsau, einem Jagdschloß in den Marchfeldauen, begeben, wo er sein weiteres Schicksal erwartete, nachdem er zuvor in Schloß Schönbrunn das sogenannte Abdankungsmanifest unterschrieben hatte:

»Seit Meiner Thronbesteigung war Ich unablässig bemüht, Meine Völker aus den Schrecknissen des Krieges herauszuführen, an dessen Ausbruch ich keine Schuld trage … Im voraus anerkenne ich die Entscheidung an, die Deutsch-Österreich über seine zukünftige Staatsform trifft … Ich verzichte auf jeden Anteil an den Regierungsgeschäften …«

Der deutsche Kaiser Wilhelm II. hatte am 9. November abgedankt und war ins belgische Exil gefahren. Am 12. November 1918 wurde in Österreich vor dem Parlament die Republik Deutsch-Österreich ausgerufen, nachdem sich bereits am 28. Oktober in Prag eine tschechische Republik konstituiert hatte, am 29. Oktober der Grundstein zum späteren jugoslawischen Staat gelegt wurde und Ungarn am 30. Oktober mit der Erklärung seiner Selbständigkeit folgte.

Am 13. November erschienen der Fürstprimas von Ungarn und Fürst Nikolaus Esterházy in Eckartsau, um Karls Verzichtserklärung als König von Ungarn entgegenzunehmen.

Der Aufenthalt der kaiserlichen Familie in Schloß Eckartsau gestaltete sich trist und entbehrungsreich. Kaiserin Zita berichtete später über diese schwere Zeit:

»Die Zahl der Anwesenden in Eckartsau veränderte sich häufig. Doch waren niemals weniger als 50 Menschen dort. Oft waren es noch viel mehr, weil außer uns selbst … auch noch eine kleine Abteilung der Wiener Polizei, die uns theoretisch beschützen sollte, anwesend war … und dann Leute, die man nur als Flüchtlinge bezeichnen konnte … und die nun zu uns gekommen waren, um Nahrung oder Schutz zu finden. Weder von dem einen noch von dem anderen konnten wir ihnen viel geben. Hätte nicht in den Wäldern gejagt

Eckartsau, Stich von G. M. Vischer, 1672

werden können, so wären wir in einer verzweifelten Situation gewesen. Der Kaiser ging selbst auf die Jagd, bis er am 17. Dezember krank wurde. Lebensmittel hätten zwar aus Wien zu uns herausgeschickt werden sollen, aber die Lastwagen kamen höchst unregelmäßig an ... wurden ... unterwegs angegriffen und ausgeraubt. Auch an allem anderen litten wir Mangel. An Seife zum Beispiel. Die Kinder mußten dunkle Kleider tragen, damit sie nicht so oft gewaschen werden mußten ... Die wirkliche Gefahr aber – und sie war groß und unvorhersehbar – kam von Plünderbanden ... den neu organisierten Roten Garden, kommunistisch organisierten Gruppen der Volkswehr. Sie befestigten an den Parktoren Drohungen, uns alle aufzuhängen.

Weihnachten 1918 war daher ein recht trauriges Fest. Um so mehr, als der Kaiser, der ohnehin schon an wiederholten Herzanfällen und allgemeiner Erschöpfung litt, zehn Tage zuvor an einer schweren Form der Grippe erkrankt war. Alle Kinder steckten sich gleichfalls an ... mein jüngster Sohn ... wäre damals beinahe gestorben ... Der Kaiser verließ am Weihnachtsabend sein Krankenlager, war aber so schwach, daß er in einem Fauteuil sitzen bleiben mußte ...«

Die im Marchfeld wohnende Kaiserfamilie ist eine Verlegenheit für die neue Regierung. Auch droht ihr von linksradikalen Elementen Gefahr. War doch im Sommer 1918 in Rußland die Zarenfamilie mit ihren fünf Kindern ermordet worden. In dieser Situation kommt der Staatskanzler Dr. Karl Renner nach Eckartsau. Er warnt vor einem Linksputsch und drängt den Kaiser zur Abreise ins Ausland. Doch Karl lehnt ab. Im Februar schickt der englische König Georg V. eine Truppe zum persönlichen Schutz der kaiserlichen Familie unter dem Kommando von Oberstleutnant Edward Lisle Strutt, da er ein Massaker, wie es an seinen russischen Verwandten stattgefunden hatte, verhindern wollte. Im Februar 1919 werden die Ausnahmegesetze gegen die Habsburger erlassen:

»Im Interesse der Sicherheit der Republik ... werden die Mitglieder des Hauses Habsburg-Lothringen soweit sie nicht auf ihre Mitgliedschaft zu diesem Hause und auf alle aus ihr gefolgerten Herrschaftsansprüche ausdrücklich verzichten ... des Landes verwiesen.«

Der Kaiser wird vor die Alternative gestellt: entweder Internierung in Österreich oder Exil in der Schweiz. Karl entscheidet sich für letzteres. Am 23. März hört man noch am Spätnachmittag eine Messe in der Schloßkapelle von Eckartsau, dann wird Abschied genommen.

Strutt schrieb damals in sein Tagebuch:

»Es ging über die gräßlich holprige Straße nach Kopfstetten, das wir um 18.55 Uhr erreichten. Es war stockdunkel und regnerisch. Die Vorhänge eines Salonwagens, des letzten, waren herabgelassen; das Deckenlicht in diesem Abteil und die Stirnlichter der Automobile warfen ihren Schein auf die vordersten einer zweitausend Köpfe zählenden Menschenmenge; alles war ganz still; die Menschen, die ich sehen konnte, schluchzten. Vor dem letzten Waggon stand die britische Polizei in strammer Stellung. Davor waren vier bis fünf verwundete österreichische Soldaten. Der Kaiser, der in voller Feldmarschalluniform war, begrüßte die Polizei. Er und die Kaiserin schüttelten den Verwundeten die Hände. Sie bestiegen dann den Zug. Ich befahl den Bahnbeamten die Abfahrt. Der Kaiser beugte sich vor und rief einfach: ›Auf Wiedersehen!‹ Die Kaiserin winkte. Eine Art dumpfes Stöhnen erhob sich aus der Menge, als der Zug um 19.05 aus der Halle dampfte.«

In Eckartsau aber kehrte wieder Stille ein.

Seit 1760 stand die Herrschaft Eckartsau in habsburgischem Besitz. Damals hatte Franz Stephan von Lothringen (als Kaiser Franz I.) von einer Tante 600 000 Gulden geerbt. Da er die Marchfeldauen als Jagdgebiet schätzte, erwarb er damit Eckartsau. Seine Gattin, Kaiserin Maria Theresia, war von der Innenausstattung begeistert: »Ich mache mir aus nichts in der Welt etwas, nur was aus Indien(!) kommt, besonders Lackarbeiten und Tapeten machen mir Freude...«

Das bei der Kaiserin und den Zeitgenossen Entzücken hervorrufende »Indianische Kabinett« war Teil der herrlichen von Ferdinand Graf Kinsky nach 1720 in Auftrag gegebenen Innenausstattung.

Eckartsau selbst war damals schon sehr alt. Bereits 1180 stand an der Stelle des heutigen Barockbaus die Wasserburg der Chadolde von Eckartsau, umge-

Schlafzimmer im Schloß Eckartsau, um 1910

ben vom Wasser des Fadenbachs und wegen der sumpfigen Lage auf Piloten errichtet. Den Chadolden war es gelungen, durch den Erwerb von Grund und Boden ihren Besitz im Marchfeld im Laufe der Jahrhunderte gewaltig zu vergrößern. Mit Leutold, dem Ratgeber Herzog Albrechts V. (1397–1439, als deutscher König Albrecht II.), stand das Geschlecht auf dem Höhepunkt seiner Macht. Der letzte Eckartsauer starb 1507, und eine Reihe von Landrechtsurkunden dokumentiert die anschließenden erbitterten Erbstreitigkeiten.

1672 war Eckartsau nach einem zeitgenössischen Stich ein wehrhaftes, vierflügeliges Wasserschloß mit einem breiten Wassergraben. Es hatte 1663 der Bevölkerung aus der Umgebung als Zufluchtsort vor den einfallenden Türken gedient. 1720 erwarb Graf Kinsky, der böhmische Hofkanzler, die Herrschaft mit dem Schloß Eckartsau, einem düsteren Gemäuer, das seinen Vorstellungen von einem repräsentativen Landsitz keineswegs entsprach. So entstand nach den Plänen des Hofarchitekten Joseph Emanuel Fischer von Erlach ein barockes Jagdschloß, das den Vergleich mit den schönsten Marchfeldschlössern nicht zu scheuen brauchte. Teile des alten Nordtraktes wurden in das neue Konzept mit einbezogen, und der Osttrakt blieb überhaupt unberührt, doch ansonsten erhielt der Bau seine barocke Gestalt, die er auch heute noch aufweist. Von besonderer Pracht ist das großzügige Stiegenhaus mit einem Deckenfresko der Falkenjagd. Daniel Gran schuf das Deckengemälde zur Verherrlichung der Jagdgöttin Diana im großen Saal. Die Anordnung der Räume geschah mit Anklängen an das spanische Hofzeremoniell, nach dem der Schloßherr und seine Gemahlin getrennte, aber völlig symmetrische Suiten im Anschluß an einen Hauptsaal bewohnten. In Eckartsau sind dies aus je drei Räumen bestehende Zimmerfluchten. So hat das vielbewunderte, noch erhaltene »Indianische Kabinett« im Südflügel das ebenfalls hochgelobte »Goldkabinett« im Nordflügel als Gegenstück.

Zu Lebzeiten Franz Stephans von Lothringen wurde Eckartsau regelmäßig benutzt, wobei die Kaiserfamilie zuerst per Schiff die Donau abwärts fuhr und anschließend für den Landweg, der durch eine Lindenallee zum Schloß führte, Kutschen nahm. Nach dem Tod des Kaisers wurde die Herrschaft Eckartsau mit weiteren kaiserlichen Besitzungen im Marchfeld (Schloßhof, Niederweiden und Eßling) dem neugegründeten habsburgischen Familienfonds zur standesgemäßen Versorgung von Mitgliedern des Herrscherhauses einverleibt.

Obwohl man in den Jahren 1770, 1774 und 1780 große Summen in Eckartsau investiert hatte, stand das Schloß nach dem Tod der Kaiserin Maria Theresia lange leer. Häufige Überschwemmungen hatten es unbewohnbar gemacht. Auch unter Kaiser Franz II. (I.) wurde es kaum benutzt. Durch die ständige Feuchte der Donauauen senkten sich schließlich die Fundamente, so daß das Obergeschoß des Osttraktes abgetragen werden mußte. Eckartsau schien dem

Verfall preisgegeben – was Kaiser Franz Joseph viel später zu dem Ausruf: »Ihr habts es schön herg'richt', mein Eckartsau!« veranlassen sollte.

In diesem ruinösen Zustand verblieb das Schloß, bis der Thronfolger Erzherzog Franz Ferdinand 1897/98 den Besitz übernahm und zu seinem Landsitz adaptieren ließ. Der desolate Osttrakt wurde erneuert. Von der Inneneinrichtung im Stil der Jahrhundertwende hat sich eine Reihe von Fotos erhalten. Als ambitionierter Gartengestalter nahm sich Franz Ferdinand auch der Anlage des weitläufigen Parks an.

Nach dem Ersten Weltkrieg kam Eckartsau an den Kriegsgeschädigtenfonds und danach an seinen jetzigen Besitzer, die Bundesforste. Das Schloß wird im Rahmen von Führungen der Öffentlichkeit zugänglich gemacht.

Seeschloß Ort

Gmunden-Ort

Refugium eines Aussteigers

Das Seeschloß Ort bei Gmunden besticht durch seine einzigartige Lage. Es ist höchst reizvoll auf einer Felsinsel im Traunsee gelegen, hat eine vom Terrain bestimmte, vollkommen unregelmäßige Form und einen dreieckigen Innenhof mit zweigeschossigen Laubengängen. Mit dem Festland verbindet es nur ein 123 m langer Holzsteg, der direkt zum Landschloß Ort führt.

1876 erwarb Erzherzog Johann Salvator (1852–1890? Todeserklärung 1911), der jüngste Sohn des letzten Großherzogs der Toskana, das Landschloß Ort. 1878 gelang es ihm, auch das Seeschloß um 24 000 Gulden dazu zu kaufen, so daß die optische Einheit der beiden romantischen Schlösser auch besitzrechtlich gewahrt blieb. Johann Salvator schätzte das Salzkammergut seit seiner Kindheit.

1878 mußte der Erzherzog als Kommandant der 2. Gebirgsbrigade an der Okkupation von Bosnien-Herzegowina teilnehmen. Vor der Abreise verfaßte er sein Testament, in dem er unter anderem verfügte: »Meine Leiche anlangend, wünsche ich, daß sie ohne die meiner Stellung und Charge gebührenden Trauerfeierlichkeiten in einem einfachen Grabe auf Seeschloß Gmunden beigesetzt wird.«

Der Erzherzog kehrte jedoch von dem wider Erwarten verlustreichen Feldzug wohlbehalten zurück und konnte sich seinen neuen Besitzungen widmen. Als Liebhaber mittelalterlicher Bauten beließ er das Seeschloß vollkommen unverändert. Nur dringend notwendige Erhaltungsmaßnahmen wurden durchgeführt.

Die gut dokumentierten Anfänge dieser ehemaligen wehrhaften Feste reichen bis ins 11. Jahrhundert zurück. Schon um 1110 wird ein Hartnid de Ort erwähnt, dessen bedeutendes Geschlecht bis ins 13. Jahrhundert bestand und schließlich mit Gisela von Ort ausstarb. 1344 kam »die Vest Ort in dem Traunsee mit allem was dazu gehört« an die mächtigen und reichen Herren von Wallsee. Sie stammten ursprünglich aus Schwaben und waren im Gefolge Rudolfs von Habsburg gekommen. Als Landrichter und Marschälle des Landes ob der Enns spielten sie in der Politik eine bedeutende Rolle.

1595 erwarben die Bürger der landesfürstlichen Stadt Gmunden die sozusagen vor ihrer Haustür gelegene Herrschaft Ort. Der Kauf erfolgte nicht ohne Hintergedanken. Da ihnen der Kaiser die Ausübung des protestantischen Glaubens untersagt hatte, stellten sie das Schloß ihrem vertriebenen protestantischen Prädikanten zur Abhaltung von Gottesdiensten zur Verfügung. Damit umging die dem Kaiser untertänige Bürgerschaft auf listige Weise das innerhalb der Stadt geltende Verbot. Auf Grund der 1571 erlassenen »Assekuration« wurde nämlich den Herren und Rittern sowie ihren Untertanen die Ausübung des protestantischen Glaubens auf ihren Gütern und in ihren Schlössern gestattet. Ausgenommen waren die landesfürstlichen Städte.

Mit dem hohen Kaufpreis in der Höhe von 90 000 Gulden gab es allerdings Zahlungsschwierigkeiten, so daß Kaiser Rudolf II. 1603 den Besitz übernahm. Er überließ ihn gegen Vorstreckung der Kaufsumme dem Salzamtmann von Gmunden als Pfandbesitz. Das Darlehen wuchs auf 100 000 Gulden, so daß auch noch der Sohn des Amtmannes die Pfandherrschaft ausübte. Obwohl dieser erklärte, in Ort zu leben und zu sterben, wurde die Herrschaft 1625, wahrscheinlich aus konfessionellen Gründen, verkauft.

Mit dem katholischen und kaisertreuen Freiherrn Adam von Herberstorff, dem Statthalter von Oberösterreich, bekam Ort zweifellos den grausamsten Besitzer seiner Geschichte.

1625 war es bei der zwangsweisen Einsetzung katholischer Geistlicher zu einem offenen Aufstand der protestantischen Bauern gekommen. Der Bayer Herberstorff – das Land Oberösterreich war infolge kaiserlicher Geldnöte an Bayern verpfändet – ließ eine Reihe von Verhaftungen vornehmen. 38 Männer mußten unter der riesigen Linde am Haushamer Feld um ihr Leben würfeln. Von den Verlierern wurden 17 gehenkt. Dieses »Frankenburger Würfelspiel« ging in die Geschichte ein und sollte den Anlaß für den Ausbruch des oberösterreichischen Bauernaufstandes geben.

Schloß Ort blieb von dem Krieg nicht verschont. Am 21. Juni 1626 traf einer der Bauernführer in Ort ein und verfaßte dort ein Verzeichnis der Beschwerden der Bauern.

Am 24. Oktober drangen die aufständischen Bauern nach Ort vor und »obwohl vom Thurme des Seeschlosses ziemlich herausgeschossen wurde, wurde alsbald Feuer gemacht und der mayerhof samt dem Pfleghaus auf den Grund niedergebrannt«. Das Seeschloß wurde zerstört, die Wirtschaftsgebäude an der Landseite wurden niedergebrannt. Für die Devastierung des Seeschlosses mußten die Untertanen der Herrschaft büßen, denn schon 1627 begann Herberstorff mit der Errichtung eines großen Schlosses an Stelle der verbrannten Wirtschaftsgebäude, und die Bauern wurden zur Leistung von schwerer Robot herangezogen. Unter Verwendung der alten Vorwerke des Seeschlosses entstand ein quadratischer Vierflügelbau mit Innenhof. Die schlichte Fassade verzieren schmiedeeiserne Fensterkörbe, betont wird sie durch massive Ecktürme. Der große Festsaal hat eine bemerkenswerte Kassettendecke.

Herberstorff starb 1629 nach einem auf der Brücke zum Seeschloß erlittenen Schlaganfall. Seine Witwe veräußerte den gesamten Besitz. Die neuen Besitzer, die Grafen Harrach, wollten das alte Seeschloß nicht zu einer romantischen

See- und Landschloß Ort

Ruine im Traunsee verfallen lassen und entschlossen sich, es wiederherzustellen. Diesem Umstand verdankt Gmunden eines seiner schönsten Wahrzeichen, nämlich die Existenz zweier unmittelbar benachbarten Schlösser, die vor der Kulisse des Traunsees ein seltenes Bild der Symbiose von Architektur und Natur bilden.

Das Seeschloß wurde teils restauriert, teils wiederaufgebaut. Von der alten Bausubstanz blieb sehr viel erhalten, und auch die Neubauten folgten dem alten Grundriß. So gibt es noch den massigen Torturm, allerdings mit neuem Zwiebeldach, und im Hof sind Reste von Sgraffitimalereien aus dem Jahr 1578 zu sehen. Sogar die alten Amtsräume des ehemaligen Landesgerichts Ort, der Kerker und die Folterkammern sowie ein Hungerturm bestehen noch. Die schöne Schloßkapelle mit ihrem stukkierten, flachen Tonnengewölbe ist seit Kaiser Joseph II. Pfarrkirche.

Von all den zahlreichen Besitzern der Herrschaft Ort haften nur zwei im allgemeinen Gedächtnis: der blutrünstige Freiherr (später Graf) von Herberstorff und Erzherzog Johann Salvator. Der letztere, ein Rebell aus dem Hause Habsburg, blieb durch sein ungewöhnliches Leben in Erinnerung. Voll Ehrgeiz, fand er im Rahmen der ihm zugedachten bescheidenen Möglichkeiten innerhalb der Armee keine Erfüllung. 1873 bekam er eine für einen Erzherzog ungewöhnliche Arreststrafe wegen Disziplinlosigkeit. Seine Schriften »Betrachtungen über die Organisation der österreichischen Armee« und »Drill

33

Seeschloß Ort, Kupferstich nach L. van Valckenborch, 1594

oder Erziehung« waren vielleicht sachlich begründet und zutreffend, fanden aber nicht Kaiser Franz Josephs Beifall.

1883 fanden in Wien prunkvolle Feiern zur 600jährigen Geschichte des Hauses Habsburg statt. Erzherzog Johann jedoch blieb ohne jegliche Entschuldigung fern und machte Urlaub in Ort, bis ihn ein scharfes Telegramm des Kaisers in die Residenz beorderte. Als sich der Erzherzog dann noch 1886/87 – ohne Bevollmächtigung oder Wissen des Kaisers – vom Ausland her in die Frage der bulgarischen Thronfolge mischte, war sein Schicksal besiegelt. Vollkommen kaltgestellt, tat er etwas Ungewöhnliches. Er richtete 1889 ein Ansuchen um Entlassung aus dem habsburgischen Familienverband an den Kaiser, der als Chef des Hauses Habsburg das Schicksal seiner Mitglieder bestimmte.

Privat erklärte der Erzherzog: »Bin zu stolz, um einen fürstlichen Müßiggänger abzugeben, ich will nicht das Geld des Volkes verfressen wie andere …« Damit verzichtete er immerhin auf Bezüge und Apanage von jährlich 100 000 Gulden. Franz Joseph bewilligte das Ansuchen ungerührt und stellte Bedingungen. Johann Salvator mußte das Land verlassen, jeder Aufenthalt in Österreich-Ungarn bedurfte einer speziellen Genehmigung des Monarchen. Die Wahl eines bürgerlichen Namens war ihm freigestellt.

Der ehemalige Erzherzog wählte den seines Gmundener Schlosses und verließ als Johann Orth seine Heimat. Der Abschied von seinen Besitzungen am Traunsee fiel ihm schwer, hatte er doch für den Umbau des Landschlosses nach seinen Bedürfnissen selbst die Pläne gezeichnet und zusammen mit dem Architekten Gustav Petschacher den Umbau im »altdeutschen Renaissancestil« durchgeführt. Die Kosten beliefen sich auf 60 000 Gulden, und für die Ausstattung des Schlosses hatte er jahrelang Möbel gesammelt.

Auch sein Wunsch nach Bestattung im Seeschloß sollte sich, wie das weitere Schicksal des Erzherzogs zeigt, nicht erfüllen. Johann Orth beschloß, seinen weiteren Lebensunterhalt in der Handelsschiffahrt zu verdienen. Er erwarb ein Kapitänspatent und einen Frachtdampfer und trat mit einer Ladung Zement von Hamburg aus die Reise nach Südamerika an. Ein Streit mit dem Kapitän ließ ihn selbst das Kommando des Schiffes übernehmen. Die letzte gesicherte Nachricht des Schiffs »St. Margaret« und seiner Besatzung stammt vom 12. Juli 1890 aus Valparaiso. Seit der Weiterfahrt nach Chile ist es verschollen. Wahrscheinlich ist es bei der Umschiffung des stets stürmischen Kaps Hoorn gesunken. Mit Johann Orth kam auch Ludmilla Stubel, seine bürgerliche Gattin und langjährige Lebensgefährtin, ums Leben. Das tragische Paar hatte erst kurz vor der Abreise geheiratet.

Viele Jahre später, am 6. Mai 1911, wird Johann Orth von dem Senat des Obersthofmarschallamtes in Wien für tot erklärt.

1915 erfolgte die Übergabe des Seeschlosses Ort an die Staatsforstverwaltung. Das Landschloß diente im Ersten Weltkrieg als Lazarett und beherbergte ab dem 1. Oktober 1919 die bundesstaatliche Forstschule. Bis 1968/69 wurden hier Förster ausgebildet, derzeit finden jährlich ca. 220 forstwirtschaftliche Kurse für Teilnehmer aus aller Welt statt. Mit Beginn des Jahres 1995 ging das Seeschloß Ort in den Besitz der Stadt Gmunden über. Die Schloßkapelle soll als stilvoller Rahmen für Hochzeiten dienen.

Der Brandhof Erzherzog Johanns (oben) und Nebengebäude

GUSSWERK

DER BRANDHOF – DAS MUSTERGUT DES ERZHERZOGS JOHANN
UND SEINER HAUSFRAU

Als »der Brandhofer und seine Hausfrau« bewohnten Erzherzog Johann (1782–1859), der jüngere Bruder von Kaiser Franz II. (I.), und seine Gattin, die Postmeisterstochter, den Brandhof. Dieses ungewöhnliche Paar an einem ungewöhnlichen Schauplatz machte die in der Nähe von Mariazell am Nordabhang des Seeberges in 1080 m Höhe isoliert gelegene Bauernwirtschaft schlagartig weit über die Grenzen der Steiermark hinaus berühmt. Für das konservative Kaiserhaus und die klassenbewußte Gesellschaft der Zeit des Vormärz jedoch bildete der volksverbundene, unkonventionelle Erzherzog auf dem Bauernhof ein unkalkulierbares staatspolitisches Risiko.

Im Jahre 1818 hatte man den Brandhof, der damals schon auf eine dokumentierte Geschichte von über 400 Jahren in Bauernbesitz zurückblicken konnte, zur Versteigerung ausgeschrieben.

Bei den ersten zwei Terminen fand sich kein Käufer. Da also der Schätzpreis nicht zu erzielen war, sollte der Hof an den Meistbieter abgegeben werden. Bei diesem dritten Termin trat ein einziger Interessent auf und bot 2550 Gulden, verzichtete aber sofort, als überraschend ein zweiter Bieter hinzukam und um nur 10 Gulden mehr bot. Zum Erstaunen der Anwesenden gab dieser, ein Herr Johann Hippmann, zu Protokoll, im Auftrag Seiner Kaiserlichen Hoheit, dem Erzherzog Johann, gehandelt zu haben. Er erlegte den Kaufpreis sogleich bar und ersuchte um Eintragung des Besitzes ins Grundbuch.

Damit besaß der Erzherzog nun einen kleinen, direkt an der Mariazeller Pilgerstraße gelegenen Bauernhof mit 11 Joch Grund, dazu 4 Joch Wiesen und Weiderechten im Aflenzer Dominikalwald. Außerdem hatte er das Recht auf das Brennen von Holzkohle unter der Bedingung erworben, seine Erzeugnisse dem Hammerwerk Büchsengut zu verkaufen.

Das für die Gegend typische Bauernanwesen bestand aus einem Wirtschafts- und Wohngebäude mit gemauertem Erdgeschoß, hölzernem ersten Stock und schmalen Fensterschlitzen, Scheune und Stall sowie einer höher gelegenen Sennhütte.

Da Erzherzog Johann vorhatte, den Brandhof selbst zu bewohnen und auch zu bewirtschaften, ging er sofort an die Klärung der komplizierten grundherrschaftlichen Verhältnisse. Der Brandhof wurde aus der Untertänigkeit der Herrschaften Mariazell, Aflenz und St. Lambrecht gelöst und nach Vereinigung aller im Laufe der Zeit dazugekauften Besitzkomplexe als Freigut Brandhofen zu einer einzigen landtäflichen Einlage vereint. Von 1822 bis 1828 wurde der Bauernhof nach den Plänen des Erzherzogs geändert, der selbst mit Hand anlegte. In einem Brief an Anna Plochl vom 21. Juli 1823 steht:

»... schreiben Sie mir Ihre Antwort ... diese trifft mich mit Hammer und Kelle, an dem Haus ... freudig arbeitend.«

Der Umbau verband Altes und Neues in harmonischer Weise unter Berücksichtigung der örtlichen Bauweise. Das nunmehrige Herrenhaus bekam ein massives steinernes Stockwerk aufgesetzt, und der nach Osten gewandten Schaufront des Herrenhauses fügte man in der Mitte eine oktogonale neogotische Kapelle mit Strebepfeilern ein. Das Dach verzierte nun ein kleines gotisches Türmchen mit Uhr und Glocke. Die Innenräume wurden dem Zeitgeschmack entsprechend in einer Art Biedermeier-Gotik gestaltet. Behagliche zirbenholzgetäfelte Gemütlichkeit verströmte sowohl das Jägerzimmer als auch das Schreibzimmer des Erzherzogs. Im südlichen Teil des Hauses (mit Blick auf das von Erzherzog Johann eigenhändig angelegte Alpinum) waren die herrschaftlichen Wohnräume untergebracht, im nördlichen dagegen die Unterkünfte des Hauspersonals. Das Zentrum des Wohngebäudes bildete der Speisesaal mit der Inschrift »Friede sei diesem Haus« über dem Mittelfenster. Der große Saal bekam Fenster mit Glasmalereien und Bibelsprüchen, darüber allegorische Darstellungen der betreffenden Verse (von Schnorr von Karolsfeld).

Am 24. August 1828 war der Umbau beendet, und das zur Einweihung geplante große Fest konnte unter Miteinbeziehung der ländlichen Bevölkerung stattfinden. Ein zeitgenössischer Berichterstatter beschreibt es:

»Die Hausleute hatten ihre Arbeit bereits um 5 Uhr (morgens!) beendet und ihren Sonntagsstaat angelegt. Der Erzherzog übergab ihnen das sogenannte Brandhof-Kreuz (das sie dann später bei festlichen Anlässen als ein Signum des Hauses vorantrugen) und ermahnte sie in einer Rede zu Zucht, Ordnung, Treue und Redlichkeit. Dann trafen die geladenen Gäste zum Frühstück ein, wobei ihre Hüte mit Sträußchen als Erkennungszeichen der Geladenen verziert waren – nur an diesem Tag war ihnen der Eintritt zur Weihe des Hauses gestattet worden. Eine Abteilung Militär sorgte für Ordnung. Die Nachbargemeinden zogen mit Kreuz und Fahnen herbei. Um 7 Uhr erschienen die hohe Geistlichkeit und der Kreishauptmann (Graf von Wagensberg), die feierlich mit Böllern begrüßt wurden. Der Fürstbischof von Seckau weihte die Kapelle und die Gruft ein und zelebrierte eine Messe mit Hochamt. Um halb zehn Uhr formierten sich die Gäste zum feierlichen, von Böllerschießen begleiteten Zug um das Anwesen.«

Anschließend wurde im Hofraum zur Tafel gebeten. Das Lied »Gott erhalte Franz, den Kaiser« erklang. Im großen Saal legte der Erzherzog den Honoratioren die Einweihungsurkunde der Kapelle zur Unterschrift vor und erläu-

Erzherzog Johann mit seiner Frau Anna Maria, geb. Plochl und Sohn Franz,
Bleistiftzeichnung, 1849

terte in einer Rede jene Beweggründe, die ihn zu einem Wahlsteirer gemacht
hatten. In der lobhudelnden Version eines offiziellen Hofberichterstatters
klang dies so:
»Die vielen guten Eigenschaften, welche das Volk der Steyermark besitzt …
Seine kaiserliche Hoheit beschlossen daher in Höchst Ihrer Milde fortan noch
öfter in der Mitte dieses guten, einfachen Bergvolkes zu verweilen, durch Seine hohe Gegenwart, durch Lehre und Beispiel die Tugenden der Vaterlands-
liebe zu erhöhen …«
Tatsächlich war Erzherzog Johann schon 1811 regelmäßig in die Steiermark
gekommen, wo die Gründung des Landesmuseums Joanneum samt angeschlossenem Leseverein mit seiner Hilfe erfolgt war. Aber erst 1813, nach seiner Verbannung aus Tirol, beschloß er, in diesem Land ansässig zu werden.
Diesem Beschluß waren dramatische Ereignisse vorausgegangen:
Auf Grund seiner Erziehung durch Schweizer Lehrer hatte der Erzherzog
schon seit früher Jugend eine schwärmerische Begeisterung für die Bewohner
der Alpenregionen, vor allem der Schweizer, gefaßt, die er später auf die Tiroler übertrug. Johann trat im Kampf gegen Napoleon für eine großzügig organisierte Volksbewaffnung ein und modernisierte in Tirol die Landwehr. Mit
großem Engagement widmete er sich den Anliegen der Bevölkerung Tirols

und erlangte bald eine ungeheure Popularität, die in zeitgenössischen gefühls-
betonten Liedern und Anekdoten ihren Ausdruck fand. Im starken Gegensatz
zu der volkswirtschaftlichen Begabung des Erzherzogs stand allerdings seine
militärische, wie in den Napoleonischen Kriegen sichtbar wurde. 1800 erlitt er
eine Niederlage bei Hohenlinden. 1805 kam er mit den Tiroler Truppen zu
spät, um die Besetzung Wiens zu verhindern. 1809 wurde der ständig die Befehle des Oberkommandierenden (Erzherzog Karl) mißachtende Johann nach
ungeschickten Manövern bei Raab geschlagen. Zur entscheidenden Schlacht
bei Wagram kam er wiederum zu spät. Johann war mitverantwortlich für den
Aufstand der Tiroler (unter Andreas Hofer), deren Land Napoleon den Bayern zugesprochen hatte und die dann nach einer erneuten österreichischen
Niederlage auf Grund des Schönbrunner Vertrages bei ihrem heldenhaften,
aber aussichtslosen Kampf im Stich gelassen wurden. 1813 plante Johann ohne
Absprache mit den Wiener Stellen erneut eine alleinige Erhebung Tirols. Dieser sinnlose Plan hätte nicht nur das Land dem Zangenangriff von Italien und
Bayern ausgesetzt und großes Blutvergießen verursacht, sondern auch die geheimen Bemühungen der österreichischen Politik zunichte gemacht.
Als daher diese Verschwörung des »Alpenbundes« aufgedeckt wurde, mußte
der Erzherzog auf kaiserlichen Befehl Tirol verlassen und durfte das Land
nicht mehr betreten. Außerdem stand er ab diesem Zeitpunkt unter ständiger
polizeilicher Überwachung.
Johann aber wandte sich der Steiermark zu. Mit dem Ankauf des Brandhofes
sollte er nicht nur bald im Land verwurzeln, sondern auch eine für die Bevölkerung segensreiche Tätigkeit entfalten. So förderte der Erzherzog die Landwirtschaft (Gründung der Landwirtschaftsgesellschaft mit 25 Filialen 1819),
setzte sich für die Wohlfahrtspflege ein (z. B. Gründung der Bruderlade der
Berg- und Hüttenarbeit) und widmete sich intensiv kulturellen Belangen (Historischer Verein, Musikverein, Gartenbaugesellschaft).
1822 kaufte der Erzherzog in Vordernberg ein Radwerk und arbeitete selbst
als Radmeister. Der Brandhof aber wurde als landwirtschaftliches Mustergut
geführt. So ließ Erzherzog Johann einen Kuhstall errichten und hielt 37 Stück
Vieh. Nachhaltige Wirkung zeigten auch seine Wildhegemaßnahmen, durch
die wertvolle Bestände an Gemsen, Hirschen, Auer- und Birkwild erzielt werden konnten.
1819 verliebte sich der »steirische Prinz« in die schöne Tochter des Postmei-
sters von Aussee. Als diese romantische Verbindung bekannt wurde, steigerte
sich die große Beliebtheit des Erzherzogs noch weiter. Die von Johann gewünschte Legalisierung der Verbindung sollte jedoch ein harter Prüfstein für
das Paar werden. Zwar schrieb der Kaiser schon 1823:
»Für die zur Beruhigung Deines Gewissens von mir erbetene eheliche Verbindung mit der Jungfrau Anna Plochl von Aussee – erteile ich hiemit meine Zustimmung…«, bat aber seinen Bruder bald darauf, von der Erlaubnis keinen

Der Brandhof, Aquarell von M. Loder, 1828

Gebrauch zu machen. Johann hielt sich daran, holte jedoch Anna auf den Brandhof. Das Paar lebte schon Jahre zusammen – auch bei der Einweihungsfeier empfing Anna als Hausfrau die Gäste –, als Kaiser Franz, zermürbt von soviel Ausdauer, nunmehr seinem Bruder gebot, »... der Sache durch des Priesters Segen ein Ende zu machen ...«.

Die Reaktion von Erzherzog Johann zeigt, daß er mit dieser Wendung nicht mehr gerechnet hatte: »Weib, ich bin ganz verwirrt – erst nach ein paar Tagen wird alles in Ordnung kommen. Freude greifet so wie Leid an. Wisse also, teure liebe Nani, Gott war und ist mit uns ... der Kaiser ... hat sein Jawort gegeben«, steht in dem Brief an Anna Plochl.

So konnte am 18. Februar 1829 in der Kapelle des Brandhofes geheiratet werden. Anna Plochl wurde zur »Freiin von Brandhofen« ernannt. Nach weiteren zehn Jahren, als der Erzherzog und seine Gattin schon jede Hoffnung aufgegeben hatten, bekamen sie einen Sohn, den sie Franz tauften.

1842, als sich die Anzeichen für eine bevorstehende Revolution mehrten, analysierte Erzherzog Johann auf seinem Brandhof die Lage:

41

»Bisher haben wir Ruhe und Frieden … scheint es, daß derselbe Zustand noch länger dauern dürfte. Soviel ist gewiß, daß man sich durch die Ruhe nicht soll täuschen lassen. Kommt es einmal zum Kampf, so scheinet derselbe nicht mehr wie früher, Rechten, Provinzen, Beleidigungen etc. zu gelten, sondern da dürfte derselbe um Grundsätze geführet werden. Es handelt sich dann um nichts weniger als um den Umguß von allem…«

Der Erzherzog sollte mit seinen Ansichten recht behalten und im Revolutionsjahr 1848 eine bedeutende Rolle spielen.

Johann starb 1859. Der Brandhof blieb in Familienbesitz; die Nachkommen von Erzherzog Johann und Anna Plochl – die Grafen von Meran – bewohnen und führen ihm noch heute unter Bewahrung der vom »steirischen Prinzen« begonnenen Tradition.

Schloß Gutenstein und Burgruine, Aquarell von Jakob Gauermann, 1819

GUTENSTEIN

DIE BURG FRIEDRICHS DES SCHÖNEN

Her oheim euch sach ich noch nie so gern«, äußerte sich Ludwig der Bayer mit beißender Ironie, als er seinen Gegner, den Habsburger Friedrich I. (den Schönen) am 28. September 1322 in der Schlacht bei Mühldorf nicht nur besiegte, sondern auch gleich gefangennahm. Damit endeten die jahrelangen erbitterten Auseinandersetzungen um die deutsche Königskrone, die von den beiden Kontrahenten bis zur völligen Erschöpfung der Finanzkräfte ihrer Länder geführt worden waren.

Der Habsburger mußte die nächsten zweieinhalb Jahre als Gefangener auf der Burg Trausnitz in Oberpfalz verbringen. Seinen engagierten jüngeren Brüdern hatte er es zu verdanken, daß es 1325 zu einer Versöhnung kam und eine Lösung gefunden wurde, bei der Friedrich sein Ansehen nicht ganz verlor. Der Bayer erklärte sich nämlich bereit, seinen Gegenspieler formell als Mitkönig anzuerkennen – tatsächliche Machtbefugnisse bekam er selbstverständlich keine.

An Körper und Geist gebrochen, kehrte der als groß und stattlich, jedoch kränklich und wenig widerstandsfähig beschriebene Friedrich, der bei seinen Zeitgenossen infolge seines stets zur Schau gestellten Hochmuts recht unbeliebt war, nach Österreich heim. Dort zog er sich mit seiner Gattin Isabella von Aragon, mit der er in unglücklicher Ehe lebte, auf die Burg Gutenstein im niederösterreichischen Piestingtal zurück. Isabella war damals bereits todkrank; der Brief, in dem sie ihren Vater Jayme II. von Aragon anfleht, ihr doch – aus dem damals viel fortschrittlicheren Spanien – einen Arzt zu schicken, da sie zu erblinden fürchte, ist ein erschütterndes Dokument. Vermutlich litt sie unter einem Gehirntumor, an dem sie nach langem Leiden starb.

Auch für Friedrich den Schönen wurden es die letzten Lebensjahre, die er in der mächtigen, prächtig ausgestatteten Burg verbrachte. Von hier aus besuchte er gerne die von ihm 1316 gegründete Kartause Mauerbach im Wienerwald.

Die an der Südgrenze Niederösterreichs zur Steiermark gelegene, hoch über drei Tälern thronende Feste bietet auch noch als Ruine einen imposanten Anblick, obwohl die steilen Berghänge ein dichter Hochwald bedeckt, der die Sicht auf den Bau behindert. Außer kleinen Pfaden führte und führt kein Weg zur Burg hinauf, deren Umgebung, wie bei den meisten mittelalterlichen Befestigungen, ursprünglich aus Verteidigungsgründen frei von Baumwuchs gehalten wurde.

Gut erhalten hat sich die mittelalterliche Rauchküche mit hohem, pyramidenförmigem Rauchfang und der über einem unregelmäßigen Viereck gebaute Bergfried mit Torhalle sowie Reste eines darüberliegenden reich ornamentierten Raumes. Beeindruckend sind die auf einer fast 8 Meter hohen, senkrechten Felswand aufgesetzten Außenmauern von Palas, Bergfried und Vorburg, die gleichsam aus dem Felsen emporwachsen. An der Nordseite überwölbt ein kühner Spitzbogen eine Schlucht und untermauert die dreigeschoßige Vorburg. Auffällig sind die zwischen dem Vorwerk und der inneren Burg bestehenden großen Terrainunterschiede und die Ausnützung des gewachsenen Felsens als Bauelement.

Die Feste Gutenstein wird zwar erst 1220 in einer Urkunde erstmals genannt, ist dem Baubefund nach jedoch wesentlich älter. Sie gehörte als Teil eines wichtigen Befestigungssystems zum Allodialbesitz der Babenberger.

Noch der letzte Vertreter dieses Geschlechtes, Friedrich II., ließ die Höhenburg ausbauen und befestigen.

1276 kam Gutenstein (wie fast das gesamte Babenbergererbe) an Rudolf von Habsburg. Friedrich der Schöne erbte die Herrschaft von seinem Vater Albrecht I., mußte sie jedoch zur Finanzierung seines Kampfes um die Königskrone mit zahlreichen anderen Gütern vorübergehend verpfänden. Am 13. Januar 1330 verstarb Friedrich auf Gutenstein. Bereits 1327 hatte er sein Testament gemacht, wobei er, wie es der damaligen Zeit entsprach, vor allem Vorkehrungen für sein Seelenheil traf, daneben auch seine unehelichen Kinder bedachte, jedoch die todkranke Gattin mit keinem Wort erwähnte. Seinem Letzten Willen entsprechend, wurde er in der Kartause Mauerbach bestattet. Angeblich sollen die Mönche den Leichnam ihres Stifters auf den Schultern von Gutenstein nach Mauerbach getragen haben.

Der Burg Gutenstein war noch ein abwechslungsreiches Schicksal beschieden. Oftmals belehnt und verpfändet, wiederholt Gegenstand langwieriger Erbschaftsstreitigkeiten, diente die äußerst wehrhafte Anlage auch als Gefängnis. So kerkerte man hier auf herzoglichen Befehl 1430 den überaus reichen und mächtigen Landmarschall Otto von Maissau ein. Die Anklage in der undurchsichtigen Affäre lautete auf Hochverrat, war aber möglicherweise nur ein Vorwand, um den zu einflußreich gewordenen Adeligen zu entmachten und zu enteignen. Zur Zeit der Türkenkriege widerstand die Burg zahlreichen Angriffen. Ende des 16. Jahrhunderts – Gutenstein war wieder einmal verpfändet – klagte der Pfandinhaber sehr über den baulich schlechten Zustand. Kaiser Rudolf II., der sich ständig in Geldschwierigkeiten befand, beschloß daher, die Herrschaft Gutenstein an den niederösterreichischen Kammerpräsidenten Ludwig Gomez von Hoyos, dem er Geld schuldete, zu verkaufen. Eine Klausel des Kaufvertrages von 1595 besagte, daß nie eine andere als die katholische Religion bei den Herrschaftsuntertanen geduldet werden dürfe. Dies spiegelt in signifikanter Weise die innenpolitischen Zustände der Zeit vor den großen

Gutenstein, Stich von A. Köpp von Felsenthal, 1814

Religionskämpfen wider – Niederösterreich war damals schon überwiegend protestantisch.

Auf der Burg Gutenstein waren damals »alle Dächer voller Löcher, alle Böden verfault … das Waffengerät der Rüstkammer elend, die Ornate der Schloßkapelle abgerissen und defekt …«

Schon 1596 ließ der neue Besitzer durch Meister Ulrich von Ebenfurt Reparaturen durchführen. Die äußere Hauptmauer gegen die Steinapiesting wurde neu gemauert und mit Pfeilern und Schwibbögen versehen, der Turm über der Kapelle erhöht und neu gedeckt. Für die Rüstkammer schaffte man Waffen an, und die Kapelle bekam drei Altäre und eine Kanzel.

Ende des 16. Jahrhunderts war die Glanzzeit der Burgen auf Grund des Fortschritts der Belagerungstechnik allerdings schon vorüber. Als Konglomerate von Stilelementen verschiedenster Art, engräumig und winkelig, entsprachen sie weder den Forderungen der Architektur der Renaissance noch dem Zeitgeschmack. Die unzugängliche Lage der Burg Gutenstein schloß jedoch einen Umbau aus.

Es dauerte daher nicht lange, bis sich ein Nachkomme des Gomez von Hoyos, Johann Balthasar, 1670 für einen Neubau entschied. Im Tal, mit Blick auf die alte Feste, entstand ein neues, prächtiges und bequemes Schloß. Die Gemäuer am Berg überließ man als Relikt der Vergangenheit dem Zahn der Zeit. Bis 1784 wurde noch einmal im Jahr, am Katharinentag, in der Burgkapelle eine Messe gelesen. Bis 1805 feierte man auf Gutenstein Feste, wobei das

Landvolk beim Metschank im Burghof tanzte. In den verlassenen Räumen der Burg konnte man damals noch herumgehen. In der Biedermeierzeit bot die nunmehrige Ruine unzähligen Malern romantische Motive, das Betreten war aber 1839 bereits lebensgefährlich. Obwohl die Grafen von Hoyos-Sprinzenstein als Besitzer von Gutenstein von der Mitte des 19. Jahrhunderts an immer wieder Maßnahmen zur Sicherung der Ruine setzten, ging der Verfall weiter, bis eine baupolizeiliche Sperre das Betreten des Areals untersagte.

1968 gelang es den gemeinsamen Bemühungen des Eigentümers, Dr. Heinrich Hoyos, und der »Gesellschaft der Freunde Gutensteins« eine Sanierung der historischen Ruine zu erreichen. Subventionen des Landes Niederösterreich, der Einsatz des Bundesheeres, das im unzugänglichen Gelände Materialtransporte mittels Hubschrauber durchführte, sowie viele freiwillige Helfer ermöglichten die Rettung der historischen Ruine und machten sie der Öffentlichkeit wieder zugänglich.

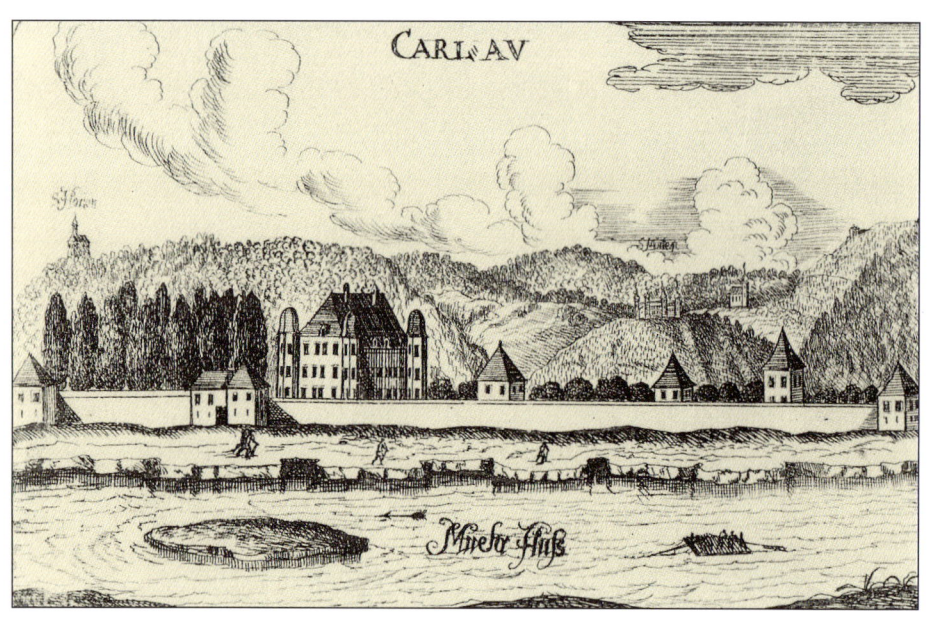

Das Lustschloß Carlau, Stich von G. M. Vischer, 1672

GRAZ-KARLAU

VOM LUSTSCHLOSS ZUR STRAFANSTALT

Das ist das Los des Schönen auf Erden. In den kunstgeschmückten Räumen, in denen der Erzherzog [Karl II. von Innerösterreich, 1540–1590] mit fröhlichen Jagdgenossen verweilte, wo später die Gattin Maria den Sommer, umgeben von einer munteren Kinderschar [es waren immerhin 15] verbrachte, dort in denselben, nun kahlen Räumen sitzen heute Gefangene und fabrizieren Zündhölzchen, Schächtelchen, Flechtwaren u. ä.«, ist in einem 1897 erschienenen Werk über das Grazer Kulturleben zu lesen.

Gemeint ist die heute im Stadtgebiet von Graz befindliche Strafanstalt für Schwerverbrecher, Graz-Karlau, die als Gefängnis auf eine lange Tradition verweisen kann, jedoch nicht als solches gebaut wurde. Ursprünglich diente Karlau anderen, erfreulicheren Zwecken, war es doch als Lust- und Jagdschloß der Lieblingsaufenthalt Karls II. von Innerösterreich.

Karl II., der jüngste Sohn Kaiser Ferdinands I., hatte auf Grund der väterlichen Erbteilung Innerösterreich (Steiermark, Kärnten, Krain, Görz u. a.) erhalten. 1564 huldigten ihm die Stände, und 1565 kam er nach Graz, wo er seine Residenz aufschlug. Enorme Probleme erwarteten den 24jährigen Fürsten: eigene Behörden waren zu schaffen, ein Hofstaat zu bilden. Geld war keines vorhanden. Von den landesfürstlichen Kammergütern waren fast alle verpfändet, dazu kamen noch die Verpflichtungen aus dem Vertrag über die Teilung der riesigen, vom Vater hinterlassenen Kriegsschulden. Außenpolitisch bildete die Bedrohung der Grenzen durch die Osmanen eine unmittelbare Gefahr, und innenpolitisch kämpften die – in der Mehrheit protestantischen – adeligen Stände nicht nur um Religionsfreiheit, sondern um die Entmachtung des Herrschers, der auf ihre fiskalische Mithilfe angewiesen war.

In dieser Situation – es herrschte weder die nötige Stimmung für einen Schloßbau, noch waren die entsprechenden Mittel vorhanden – beschloß der von Natur aus schlichte und einfache Karl, sich vorerst mit der Adaptierung der Grazer Burg zu begnügen.

Der Erzherzog besaß im Süden von Graz einen beträchtlichen Komplex von mit dichten Auwäldern bedeckten Gründen, die sich am rechten Murufer bis zur Einmündung der Kainach bei Wildon hinzogen. Als begeisterter Jäger ließ der Erzherzog in diesem landesfürstlichen Jagdgebiet einen Tiergarten anlegen. Schon 1565 befahl er dem Landesjägermeister die Förderung der »landesfürstlichen Lust mit den Gejaiden« und trug ihm auf, das Wild zu hegen und

Fischereigelegenheiten zu schaffen. Erst zu Beginn der achtziger Jahre dachte Karl II. daran, auf diesen Gründen einen eigenen Sommersitz zu errichten. Damals waren die von Königin Elisabeth I. von England jahrelang (1558 bis 1570) vermutlich nur aus taktischen Gründen geführten Heiratsverhandlungen endgültig gescheitert. Als sich auch Heiratsprojekte mit Maria Stuart, der Königin von Schottland, zerschlugen, gab Karl II. seine hochfliegenden Pläne auf. Bescheiden geworden, vermählte sich der Erzherzog 1571 mit seiner Nichte Maria von Bayern. Die Ehe wurde sehr harmonisch und glücklich. Die vielkommentierten Hochzeitsfeiern dauerten sieben Tage, und der steirische Landtag warf der jungen Erzherzogin schon damals und auch später wiederholt Verschwendungssucht vor. Im Gegensatz zu Karl II. liebte Maria Schmuck, Kunst und Luxus im allgemeinen – von all dem sollte sie in Graz wenig vorfinden. Es kann daher angenommen werden, daß die Initiative zur Errichtung des Lustschlosses Karlau von Maria ausging, der ein willensstarker Charakter nachgesagt wird.

Im Vergleich zu den Bauvorhaben der Brüder Karls in Wien und Tirol mußte Karlau naturgemäß bescheiden ausfallen, denn im Hinblick auf die Finanzen war äußerste Sparsamkeit angebracht. Ab ca. 1584 bauten Dionisio Tadei und vor allem Antonio Marmoro (in der Steiermark Märbl genannt) das Lustschloß zu »Carlau von Grund auf«, das heißt als Neubau, ohne Verwendung alter Bausubstanzen. Die ersten schriftlichen Belege durchgeführter Arbeiten stammen aus dem Jahre 1589, als die Hofkammer dem Maurermeister Anthoni Märbl einen Vertrag »wegen Verrichtung des neuen gepeues zu Carlau bei Dobl« gab. Die Baumeisterfamilie der Marmoro gehörte zu jenen italienischen Künstlern, die zur Zeit Karls II. in großer Zahl nach Innerösterreich kamen und dort oft heimisch wurden. Schon 1584 wird ein Franz Marmoro zum »Baumeister über die Land- und Grenzgebäude« bestimmt. Da die Märbl in der Steiermark den protestantischen Glauben annahmen, wurden sie dafür von der Inquisition ihrer italienischen Heimat vorgeladen. Die Auslieferung der Baumeister scheiterte allerdings am erfolgreichen Einspruch der Stände.

Karlau wurde ein schlichter dreigeschoßiger Viereckbau mit vier polygonalen Ecktürmen sowie angeschlossener Fasanerie und Tiergarten. Zur Arrondierung und Abgrenzung des Besitzes entstand eine einfache, mit Türmen verstärkte Mauer. Am nördlichsten stand der »äußere Karlauerturm« (abgerissen 1786), ein weiterer hieß der »Spitalsturm« (1714 schon teilweise abgetragen), dann gab es den »Hundsturm«, so genannt nach dem landesfürstlichen Rüdenstall, und einen weiteren, unbenannten Turm.

Karl II. installierte in seinem Lustschloß einen Teil der Schatz-, Kunst- und Rüstkammer, die er bei der Erbteilung aus dem kaiserlichen Schatz erhalten hatte, sowie eine große Sammlung von Familienporträts. Die Gemälde dürften größtenteils Geschenke für die als kunstliebend bekannte Gattin Maria gewesen sein, die ab 1585 jährlich 3 000 Gulden für den Ankauf von Kunstwerken bestimmte.

Die Idee, beim Schloß eine Meierei zu bauen, stammte von Erzherzog Karl II. persönlich und stellte damit den ersten Versuch der Errichtung einer landwirtschaftlichen Musteranstalt in der Steiermark dar. Wenige Monate vor seinem Tod tauschte Karl II. noch zur »Erweiterung unser neuen Mayrschaft« Nachbargründe ein.

Erzherzog Karl II. starb am 10. Juli 1590; lange hatte er sich nicht an seinem Lustschloß erfreuen können. Karlau wurde der bevorzugte Witwensitz der Erzherzogin Maria, die das Gebäude weiter ausgestaltete. (Trotzdem behielt das Schloß, wie ein Vischer-Stich zeigt, sein ursprüngliches Aussehen bis mindestens 1680 unverändert bei.) Die Erzherzogin setzte die Bemühungen ihres Mannes zur Einrichtung der Meierei durch den Ankauf weiterer Gründe fort. 1598 ließ man Schweizer Kühe kommen, die von einem gebürtigen Schweizer betreut wurden. Als Ergänzung wurde eine Alpwirtschaft in der Nähe von Eisenerz eingerichtet.

Bis zum Tod der Erzherzogin im Jahre 1608 wuchs die Meierei zu einem stattlichen und florierenden Wirtschaftsbetrieb und umfaßte neben dem Meierhaus und Stallungen zahlreiche Gebäude, Getreidekästen und Scheunen, eine eigene Mühle sowie eine Käserei. Man betrieb Schweine- und Hühnerhaltung großen Stils. Begehrt war das Karlauer Zuchtvieh, das bis in weit entfernte Gegenden geliefert wurde. Nach 1616 wurde der Betrieb dieses Mustergutes allmählich verringert und schließlich an private Interessenten verkauft.

Wie Karlau 1726, also lange nachdem Graz aufgehört hatte, Residenz zu sein, aussah, schildert ein zeitgenössischer Bericht:

»Ein angenehmer Lust-Orth, ein viereckiges Schloß von vier Thürmen, ein hauß des weyland durchlauchtigsten Ertz-hertzog Carls, in welchem Er zu Sommers zu wohnen gepfleget, seine Lust in der grüne zu haben: In diesem Gebau seynd überauß schöne Gemählte, und fast alle eigentliche Abbildungen des Oesterreichischen Geblütes, oder Blutsfreindschaffter des durchl. Haußes von Oesterreich. Und seynd nicht wenig anderer Fürstenbilder ... bey dem Schloß ist ein angenehmer Lust- und Ziergarten, darauff ein ergötzlicher Walt, mit rauschenden Bächlein durchflossen, voll mit Hirschen, Vögeln und Fassanen. Nächst an der gartenmauer sihet man ein ander mauer ... mit durchbrochenen langlöchten Schuß-Löchern und große Thöre; der gewesten Judenstadt, auß welcher sie im jahr 1496 vielfältigen verbrechen, betriegereien, mordtthathen der kleinen kinder wegen ... vertrieben worden ...«

Schloß Karlau diente dem Kaiserhaus bei gelegentlichen Besuchen als Jagdschloß. Die dort befindliche Gemäldesammlung wurde aufgelöst und schließlich 1765 nach Wien gebracht. 1745 quartierte man französische Kriegsgefangene ein, die im Schloß beträchtlichen Schaden anrichteten. Im

Siebenjährigen Krieg diente Karlau als Kriegsgefangenenlager, und ab 1769 wurde hier ganz im Sinne der neuen Strafreformen ein Arbeitshaus eingerichtet. Nach einem kurzen Intermezzo als Kaserne zogen 1794 französische Kriegsgefangene ein. 1804 wurde Karlau zum »Provinzialstrafhaus« der Steiermark, wohin die Häftlinge des Grazer Schloßberggefängnisses überstellt wurden.

Zwischen 1869 und 1872 entstanden dann jene großen Erweiterungsbauten, die Karlau zu einem Zellengefängnis für Schwerverbrecher machten. Bei den Umbauarbeiten traten sehr schöne Renaissancemalereien zutage, die leider nicht erhalten wurden. Der alte Schloßbau des 16. Jahrhunderts besteht noch heute ziemlich unverändert, wird aber durch die Zubauten im Ostteil der heutigen Strafanstalt verdeckt.

Schloß Halbturn, unbekannter Maler, 1. Hälfte 18. Jahrhundert

HALBTURN

SCHAUPLATZ EINER ROMANZE

Das in der Nähe der ungarischen Grenze gelegene Schloß Halbturn, ein frühes Werk des genialen Architekten Johann Lukas von Hildebrandt, gilt als der bedeutendste profane Barockbau des Burgenlandes.

Als Teil der Herrschaft Ungarisch-Altenburg (Mosonmagyaróvár) war er als Krongut Eigentum des habsburgischen Herrscherhauses und unterstand im Laufe der Jahrhunderte in wechselnder Folge der Ungarischen, der Niederösterreichischen sowie der Wiener Hofkammer.

Vom 17. bis zur Mitte des 18. Jahrhunderts war die Herrschaft gegen die Gewährung hoher Hypotheken kontinuierlich verpfändet. Unter den zahlreichen Pfandinhabern der sehr ertragreichen Güter befanden sich auch die Grafen Harrach, die zu den größten Grundbesitzern der Gegend zählten. Sie übernahmen 1701 die nach den Türkenkriegen devastierten Ländereien mit der Auflage, das 1683 niedergebrannte Schloß wiederherzustellen. So entstand unter Alois Thomas Graf Harrach um 1710 in Halbturn ein Jagdschloß. Unter den spärlichen Bauakten hat sich ein Schreiben des Lukas von Hildebrandt vom 24. Juni 1711 erhalten, in dem er dem Bauherrn mitteilt, daß er wegen der bestehenden Pestsperre (auf Grund des kaiserlichen Patents von 1710 erfolgte die Einrichtung einer »Pestfront« – trotzdem starben 1713 ca. 2500 Menschen in Wien an der Pest) an einer Reise nach Halbturn gehindert werde und daher einige Zimmer im Schloß erst später hergerichtet werden könnten.

Die Bauarbeiten müssen sich zu dieser Zeit bereits in der Schlußphase befunden haben. Ein Gemälde aus dem ersten Viertel des 18. Jahrhunderts mit einer Darstellung von Halbturn zeigt, daß sich trotz der bewegten Geschichte die ursprüngliche barocke Form des Gebäudes bis zum heutigen Tag verändert hat:

Das zweigeschoßige Schloß mit seiner langgestreckten Front und einem zentralen dreiachsigen Risalit mit großem Giebel wird von zwei Eckpavillons mit Mansardendächern begrenzt. Die mittleren neun Achsen sind durch eine Pilasterordnung hervorgehoben. Der Bau besticht durch die gleiche Gestaltung der Ehrenhof- und der Gartenseite. Flügelbauten in der Höhe des Hauptbaus setzen die Fluchtlinien fort und umschließen drei gestaffelte Höfe, wobei dem Gesindehof der Hof mit den Stallungen, der im 18. Jahrhundert das kaiserliche Lipizzanergestüt beherbergte, und als polygonaler Abschluß der Wirtschaftshof folgen. Ein ursprünglich zwischen den beiden äußeren Höfen bestehender Quertrakt wurde abgetragen. Von der dem Schloß vorgelagerten Terrasse erreicht man das ehemalige, tiefer gelegene barocke Gartenparterre, das heute nur mehr in Ansätzen erkennbar ist.

1724 löste Kaiser Karl VI. die Herrschaft aus der Verpfändung und machte den Besitz seiner Gattin Elisabeth Christine zum Geschenk. In den Jahren 1724–1727 ließ er einen großen Park anlegen. Wahrscheinlich wurden damals auch die Nebenbauten und Höfe errichtet. Gern lud sich Karl VI. große Jagdgesellschaften in das von seiner Wiener Favorita leicht zu erreichende Halbturn. So nahm auch Prinz Eugen häufig an den jährlich abgehaltenen Niederwildjagden teil. Bei einem Aufenthalt in Halbturn im Herbst 1740 erkrankte der Kaiser schwer und verstarb nach seiner Rückkehr im Oktober 1740 in Wien.

Als die Kaiserin Maria Theresia nach dem Tod ihrer Mutter die Herrschaft Deutsch Altenburg geerbt hatte, ließ sie Adaptierungsarbeiten durchführen. So erhielt das Vestibül eine Stuckierung der neu geschaffenen Deckengewölbe (Karl Köller und Mathias Andre), und Franz Anton Maulbertsch schuf für die Decke des großen Saals das Fresko »Die Allegorie der Zeit und des Lichts«. 1766 verlieh Kaiserin Maria Theresia das Schloß und die Herrschaft ihrer Tochter Marie Christine. Davor allerdings hatte Franz Stephan von Lothringen die darauf lastende Hypothek in der Höhe von zwei Millionen Gulden bei der Wiener Stadtbanco beglichen. Um einer neuerlichen Verschuldung vorzubeugen und den Besitz der Tochter zu sichern, ordnete die Herrscherin bereits im Donationsbrief die Gründung eines Fideikommiß an. Noch im selben Jahr schloß Marie Christine einen die Herrschaft betreffenden Pachtvertrag mit der Ungarischen Hofkammer, der ihr Einkünfte in der jährlichen Höhe von 130 000 Gulden sicherte.

Spezielle Bestimmungen betrafen das Schloß Halbturn, das mit sämtlichen Gebäuden und Gärten dem alleinigen Gebrauch der Erzherzogin Marie Christine und ihres Gatten Herzog Albert von Teschen vorbehalten blieb. Ebenso verblieb der Besitzerin das Jagdrecht, während die Erhaltung der Wälder Aufgabe des Pächters war. 1781 bestand die Ungarische Kammer auf einer Reduktion der Pacht. Daraufhin übernahm Herzog Albert selbst die Verwaltung und schuf in kurzer Zeit ein Mustergut mit angeschlossener landwirtschaftlicher Lehranstalt.

Alberts Adoptivsohn und Nachfolger, Erzherzog Karl, setzte für seine zahlreichen ererbten Güter eine zentrale Verwaltung ein, die im ganzen 19. Jahrhundert bestand, so daß Halbturn größtenteils von einer Zentral-Güter-Administration (mit Sitz in Wien, später in Preßburg und Budapest) verwaltet wurde. 1895 bekam Halbturn mit Erzherzog Friedrich (1856–1936), dem Enkel von Erzherzog Karl, einen sehr engagierten Besitzer und erfolgreichen Großunternehmer. Der als gutmütig und schüchtern beschriebene Erzherzog

Familie Erzherzog Friedrichs mit Gräfin Sophie Chotek (rechts außen) auf dem
Tennisplatz in Halbturn

zeichnete sich durch große wirtschaftliche Begabung und soziale Einstellung
aus. Unter ihm hatten alle Angestellten der Güter in Ungarisch-Altenburg
Lebensstellungen. Ihre Altersvorsorge war geregelt, und sie genossen jegliche
soziale Sicherheit. Es gab einen Kindergarten und zahlreiche – damals ungewöhnliche – Vergünstigungen wie Geburtenbeihilfe und Weihnachtsgeld.
Der Erzherzog wohnte meist in Preßburg. Das nahegelegene Schloß Halbturn
ließ er renovieren und die Dächer neu decken. Er benützte es hauptsächlich
für Sommeraufenthalte und ließ mit großem Aufwand den Park vergrößern
und verschönern. Bis zum Ersten Weltkrieg war Schloß Halbturn auf Grund
der Bestrebungen der ehrgeizigen Gattin Friedrichs, Isabella von Croy, ein gesellschaftlicher Treffpunkt der Hocharistokratie.
Die häufige und gern gesehene Anwesenheit des Thronfolgers Franz Ferdinand in dem mit vielen Töchtern gesegneten erzherzoglichen Haus gab bald
Anlaß zu romantischen Gerüchten und Spekulationen. Eine eheliche Verbindung mit den höchsten Kreisen schien bevorzustehen und eröffnete dem müt-
terlichen Instinkt der Isabella von Croy angenehmste Perspektiven.
Da wurde eines Tages auf dem Halbturner Tennisplatz eine Taschenuhr gefunden. Als man sie zur Feststellung des Eigentümers öffnete, erblickte der
erstaunte Finder ein Medaillonporträt der Gräfin Sophie von Chotek, einer

Hofdame Isabellas. Die Uhr gehörte dem Erzherzog Franz Ferdinand, ein gut gehütetes Geheimnis war keines mehr, und die Hoffnungen Isabellas waren mit einem Schlag vernichtet.

Noch heute erinnert eine Gedächtniskirche bei Halbturn (heute in Ungarn bei Albertkazemerpuszta) an die privaten Sorgen des Erzherzogs:

Der Ehe von Erzherzog Friedrich mit Prinzessin Isabella Croy entstammten bereits sieben Töchter, als dem Paar eine achte Tochter geboren wurde. Daraufhin teilte die Hebamme dem wartenden Erzherzog, der sich insgeheim einen Sohn erhofft hatte, lapidar mit: »Kaiserliche Hoheit werden sich weiter bemühen müssen …« Nach der Geburt eines neunten und letzten Kindes im Jahre 1897 – Albrecht – war dem frommen Erzherzog die Stiftung und Errichtung der erwähnten Kirche ein inniges Bedürfnis.

Nach dem Ende des Ersten Weltkriegs verblieb Halbturn zunächst bei Ungarn und fiel erst 1921 mit dem Burgenland an Österreich. Zu einer Enteignung des Besitzes kam es nicht, jedoch mußte Erzherzog Friedrich, der sich in Ungarn niedergelassen hatte, wo er mit bemerkenswertem Geschick die Reste seines Vermögens verwaltete, aus finanziellem Zwang große Ländereien verkaufen. 1933 ließ er Kunstgegenstände und Einrichtungen aus Halbturn und anderen Schlössern in Wien versteigern. Als Erzherzog Friedrich am 30. Dezember 1936 starb, wurde er in der Pfarrkirche von Ungarisch-Altenburg beigesetzt. Karl Kraus hat den Erzherzog in seinem Drama »Die letzten Tage der Menschheit« in drastischer Weise verewigt. Als »Bumsti« verkörpert er einen harmlosen, aber dummen Habsburger.

Nach dem Tod des Erzherzogs fiel Halbturn an seinen einzigen Sohn, Albrecht (1897–1955). Dieser hatte die Landwirtschaftsschule in Magyaróvár besucht, besaß großen Landbesitz in Ungarn und fühlte sich auch als Ungar. 1918 hatte er sich sogar Hoffnungen auf den ungarischen Thron gemacht. Durch seine österreichischen und ungarischen Besitzungen verlief die Staatsgrenze. Erzherzog Albrecht, der sich manchmal Graf Friedek nannte, kam selten nach Halbturn. Das Schloß stand lange Zeit leer, die Kapelle wurde aufgelassen.

Während des Zweiten Weltkrieges diente das Schloß den verschiedensten Zwecken, wobei nie auf die Pflege oder die Erhaltung der Gebäude geachtet wurde. Auf Flüchtlinge aus der Dobrudscha folgte die Hitlerjugend, anschließend quartierte man Ukrainer im Schloß ein, die im Rahmen eines landwirtschaftlichen Instituts Anbauversuche mit Baumwolle machten. 1942 brannte der zwischen den letzten beiden Höfen gelegene Uhrentrakt, in dem Grenzwachtposten untergebracht waren, ab 1944 machte der Besitzer einen verzweifelten Versuch zur Rettung des Mobiliars aus Schloß Halbturn, indem er es auf die Weilburg bei Baden brachte. (Dort fiel es allerdings dem Brand der Weilburg zum Opfer.) Erzherzog Albrecht flüchtete vor dem Anmarsch der russischen Armee nach Bayern und wanderte schließlich nach Südamerika

Schloß Halbturn in zerstörtem Zustand, 1964

aus. Als er 1955 in Buenos Aires verstarb, wurde sein Leichnam zur Bestattung nach Halbturn gebracht.

In Schloß Halbturn brach in der Nacht zum 11. August 1949 ein verheerender Brand aus. Zwar konnte durch den Einsatz von 8 Feuerwehren aus den umliegenden Dörfern der Mitteltrakt mit dem Deckenfresko des Anton Maulbertsch gerettet werden, doch ansonsten blieb eine Ruine zurück.

Dem Erben von Halbturn, Paul Waldbott-Bassenheim (Sohn von Marie Alice, der achten Tochter Erzherzog Friedrichs), bereitete schon die Aufbringung der Erbschaftssteuer große Schwierigkeiten. Eine Renovierung des Schlosses lag überhaupt nicht im Bereich seiner Möglichkeiten, so daß er sich 1974 zu einer Verpachtung an die burgenländische Landesregierung entschloß.

Schloß Halbturn wurde unter großem Einsatz des Bundesdenkmalamtes wieder instandgesetzt und dient der burgenländischen Landesregierung als repräsentativer Rahmen für kulturelle Veranstaltungen und niveauvolle Ausstellungen.

Hernstein: einst Wohnsitz von Erzherzog Leopold, heute Institut für Unternehmensführung

HERNSTEIN

DER HISTORISTISCHE TRAUM EINES ERZHERZOGS

Erzherzog Leopold (1823–1898), der Besitzer des Schlosses Hernstein in Niederösterreich, konnte sich brüsten, daß die kleine bronzene Pallas Athene, die seinen Schreibtisch zierte, zur Vorläuferin der imposanten Statue vor dem Wiener Parlament werden sollte. Beide waren nach Entwürfen des später so berühmten Ringstraßenarchitekten Theophil von Hansen (1813 bis 1891) angefertigt worden, dem der Erzherzog 1855 die Neugestaltung von Hernstein übertragen hatte. Hansen war erst 1846 nach Wien gekommen – davor hatte der gebürtige Däne lange in Athen gelebt. In Wien arbeitete er zunächst im Atelier Ludwig Försters.

Hernstein sollte im Schaffen Hansens, dessen erster großer selbständiger Auftrag in Österreich der Neubau des Wiener Arsenals (1850–1856) war, eine ganz ungewöhnliche Bedeutung zukommen.

Erzherzog Leopold (der älteste Sohn von Erzherzog Rainer, dem Vizekönig von Lombardo-Venetien), gilt als eines der unbedeutenderen Mitglieder der vielköpfigen Habsburgerfamilie des 19. Jahrhunderts. Obwohl militärisch völlig unbegabt, schlug er eine Karriere in der Armee ein und erlitt 1866 mit seinem 8. Armeekorps im Krieg gegen Preußen eine vernichtende Niederlage. 1880 quittierte der unverheiratete Erzherzog aus gesundheitlichen Gründen den Militärdienst. Die Rede war von Epilepsie, allerdings behauptete Erzherzog Ferdinand Salvator (seit 1902 Leopold Wölfling), er wäre verrückt geworden. Auf jeden Fall zog sich Leopold in sein soeben vollendetes neugotisches Hernstein zurück.

Schon 1853 hatte Leopold von seinem Vater bedeutende Ländereien im südlichen Niederösterreich geerbt. Wie viele Habsburger seiner Zeit, wollte er sich als Bauherr betätigen und hatte ehrgeizige Pläne. Als idealer Platz für sein geplantes Landschloß erschien ihm dabei der große Naturpark seines Hernsteiner Besitzes, direkt am Fuße eines Steilhanges, den auch heute noch die Ruinen eines Wehrturms zieren.

Sie sind die Reste der aus dem 12. Jahrhundert stammenden Burg Hernstein, dem einstigen Zentrum der Besitzungen der Herren von Falkenstein.

Eine Miniaturzeichnung dieser Feste – der ältesten individuellen Darstellung einer niederösterreichischen Burg – findet sich im sogenannten Falkensteiner Codex (1166–1196) und zeigte einen einfachen zinnenbekrönten Wehr- und Wohnturm mit einem aus Sicherheitsgründen erhöht angebrachten Einstieg.

Im 13. Jahrhundert hatte Hernstein eine interessante Besitzerin, von der die klösterlichen Quellen nur mit Abscheu berichten. Diese Eufemia von Pottendorf zögerte nämlich nicht, ihren Hernsteiner Besitz, den ein Verwandter zu Recht oder zu Unrecht dem Bistum Freising überlassen hatte, 1265 mit Waffengewalt zu erobern und den bischöflichen Verwalter zu vertreiben. Eine Verurteilung durch ein geistliches Gericht beachtete sie ganz einfach nicht.

Im 19. Jahrhundert bestand außer der Burgruine noch ein einfaches Wirtschaftsgebäude im Tal. Es hatte vier zweigeschoßige Trakte, die sich um einen rechteckigen Hof gruppierten, und wurde von Erzherzog Leopold als Ausgangspunkt für einen großzügigen und aufsehenerregenden Palastbau vorgesehen. Die ersten, biederen Pläne eines Wiener Baumeisters namens Franz Schebecie enttäuschten jedoch den Erzherzog, denn die Änderungen bestanden lediglich darin, die an der Seitenfront gelegenen Einfahrten in die Hauptfassade zu verlegen und die Haupttreppe im Hof unterzubringen. Hansen wurde über Vermittlung eines Freundes konsultiert. Wie er später über die ihm vorgelegten Pläne schrieb, »erklärte ich mich nicht einverstanden«.

Hansen lieferte nun seinerseits Entwürfe, die den Erzherzog sofort begeisterten. Damals baute Hansen noch im byzantinischen Stil, den er aber 1855 abrupt aufgab, um sich der Renaissance zuzuwenden. Bei der Planung von Hernstein befand er sich allerdings nicht, wie oft angenommen wird, in einer Übergangsphase. Den Tudorstil, jene mit zahlreichen Renaissanceelementen durchdrungene Spätphase der englischen Gotik, wählte er für Hernstein nur notgedrungen, denn der Bauherr hatte die »Restauration im gotischen Stil« zur Bedingung gemacht und war davon nicht abzubringen gewesen.

Da Hansen später immer »klassischer« baute, stellt das Landschloß des Erzherzogs Leopold ein kostbares Unikat im Œuvre des Architekten dar. Bemerkenswert ist auch, wie wenig Einfluß der Bauherr – der mit seinem Wunsch auf Verwendung bestehender Außenmauern Sparsamkeit bewies – später auf das Projekt, das sich 25 Jahre hinzog, nehmen konnte. Hansen bestimmte die gesamte Planung und entwarf auch die Inneneinrichtung bis ins kleinste Detail. Hernstein diente dem mit Staatsaufträgen ausgelasteten Architekten – er betrieb zwei große Baubüros für Parlament und Börse nebeneinander und baute außerdem die Akademie der Wissenschaften in Athen – als Experimentierfeld für seine neuen Ideen. Da der 1856 begonnene Umbau erst 1880 beendet war, repräsentiert er die wesentlichste Periode im Schaffen des Theophil von Hansen.

Zuerst gestaltete man den Park im englischen Stil. Ein durchfließender Bach wurde aufgestaut und ermöglichte so die Anlage eines Teiches mit einer schönen Baumgruppe als Insel. Die Reflexion der Fassadenelemente im Wasser sollte später die Gesamtwirkung des Gebäudes beträchtlich erhöhen.

Das alte Bauwerk bestand aus Ziegeln und Bruchsteinen. Nun verwendete Hansen für die Neugestaltung der Tore und Fenster Haustein. Die Wand-

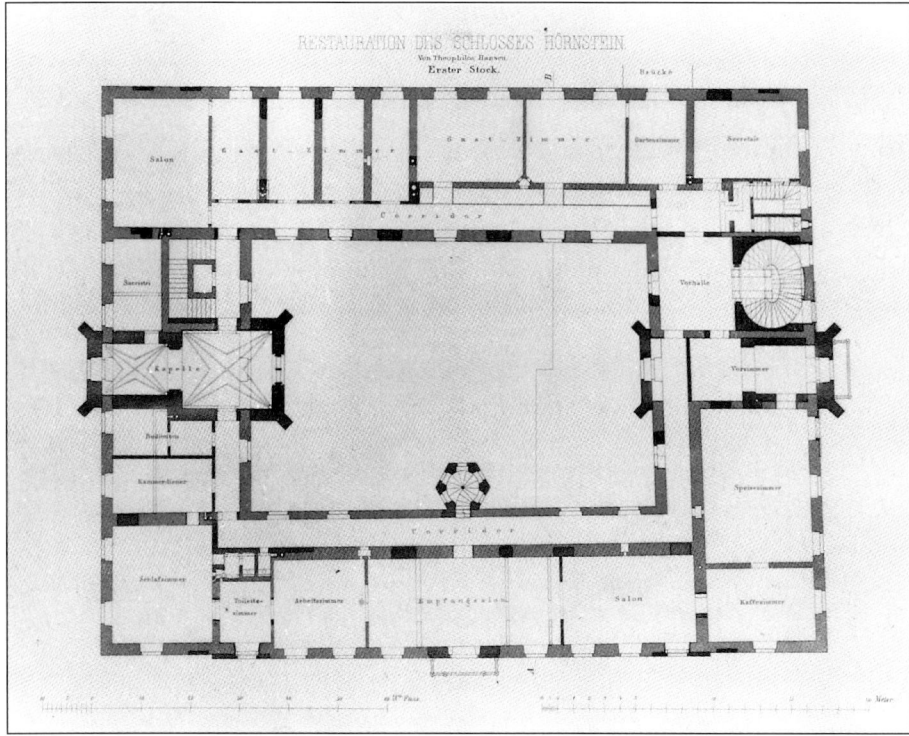

Architekturzeichnung von Theophil Hansen vor dem Umbau, 1862
Grundriß des 1. Stockwerks, 1862 (unten)

flächen überzog er mit Zement. Gebaut wurde von innen nach außen. Allen Räumen lagerte man einen hofseitig umlaufenden Gang vor, so daß sie getrennt begehbar wurden. Die an den östlichen und westlichen Schmalseiten befindlichen Durchfahrten bekrönte und betonte Hansen mit Türmen. Sie sollten Assoziationen zu der Ruine auf dem Berg hervorrufen und Hernstein gleichsam als restaurierten, uralten Ahnensitz ausweisen.

Der westliche Turm erhielt eine Kapelle, der östliche, der auch eine große

Treppenanlage beherbergt, diente als Uhr- und Glockenturm. Die damit geschaffene starke Ausrichtung nach der Ost-West-Achse bewirkte eine optische Zweiteilung des Gebäudes in Berg- und Talseite, wobei die Wohn- und Prunkräume des Schlosses naturgemäß der südlichen Tal- und Seeseite zugewandt waren. An der nordseitigen Bergseite lagen im Erdgeschoß die Dienerzimmer, im ersten Stock die Gästezimmer.

Die gotische Außenfassade wurde vor allem durch die Gestaltung der Fensterzonen vom Erdgeschoß bis zum Dach bestimmt. Durch Anlage einer Freitreppe mit darüberliegendem Balkon erhielt die Südseite einen betonenden Akzent. Im Inneren setzt sich die Verwendung gotischer Bauelemente wie Tudorbogen mit Maßwerk bei Tür- und Fensterumrahmungen fort, ansonsten ist die »hellenistische Komponente« Hansens vorherrschend. Rot und Gold waren seine bevorzugten Farben, und alles, was bei seinen später begonnenen Prunkbauten wie Parlament (1873–1883) und Musikvereinsgebäude (1867 bis 1869) Begeisterung hervorrufen sollte, hat er auf seinem »Experimentierfeld« Hernstein vorweggenommen.

Welche Intentionen der Bauherr auch ursprünglich gehabt haben mochte – bekommen hat er jedenfalls ein Prunkgebäude, das der Ringstraße würdig gewesen wäre. Nur die teuersten Materialien fanden Verwendung. So bekamen schon die Einfahrten Sockel aus schwarzem Marmor, die Kreuzrippengewölbe ruhten auf vergoldeten Wappenschilden. Sogar die im Sinne des Historismus zur Schau gestellten modernen Eisenkonstruktionen waren vergoldet und ruhten auf vergoldeten Greifen. Den Mittelpunkt des Erdgeschosses bildet eine Sala terrena, ein Gartensaal, dessen Wände großflächige Landschaftsdarstellungen füllten, wobei Spiegelwände Weite und Größe vermitteln sollten. Diese Ausstattung durch den Wiener Landschaftsmaler Joseph Hoffmann gefiel so sehr, daß dem Künstler eine zusätzliche Gratifikation ausbezahlt wurde. Höchst originell war auch die Decke des Saals – vergoldete Bronzestäbe trugen ein illusionistisches Zeltdach: ein 13 Meter langes und 5 Meter breites kostbares Gewebe aus dem Besitz Napoleons, das er von seinem Syrienfeldzug mitgebracht hatte. Kreisrunde Sofas und Springbrunnen erzeugten orientalische Atmosphäre.

Ein Charakteristikum Hansens sind seine prunkvollen Stiegenhäuser. Dementsprechend findet sich auch in Hernstein eine in Vor- und Stiegenhaus gegliederte Hauptstiege mit Türumrahmungen aus weißem Marmor, Wänden aus rotem Kunstmarmor und inkrustierten Arabeskenmustern. Intensive Farbprägungen weisen auch das Rauchzimmer in pompejanischem Rot und der dunkelgrün-goldene Speisesaal auf, wo zur Originaleinrichtung sowohl eine biedere Anrichte im Stil der deutschen Renaissance als auch ein weißer Marmorkamin in Form eines Renaissancetempels mit einer Venusstatue gehörten. Ein Vorläufer des großen Wiener Musikvereinssaals findet sich erstaunlicherweise ebenfalls im ländlichen Hernstein. Hier schuf Hansen einen pompösen Empfangssaal mit Wänden in Goldtapetenmustern, wo nicht weniger als 22 vergoldete Hermen dekorativ die Decke zu stützen scheinen. Da der Hausherr zurückgezogen lebte, wurde der Saal allerdings wenig verwendet. Den Höhepunkt des Schlosses stellt jedoch der sogenannte Ahnensaal mit einer Apotheose des Hauses Habsburg dar, wo sich Erzherzog Leopold an zehn lebensgroßen Porträts seiner Vorfahren – Rudolf I., Albrecht I., Albrecht II., Leopold III., Ernst (d. Eisernen); Friedrich III., Maximilian I., Ferdinand I., Maximilian II. und Ferdinand II. – erfreuen konnte. Die allegorischen Deckengemälde (Herrschertugenden, Kunst und Wissenschaften) stammen von Eduard Bitterlich. Mit der Ausstattung der Kapelle durch acht Freskogemälde (darunter Darstellungen der habsburgischen Schutzpatrone) beauftragte Hansen den von ihm sehr geschätzten Carl Rahl.

Erzherzog Leopold war zeitlebens sehr stolz auf sein neues Schloß und ließ von Franz von Alt eine Anzahl von Aquarellen mit Außen- und Innenansichten malen. In Hernstein widmete sich der Erzherzog dem Sammeln seltener topographischer Werke zur Besitz- und Familiengeschichte Niederösterreichs und schuf damit seine berühmte »weiße Bibliothek«, deren Werke alle einheitlich in weißes, goldbedrucktes Leder gebunden wurden. Nach dem Tode Leopolds erbte sein Bruder Erzherzog Rainer der Jüngere den Hernsteiner Besitz. Im Zweiten Weltkrieg erlitt das Dach des Schlosses einen Bombentreffer, das Innere blieb jedoch unbeschädigt.

Am 1. Januar 1963 rettete der Ankauf des Schlosses durch die Wiener Kammer der Gewerblichen Wirtschaft das Gebäude vor dem Verfall. Nach einer gründlichen und kostspieligen Sanierung und Trockenlegung des gesamten Komplexes unter Schonung der historischen Substanz erfolgte eine überaus geglückte Restaurierung der prunkvollen Räume. Für den neuen Verwendungszweck als »Hernstein Institut für Unternehmensführung« und Seminarhotel wurde 1976 ein großer Erweiterungsbau geschaffen.

Schloß Ambras

INNSBRUCK-AMBRAS

DENKMAL EINES RENAISSANCEFÜRSTEN

Das Hochschloß Ambras bei Innsbruck war um die Mitte des 16. Jahrhunderts an die Familie der Schlurff verpfändet und sehr heruntergekommen, bis Kaiser Ferdinand I. alle Verbindlichkeiten beglich und den Besitz seinem Sohn Ferdinand als künftige Residenz schenkte. Der Kaiser hatte nämlich in seinem Testament (1554) zu einer Zeit der immer dramatischer eskalierenden Konflikte zwischen Katholiken und Protestanten, ganz im Gegensatz zur habsburgischen Familientradition, verfügt, daß die Herrschaft unter seinen drei Söhnen aufzuteilen sei.

Ferdinand I. erhoffte sich davon, den Protestantismus auf lokaler Basis besser bekämpfen zu können und gleichzeitig Aufständen seiner jüngeren, ehrgeizigen Söhne gegen die Alleinherrschaft des ältesten (Maximilian II.) vorzubeugen. Sein Hauptwunsch aber war es, den Zweitgeborenen Ferdinand (II. von Österreich-Tirol, 1529–1595) mit einer eigenen Herrschaft – nämlich Tirol und die Vorlande als erblichem Landesfürstentum – standesgemäß zu versorgen. Ferdinand war sein Lieblingssohn und blieb es auch, als der Kaiser – von dritter Seite – von dessen heimlicher, nicht standesgemäßer Ehe und dem bereits vorhandenen Nachwuchs erfahren mußte. Das Paar hatte sich wahrscheinlich schon 1548 beim Reichstag in Nürnberg kennengelernt. Es dauerte nicht lange, und Philippine Welser (1527–1580), die schöne, gebildete und reiche Tochter eines Augsburger Patriziers, folgte Ferdinand, der seit 1547 in Prag wirkte, nach Böhmen.

Anfangs wohnte Philippine bei ihrer Tante auf Schloß Breznice. Dort wurde im Jänner 1557 geheiratet, und dort kam der erste Sohn zur Welt, der wie seine später geborenen Geschwister zur Wahrung des Scheins als »Findelkind« aufgenommen wurde.

Die Liebesheirat des mittelgroßen, vierschrötigen und recht eigensinnigen Habsburgers mit der klugen und sanften Bürgerlichen erwies sich als außerordentlich glücklich. 23 Jahre lang, bis zum Tode Philippines (1580), lebten die beiden in Harmonie, verbunden durch das gemeinsame Interesse für Kunst und Kultur sowie eine Vorliebe für glanzvolle Hofhaltung, prunkvolle Feste und üppige Tafelfreuden. Ferdinand frönte in Böhmen einem aufwendigen Lebensstil, schuf Hofbauten und Lustgärten und hinterließ einen großen Schuldenberg. In Tirol sollte dies nicht anders werden.

1563 hatte Kaiser Ferdinand die Tiroler Landstände von seinem Entschluß,

Ferdinand als Regenten einzusetzen, benachrichtigt, und im Januar 1567 hielt dieser seinen glanzvollen Einzug im Land. Philippine traf mit den Kindern ein Jahr später ein. Offiziell galt sie als die »Beywohnerin« des Landesfürsten, denn die Ehe mußte auf Wunsch des Kaisers geheim bleiben. Die Regierungszeit Ferdinands II. in Tirol war geprägt von seinem Bemühen, die Alleinherrschaft des christlichen Glaubens wiederherzustellen. Besonders gegen die Wiedertäufer ging man rigoros vor, viele wurden zur Auswanderung gezwungen.

Ferdinand betrieb bereits ab 1564, also noch von Böhmen aus, den Umbau der bescheidenen mittelalterlichen Hochburg Ambras zum Renaissanceschloß. Die heutige Form entstand sowohl durch Aufsetzung eines dritten Stockwerks als auch durch Ausbau des nördlichen Traktes unter Anfügung eines südlichen und westlichen Flügels.

Der Kammerdiener Ferdinands, Johann von Guarient, übernahm die Bauaufsicht. Schon 1564 schrieb er, daß es in Ambras »ser lustig zu wonen« sei. Planender Architekt war Alberto Lucchesi, der die Arbeiten mit der Ausstattung der Innenräume 1566 vollendete. Die bemerkenswerte Grisaillemalerei des Schloßhofes mit biblischen und mythologischen Darstellungen stammt vom Hofmaler Heinrich Teufl (1566/67).

Sieben Seen und Teiche, deren Ufer groteske Figuren schmückten, wurden angelegt. Herrliche Rosenbeete schmückten den mit Feigen, Mandeln, Pfirsichen und Kastanien bestückten Park. Zur Betreuung war ein niederländischer Kunstgärtner engagiert worden. Im Inneren des Schlosses fiel, wie Zeitgenossen berichten, die enorme Zahl von Jagdemblemen jeder Art auf.

Ambras wurde damals nicht zum ersten Mal Residenz. Schon im Jahre seiner ersten urkundlichen Nennung, 1078, diente diese älteste Siedlung Nordtirols den Grafen von Andechs – Otto II. nannte sich »Comes de Omeras« – als Hauptsitz. Von Ambras aus erfolgte 1180 die Gründung von Innsbruck, neben dem die Burganlage bald an Bedeutung verlor, obwohl sie weiter im Besitz der jeweiligen Landesfürsten verblieb.

Erst mit Erzherzog Ferdinand II., der das Schloß schon 1564 seiner Gattin zum Geschenk gemacht hatte, zog auf Ambras, das »die Wonne des Fürsten« genannt wurde, neues Leben ein. Bald sollte Tirol die enorme höfische Prunkentfaltung der Residenz eines echten Renaissancefürsten kennenlernen. Der Ruhm seiner Kunstschätze und die zeitlose Schönheit seiner Bauwerke überdauerten Ferdinand II. um Jahrhunderte – und die Tiroler zahlten noch mehrere Generationen lang die Schuldenlast ihres Landesherrn ab.

Ferdinand II. zählt zu den bedeutendsten Sammlern der an diesem Typus überreichen Familie der Habsburger. Mit geradezu fanatischem Eifer baute und sammelte er bis an sein Lebensende. Schon ab 1570 begann Ferdinand mit dem systematischen Ankauf von Rüstungen, Kunstwerken, Gemälden sowie

Schloß Ambras, Spanischer Saal von J. Lucchese, 1570/71

kuriosen Objekten für seine Kunst- und Wunderkammer. Den Grundstock
bildeten seine eigenen Rüstungen. Sein Hauptinteresse galt dabei Leibrüstun-
gen berühmter Zeitgenossen. Er verfolgte sie oft jahrelang, bis sie bereit waren, sich von ihrem Eigentum zu trennen. Ferdinands Gesandter in Spanien,
Sigmund Khevenhüller, war häufig in der Madrider Armeria zu sehen. So gelang es, den Leibharnisch Philipps II. und die Rüstung des Herzogs von Alba
zu ergattern. Um die Rüstung, die sein Onkel Karl (Kaiser Karl V.) 1547 im
Schmalkaldischen Krieg getragen hatte, bemühte sich Ferdinand lange, aber
vergeblich. Agenten Ferdinands kauften in seinem Auftrag Rüstungen, aber
auch Porträts, in ganz Europa. Die einzigartige Porträtsammlung und die
großartige Bibliothek ergaben sich sozusagen zwangsläufig, als zu jeder Rüstung ein Bild des ursprünglichen Besitzers und Literatur zu seiner Person an-
geschafft wurden. Jakob Schrenk legte die Münzsammlung an und fungierte
als ihr erster Kustos. Die Firma Willer in Augsburg war quasi Ferdinands
Hofbuchhandlung – 1596 wird ein Bestand von 3 430 bibliophilen Kostbarkeiten vermerkt. Über dem Sammeln vergaß Ferdinand jedoch das Bauen
nicht, so daß sich die Schloßanlage zur Zeit ihrer größten Ausdehnung
(ca. 1585–1590) in zwei Komplexe gliederte: das Hochschloß als eigentliche
Fürstenresidenz und das Unterschloß als reizvolle Mischung von Wirtschafts-

und Kulturgebäuden, den ältesten Zweckbauten dieser Art nördlich der Alpen. So befanden sich im Kornschüttgebäude zu ebener Erde die Stallungen, und im ersten Stock war die Bibliothek untergebracht. Außerdem enthielten die ein unregelmäßiges Fünfeck bildenden Gebäude die Rüst- und Waffenkammern, die Kunst- und Wunderkammer, das Knappenhaus und ein Ballhaus.

1570/71 war mit dem »Großen Saal« (43 m lang, 10 m breit) tatsächlich der größte und sicher einer der schönsten Saalbauten im deutschsprachigen Raum entstanden. Seine Kassettendecke steigert die Wirkung der farbenprächtigen Wandmalereien mit Darstellungen der Tiroler Landesfürsten und Schloßherren von Ambras ins Monumentale. Aus der selben Zeit stammen das (nicht mehr erhaltene) Ballhaus, ein Tier- und Fasangarten sowie prächtige, mit Skulpturen geschmückte Gartenanlagen. Ein rares Kuriosum ist das in seiner ursprünglichen Form erhaltene Badezimmer der Philippine Welser, bei dem die Hälfte des Raumes von einer großen Zinnwanne ausgefüllt wird. Erst 1926 legte man im angrenzenden Ankleidezimmer Fresken mit fröhlichen Badeszenen frei.

Badezimmer der Philippine Welser

Ca. 1572 waren auch die Bauten des Unterschlosses fertig geworden. Den Abschluß bildeten die 1583/84 außerhalb der Hauptgebäude errichtete Hofküche und der große Speisesaal. In diesem wahrhaft prachtvollen Rahmen führten Ferdinand und Philippine ein überaus gastliches Haus, dessen Küche und Keller – Philippine verfaßte sogar selbst ein Kochbuch – höchsten Ruf genossen. Festliche Einladungen verliefen nach einem wohlbestimmten Ritual:
Die Gäste wurden in einer sogenannten Bacchusgrotte feierlich empfangen und mußten auf dem »Fangstuhl« (heute in den Beständen des Kunsthistorischen Museums in Wien) Platz nehmen. Sie bekamen einen großen Humpen Wein vorgesetzt, und wer ihn leeren konnte, durfte sich in das Ambraser Trinkbuch eintragen. Natürlich waren die Gastgeber als erste, die diese Trinkprobe bestanden hatten, darin verzeichnet. Zu weiterem Amüsement diente der »umlaufende Tisch«, der sich samt der Tafelrunde im Kreise drehte. Außerdem veranstaltete man im Burghof häufig Turniere der verschiedensten Art. Jeden Sonntag musizierte die erzherzogliche Kapelle, und der Hoffriese de Bona, den sich Ferdinand anstelle der sonst üblichen Zwerge hielt, unterhielt die Gäste. An den »Ordinaritafeln« speisten täglich 95 Personen. Durchreisende Fremde wurden herzlich aufgenommen. Umso erstaunter zeigte sich der französische Philosoph Michel Montaigne, als er dem kunstsinnigen Ferdinand seine Aufwartung machen wollte und nicht empfangen wurde. Der Grund war einfach: Im Auftrag des Erzherzogs waren in Spanien kostba-

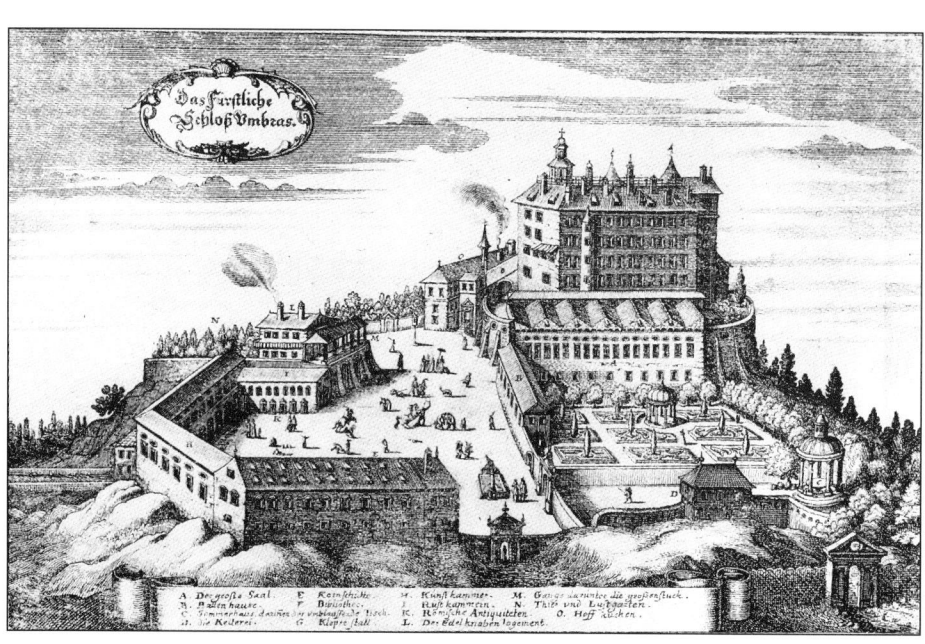

Schloß Ambras, Kupferstich von M. Merian, 1677

70

re Smaragde eingekauft worden. Der mit dem Transport betraute Bote kam jedoch nie mit seiner Fracht in Innsbruck an, da er in Frankreich überfallen und ausgeplündert worden war. Von da an haßte Ferdinand die Franzosen; überdies stießen seine jahrelangen Bemühungen um Entschädigung beim französischen König auf taube Ohren und blieben unbeantwortet.

Nach dem Tod seiner Gattin, 1580, begann Ferdinand alle seine Schätze, die sich teilweise noch in der Innsbrucker Burg befanden, ordnungsgemäß in Ambras aufzustellen. Die Bestandsinventare beginnen 1583 und reichen lückenlos bis zum heutigen Tag. Im wesentlichen gliederte sich die Sammlung Ferdinands in sechs Gruppen: Waffen und Harnische (in fünf Waffensälen), Gemälde und Porträts, die Bibliothek, Pretiosen (hauptsächlich aus der Sammlung der Grafen von Montfort), Münzen und kunstgewerbliche Arbeiten.

Wie jeder Sammler bangte auch Ferdinand II. um das weitere Schicksal seines Lebenswerks und verfügte testamentarisch, daß nichts aus Ambras entfernt werden dürfe, ja, daß die Sammlung durch Ankäufe zu vermehren sei. Alles möge »wol verwahrt, gemehrt und gepessert« werden. Letzteres wurde wegen der tristen Finanzlage Tirols von niemandem ernstlich in Betracht gezogen. Allerdings hätte Ferdinand II. auch nie erwartet, daß sein Sohn Karl von Burgau – ein nach dem Urteil von Historikern »unerfreulicher Typ« – Ambras mitsamt den Sammlungen um 170 000 Gulden an Kaiser Rudolf II. verkaufte. Damals wurde der Bestand nicht verändert, doch schon 1665 brachte Kaiser Leopold I. die schönsten und wertvollsten Bücher nach Wien. 1703, bei einem Einfall Bayerns in Tirol, verlagerte man die ganze Sammlung in die Steiermark.

Damit begann eine jahrhundertelange Wanderung und Dezimierung der Bestände. 1713 füllte Kaiser Karl VI. die Lücken seiner Münzsammlung aus der Ambraser Sammlung, die dann vorübergehend nach Innsbruck zurückkehrte. In den Napoleonischen Kriegen, als Tirol zu Bayern kam, transportierte man 1805 wiederum alles ab. Die Sammlungen wurden in Wien zuerst im Unteren Belvedere aufgestellt, als aber kein Ende der Kriege abzusehen war, verteilte man sie auf verschiedene Museen, wo die Objekte aus Ambras bald den prunkvollen Mittelpunkt bildeten. Im baufälligen Ambras selbst existierte nur mehr ein Rumpfmuseum, als Kaiser Franz Joseph 1880/81 die teilweise Rückführung und Installierung der Sammlungen auf Schloß Ambras anordnete. Damit verbunden war eine Restaurierung der Schloßanlage.

Der Zweite Weltkrieg brachte eine erneute Evakuierung der Ambraser Sammlungen und damit verbunden einen Verlust vieler Exponate. Erst nach Kriegsende konnte die Neuausstellung der Waffensammlung und die Errichtung einer bedeutsamen Poträtgalerie der tirolischen Landesfürsten fortgesetzt werden.

INNSBRUCK – EREMITAGE

EIN ERZHERZOG ALS EINSIEDLER

Ach, was waren unsere Vorfahren doch für Leute«, soll Kaiserin Maria Theresia ausgerufen haben, als sie am 21. Juli 1765 in Innsbruck die Eremitage (Einsiedelei) von Erzherzog Maximilian III. (1558–1618) besuchte. Und tatsächlich existiert im gesamten mitteleuropäischen Raum nichts Vergleichbares.

Dieses kuriose Gebäude, ein Annex des Innsbrucker Kapuzinerklosters, bildet über der Sakristei der Nordseite der Kapuzinerkirche ein eigenes kleines Stockwerk mit einer Fläche von ca. 120 m². Es gehört zu den interessantesten Beispielen manieristischer Baukunst aus der Zeit der Gegenreformation.

Errichtet wurde dieses »kleine Kloster« 1615 von Maximilian III., dem Deutschmeister, dem jüngsten Bruder Kaiser Rudolfs II. Die Pläne für seine Einsiedelei hatte der Bauherr selbst erstellt. Mit künstlichen Mitteln wie Tuffsteinverkleidung sollte mitten in der Stadt die Abgeschiedenheit einer Felsgrotte suggeriert werden, die, je weiter man vordringt, immer enger, finsterer und höhlenartiger wird.

Maximilian hatte Innsbruck zu seiner Residenz gewählt, nachdem er 1602 auf Grund des sogenannten »Prager Rezesses« Statthalter oder Regent von Tirol und den Vorlanden geworden war. Zu dieser Zeit konnte er schon auf ein recht bewegtes Leben zurückblicken. 1586 war der Erzherzog beim Kampf um die polnische Krone nicht nur unterlegen, sondern auch gefangengesetzt worden. Seine Freilassung ließ eineinhalb Jahre auf sich warten. Ein wenig erfolgreiches Intermezzo stellte auch die Betätigung des Erzherzogs als Feldherr im Türkenkrieg dar. Erst die Ernennung zum Hochmeister des Deutschen Ritterordens 1595 leitete eine ruhige Phase im Leben Maximilians ein. Der Erzherzog hatte neben seinen politischen Aktivitäten viele und weitgestreute Interessen, unter anderem für Landeskunde und Archäologie. So gehen die ersten Grabungen in Carnuntum auf seine Initiative zurück. Aber auch Schatzsuche und Geisterbeschwörung faszinierten ihn. Darüber hinaus versuchte er in seinem in der Innsbrucker Hofburg eingerichteten Laboratorium Gold herzustellen, ein ebenso teures wie erfolgloses Unternehmen. Die Untertanen des Deutschmeisters zeigten sich daher erfreut, als er eine Vorliebe für Einsiedeleien zu entwickeln begann – im Laufe der Zeit sollte er davon drei (eine in Wiener Neustadt und zwei in Innsbruck) besitzen!

Jene fürstliche Eremitage, die Gegenstand der Erörterung ist, lag zur Zeit der Errichtung am Rande von Innsbruck. Von der Residenz aus war sie anfangs nur vom Hofgarten her zu erreichen, und zwar vom Gartenpalast (»Ruhelust«) durch einen gedeckten hölzernen Gang, der bis zum Jahr 1787 bestand. Insgesamt hat die Eremitage elf Räume und nimmt fast die ganze Nordseite der Kapuzinerkirche ein. Die bei der Errichtung der Eremitage notwendige Entfernung aller nordseitigen Fenster verdunkelte die Kirche sehr. Diese starke Integration in das 1593 von Erzherzog Ferdinand II. gegründete Kapuzinerkloster war Maximilian, dem die Eremitentradition des Ordens als Vorbild diente, jedoch ein besonderes Anliegen gewesen, besaß doch fast jedes Kapuzinerkloster im Garten eine Einsiedelei, wohin sich die Mönche zur Meditation zurückziehen konnten.

Bereits aus dem Jahre 1628 liegt eine Beschreibung der Eremitage vor, verfaßt von einem Nürnberger Reisenden: »... hat man mich geführt in Eremitoria, welche Ertzhertzog Maximilianus hochseel. gedechtnus, von duffstainen machen lassen, und offt, sonderlich die ganze vasten [Fastenzeit], sich darinnen aufgehalten, so gar, das man vermaint habe, Ihre Drlt. [Durchlaucht] würde sich endlich gar in Franciscaner orden begeben ...«

Hielt sich der Deutschmeister in seiner Eremitage auf, dann war er fast unerreichbar, lagen doch nur die ersten beiden Räume in der sogenannten Vorklausur, während der östliche Teil unter strenger Klausur stand, also von niemandem betreten werden durfte. Die Raumfolge der Einsiedelei ist sehr funktionell und beginnt mit dem Vorsaal. Er ist ungetäfelt, mit schlichter Holzdecke, hat einen Bretterboden aus Fichte und zwei Fensterachsen. Überraschend reich ist die Ausstattung mit Bildern, die aus aufgelassenen Klöstern stammen dürften. Über der Tür hängt ein Porträt des 58jährigen Erzherzogs Maximilian III. als Hochmeister des Deutschen Ordens mit Hut, Halskrause und Insignien. Es wurde im Jahre 1616, also noch zu seinen Lebzeiten, angefertigt. Unter dem Porträt Maximilians ist am Türaufsatz folgender Spruch angebracht:

»Kurz ist der Traum der Zeit! Ohn' End die Ewigkeit. Wie ist mein Herz daran? So dacht' hier Maximilian.«

Die darunter befindliche Tür mit gotisierenden Beschlägen führt in das fürstliche Audienzzimmer, den größten Raum der Einsiedelei. Hier erledigte der Erzherzog, wenn er sich in seine Eremitage zurückgezogen hatte, Staatsgeschäfte, die keinen Aufschub duldeten, oder empfing Delegationen zu Verhandlungen. Das Zimmer weist eine hohe Wandvertäfelung auf. Die Einrichtung besteht aus einem Tisch, zwei Sesseln und einem schönen gemauerten Ofen mit grünen gotischen Schüsselkacheln. Bilder erzherzoglicher Verwandter bedecken die Wände. Von diesem Zimmer führt eine Feldertür mit Renaissanceumrahmung in die Klausur der Einsiedelei, die nur von Maximilian betreten werden durfte.

Innerster Klausurraum der Eremitage Maximilians des Deutschmeisters

Der erste Raum, das sogenannte Arbeitszimmer, gleicht dem Raum davor. Er ist vertäfelt und hat eine flache Holzfelderdecke aus Zirbe. Bemerkenswert sind die Möbel, die der Deutschmeister bei seinen Aufenthalten in der Klause mit größter Wahrscheinlichkeit selbst angefertigt und gedrechselt hat: ein rechteckiger Tisch mit schwarzer Schieferplatte, ein Rundsessel und ein Faltstuhl. Ein dreiteiliges Tintengeschirr, eine Filigranarbeit aus Lindenholz, dürfte (wie es die alte Klostertradition berichtet) ebenfalls auf die Kunstfertigkeit Maximilians zurückgehen. Hoch interessant ist auch das große querformatige Bild an der Wand über dem Tisch. Es zeigt den toten Erzherzog, wie er im Prunkgewand des Großmeisters des Deutschen Ordens auf dem Paradebett liegt, und dürfte das unsignierte Werk eines Innsbrucker Hofmalers sein.

Vom Arbeitszimmer kommt man rechter Hand in den Betraum, eine kleine, holzverkleidete Zelle mit Ausblick auf den Hochaltar der Klosterkirche. Die zu beiden Seiten des Fensters angebrachten Nischen dienten dem Erzherzog vermutlich als Aufbewahrungsort für seine liturgischen Bücher. Vom Betraum aus pflegte Maximilian dem Gebet der Mönche zu lauschen und der Messe beizuwohnen.

Die zweite Tür des Arbeitszimmers führt in die Küche, wo sich der Erzherzog, der in seinem weltlichen Dasein einen prunkvollen und üppigen Lebensstil bevorzugte, auf dem großen, offenen Herd seine frugalen Mahlzeiten selbst zubereitete. Eine einfache Stellage diente zur Aufbewahrung von Geschirr, daneben gibt es noch einen Schubladenkasten für Vorräte. Wie der danebenliegende Vorratsraum, der anschließende Gang und der Betrachtungsraum ist auch die Küche vollständig mit Stein verkleidet. Die kleine Betrachtungszelle enthält ein Tischchen, einen Stuhl, ein Stehkreuz, zwei Holzleuchter und zwei hölzerne Blumenvasen, Gerätschaften, die wahrscheinlich alle von Maximilian selbst in der Einsamkeit angefertigt wurden.

Hierher zog sich der Erzherzog zu stundenlangen Betrachtungen zurück, die allerdings nicht ausschließlich frommer Natur gewesen sein können. War es doch der Deutschmeister Maximilian, der seinen Brüdern zur Ermordung von Kardinal Klesl riet, als dieser einen Ausgleich mit den Protestanten suchte, um den drohenden Ausbruch eines Religionskrieges zu verhindern. Maximilians Brüder wiesen allerdings den Vorschlag zurück, der entmachtete Kardinal kam mit dem Leben davon und wurde in der Innsbrucker Hofburg interniert.

Die drei innersten Räume der Eremitage ähneln mehr Grotten als Zimmern. Da eine ausreichende Beleuchtung fehlt, machen sie einen düsteren Eindruck, der durch eine Wandverkleidung mit unregelmäßigen, bizarr wirkenden Tuffsteinen noch gesteigert wird.

Das Wohnzimmer enthält einen von der Küche aus zu heizenden Kachelofen, der auch Aufenthalte im Winter ermöglichte. In einem kleinen Fenster befindet sich eine zeitgenössische, ca. 1600 entstandene Glasmalerei. Ursprünglich gab es vom Wohnraum aus eine steile Holzstiege, die in das – heute noch be-

Küche mit offenem Herd der Eremitage

stehende – Maximiliansgärtchen führte. Dort hielt sich der Erzherzog gerne auf und pflanzte Bäumchen, Blumen und Gemüse.

Südlich des Wohnraums gelangt man in die winzige Schlafzelle mit dem noch erhaltenen schmalen Bett Maximilians und einem kleinen Hausaltar. In die Tuffsteinwand eingelassen ist eine kleine bemalte Glasscheibe mit einer Kreuzigungsdarstellung (datiert 1594). Der letzte Raum der Einsiedelei ist eine dunkle Nische mit Blick in den Chor des Klosters. Damit bot sich dem erzherzoglichen Eremiten die Möglichkeit, den zum mitternächtlichen Chorgebet versammelten Mönchen zu lauschen.

Maximilian starb am 2. November 1618 im 60. Lebensjahr während seines Aufenthaltes in Wien, wo er Kaiser Ferdinand II. besuchte. Seine von den Kapuzinern als Erinnerung an die beispielhafte Frömmigkeit des Erzherzogs liebevoll instandgehaltene Eremitage wurde nie mehr benutzt und geriet allmählich in Vergessenheit. Nur manchmal zeigte man sie interessierten Besuchern, unter anderem Kaiser Leopold I. (1665), der Erzherzogin Marie Louise, der Witwe Napoleons (1826), und Erzherzogin Stephanie, der Witwe des Kronprinzen Rudolf (1893).

1787 hatte Joseph II. die Aufhebung des Kapuzinerklosters verfügt. Das Klostergebäude wurde damals in eine Kaserne, die Kirche in ein Magazin umfunktioniert. Die Einrichtungsgegenstände der Klause Maximilians brachte man nach Schloß Ambras, wobei ein genaues, noch vorhandenes Inventar angelegt wurde. Als die Kapuziner 1802 zurückkehren durften, bemühten sie sich um die Rückführung der Einrichtung und um die Restaurierung der Eremitage.

Obwohl die meisten Stadtbeschreibungen vom 17. bis ins 19. Jahrhundert Hinweise auf die Einsiedelei enthalten, führte diese stets ein Schattendasein unter den Sehenswürdigkeiten der Innsbrucks. 1899 war sie, nach einem Bericht der Tiroler Fremdenzeitung, selbst den Einheimischen unbekannt. Vergessen überdauerte das Refugium Maximilians III. die Jahrhunderte.

Im 20. Jahrhundert hätte für die Eremitage allerdings fast die letzte Stunde geschlagen. Als das Kapuzinerkloster 1939 wieder einmal aufgehoben wurde, bat der Landeskonservator von Tirol den nationalsozialistischen Gauleiter um die Erhaltung der Einsiedelei. Die Bitte zeigte fatale Folgen, denn wenig später erteilte der Reichsstatthalter die Anweisung, zu prüfen, ob diese tatsächlich erhaltenswert sei. Wenn ja, käme nur ein Abbruch und eine Überführung in ein Museum in Frage. Die Kriegswirren verhinderten jedoch den Plan, die Zerstörung unterblieb, und da die Eremitage erneut in Vergessenheit geriet, überstand sie auch die abbruchwütigen Nachkriegsjahre. Geraume Zeit sollte jedoch vergehen, bis dieses einzigartige Kulturdenkmal in den Jahren 1982 bis 1985 restauriert und interessierten Besuchern zugänglich gemacht werden konnte. Ermöglicht wurde dies durch die Münchener Messerschmitt-Stiftung, die in großzügiger Weise die Finanzierung übernahm.

Die Kaiservilla in Bad Ischl

ISCHL

Bad Ischl ist das kulturelle und geographische Zentrum des Salzkammerguts, für Kaiser Franz Joseph I. war es aber das Paradies, von dem er sich nur ungern trennte. »Es war ein harter und schwerer Sprung aus dem irdischen Himmel in Ischl in die hiesige papierene Schreibtischexistenz«, schreibt er nach der Rückkehr vom Sommerurlaub des Jahres 1853 in Wien. Franz Joseph verbrachte im Laufe seines langen Lebens 83 Sommer in Ischl, den ersten 1831 als einjähriges Baby und den letzten 1914, knapp vor Ausbruch des Ersten Weltkriegs, zwei Jahre vor seinem Tod. Von 1848 bis 1914 war Ischl die offizielle kaiserliche Sommerresidenz.

Schon 1823, knapp nach der Erschließung der Heilquellen dieses ältesten Solebades Österreichs, hatten die Habsburger Ischl für sich entdeckt und kamen in regelmäßiger Treue jedes Jahr wieder. Man besaß kein eigenes Haus, sondern wohnte zur Miete, zuletzt in der einfachen biedermeierlichen Landvilla des Wiener Notars Dr. Eltz (später im Besitz des Salinenarztes Dr. Mastalier), die schließlich angekauft wurde.

Bald machten die Anwesenheit der Habsburger, die herrliche Landschaft und die Heilkraft des Salzes Ischl zum beliebtesten Kurort der Monarchie. Schon Erzherzog Franz Karl, der Vater Franz Josephs, war ein begeisterter »Wahl-Ischler« und verbrachte hier 50 Sommer, obwohl er zuletzt einen Tragsessel benutzen mußte. Den Einheimischen war er eine wohlbekannte, populäre Gestalt. Einer von ihnen zog den Erzherzog in ein (tatsächlich in dieser Form stattgefundenes) Gespräch:

»›Ham Sie Kinder?‹ ›Ja!‹ ›Auch an Buben?‹ ›Ja!‹ ›Was ist denn der?‹ ›Kaiser!‹ ›Haben Sie noch an zweiten Buben!‹ ›Ja!‹ ›Und was ist der?‹ ›Kaiser!‹ ›Ja, san Sie nacha vielleicht auch Kaiser?‹ ›Nein, das hat meine Frau net erlaubt!‹«

In diesem lapidaren Dialog spiegelt sich eine ganze Epoche österreichischer Geschichte. Nach der Abdankung von Kaiser Ferdinand im Jahr 1848 war Erzherzog Franz Karl in der Thronfolge der nächste. Seine Frau plädierte jedoch für Franz Joseph, den ältesten Sohn des Paares, und setzte sich mit ihrer Ansicht auch durch. Der zweite Sohn des Erzherzogs ist jener unglückliche Ferdinand Maximilian, der als Kaiser von Mexiko 1867 hingerichtet wurde.

Am 18. August 1853 feierte Franz Joseph seinen 23. Geburtstag in Ischl. Aus diesem Anlaß reiste auch die Wittelsbacher Verwandtschaft aus dem bayerischen Possenhofen am Starnberger See an. Sollte der junge Kaiser doch seine

Cousine Helene – sie war als künftige Gattin ausersehen – in der zwanglosen Atmosphäre eines Ischler Balls kennenlernen. Es kam jedoch anders. Auf die Reise ins Salzkammergut war auch die 15jährige Schwester Helenes, Sisi, mitgenommen worden, die gerade an Liebeskummer litt und aufgeheitert werden sollte.

Für Franz Joseph war es Liebe auf den ersten Blick, und da man »dem Kaiser von Österreich keinen Korb gibt«, wie Sisis Mutter bemerkte, wurde die Werbung angenommen. Die Presse berichtete damals: »Seine K. K. Apostolische Majestät, unser allergnädigster Herr und Kaiser, Franz Joseph I. haben Allerhöchst Ihres Aufenthaltes zu Ischl Ihre Hand der durchlauchtigsten Prinzessin Elisabeth Amalie Eugenie Herzogin in Bayern … anverlobt.« Kaiserin Elisabeth hingegen bemerkte dazu viele Jahre später ihrer Tochter Marie Valerie gegenüber: »Die Ehe ist eine widersinnige Einrichtung. Als 15jähriges Kind wird man verkauft und tut einen Schwur, den man nicht versteht und dann 30 Jahre oder länger bereut und nicht mehr lösen kann.«

Die Verlobung fand bereits am 18. August 1853 im Haus des Ischler Bürgermeisters statt. Zur Erinnerung daran kaufte Erzherzogin Sophie, die Mutter des Bräutigams, jene Mietvilla, in der sich das Paar kennengelernt hatte. Am 30. November 1854 erhielt der Kaiser laut Abtretungsurkunde die Villa samt Gründen als Privatbesitz.

Nach großen Zu- und Umbauten entstand aus dem bescheidenen Landhaus die heutige Kaiservilla. Erzherzogin Sophie selbst überwachte die Arbeiten, wobei sie von ihrem Sohn zur Sparsamkeit ermahnt wurde, »da es mir mit meinen Finanzen sehr knapp geht«.

Das große private Habsburger-Vermögen befand sich damals noch in Händen des abgedankten Kaisers Ferdinand, der zwar auf den Thron, aber nicht auf die Einkünfte der kaiserlichen Güter verzichtet hatte.

Der ursprünglich siebenachsige Bau erhielt auf ausdrücklichen Wunsch des Kaisers zwei Flügelanbauten, die einen Grundriß in Form eines E – für Elisabeth – ermöglichten. Mit der Ausführung wurde ein an Architektur sehr interessierter Laie, der erste Kammerdiener des Kaisers, Antonio Legrenzi, beauftragt, dessen Fähigkeiten in dieser Richtung allgemein gelobt wurden. Nur von einem Polier unterstützt, konnten die Erweiterungsarbeiten am Haupthaus wunschgemäß bis zum Tag der Hochzeit, am 24. April 1854, fertiggestellt werden.

Mit den anfänglichen 40 000 Gulden zur Bestreitung der Baukosten und 50 000 Gulden für die Anlage des Parks (durch den Hofgärtner Franz Rauch) war es allerdings längst nicht getan. 1855 begann Rauch mit dem Bau einer Wasserleitung, einer Wagenremise und von Stallungen. Eine Zusammenfassung aller Kosten, inklusive Kaufpreis, ergab bereits 1855 die stattliche Summe von 411 821 Gulden. (Im Vergleich dazu kostete die Errichtung eines Ringstraßenpalais wenige Jahre später ca. 300 000 Gulden.) Auch in den fol-

Erzherzogin Marie Valerie und ihr Bräutigam Franz Salvator vor der Kaiservilla

genden Jahren investierte der Kaiser beträchtlich in die Ausstattung seiner Villa. 1857 erhielt Rauch abermals 100 000 Gulden aus der allerhöchsten Privatkasse zur Fortsetzung und Beendigung der Arbeiten an den Nebengebäuden. Am 30. März 1858 starb Legrenzi, und die Bauleitung samt Ausführung aller weiteren Pläne gingen auf den Hofgärtner Rauch über. Bis 1861 entstanden Wasserleitungen, Glashäuser, zwei gußeiserne und ein hölzerner Pavillon. Da die Kaiserin sehr bald den Wunsch nach einem privaten Refugium äußerte, errichtete man im Park »eine Cottage im Elisabethean (Tudor) Style« um 132 000 Gulden Das später Marmorschlössel genannte Gebäude besteht aus Parterre, Mezzanin und erstem Stock und enthält besonders schöne Räume. Außerdem legte man für die Kaiserin im Park ein Bad an. Damit hoffte der Kaiser, seine Gattin, die damals schon ihre Vorliebe für lange Auslandsreisen entdeckt hatte, an Ischl zu binden. Wie es allerdings um die Ehe des Kaiserpaares bestellt war, verdeutlicht am besten jenes ultimative Schreiben, das Kaiserin Elisabeth am 24. August 1865 in Ischl ihrem Mann überreichte:

81

»Ich wünsche, daß mir vorbehalten bleibe unumschränkte Vollmacht in allem, was die Kinder betrifft, die Wahl ihrer Umgebung, den Ort ihres Aufenthaltes, die komplette Leitung ihrer Erziehung, mit einem Wort, alles bleibt mir ganz allein zu bestimmen, bis zum Moment der Volljährigkeit. Ferner wünsche ich, daß, was immer meine persönlichen Angelegenheiten betrifft, wie unter anderem die Wahl meiner Umgebung, den Ort meines Aufenthaltes, alle Änderungen im Haus etc. etc. mir allein zu bestimmen vorbehalten bleibt.«

1865 waren fast alle Bauvorhaben abgeschlossen. Die Villa und der englische Landschaftspark haben seither kaum ihr Aussehen geändert, obwohl für die Umfahrung von Ischl unter dem Park ein Straßentunnel gebaut wurde und der Jainzenberg nicht mehr zum Areal gehört.

Im Inneren gibt die Kaiservilla wie kein anderes Habsburgerdomizil Zeugnis von der Jagdleidenschaft des Kaiserhauses: Tausende Trophäen schmücken Salons und Gänge. Die Jagd, eine der wenigen Leidenschaften des Kaisers, bildete in Krisenzeiten ein tröstliches Element, und nichts konnte Franz Joseph davon abhalten.

Am 19. Juni 1867 war Franz Josephs Bruder Maximilian in Mexiko erschossen worden. Im Juli erreichte die Nachricht Wien. Am 10. September schrieb der Kaiser an Albert von Sachsen:

»Auch in diesem Jahr der Trauer und des Schmerzes erlaube ich mir, Dir anzuzeigen, daß ich, wenn mich nicht unvorhergesehene Geschäfte daran hindern, vom 25. September bis ungefähr anfangs Oktober in Ischl jagen werde und daß wir sehr glücklich wären, Dich dort zu sehen. Es täte Dir gewiß gut, so manchen Kummer zu vergessen [Sachsen verlor an der Seite Österreichs 1866 den Krieg gegen Preußen], und ist unsere alte Jagdgesellschaft auch durch den Tod unseres besten Jägers und treuen Freundes [Erzherzog Maximilian, Kaiser von Mexiko] gelichtet, so können wir doch noch gute Jagden machen. Es scheint mir noch immer ein Traum, wenn ich daran denke, daß er nicht mehr mit uns ist, nie mehr mit uns jagen wird …«

Mehr als ein halbes Jahrhundert war die Ischler Villa Schauplatz gesellschaftlicher Ereignisse. Hier spazierte der Kaiser mit der Gefährtin seiner reiferen Jahre, der Schauspielerin Katharina Schratt. Im Sommer 1888 hatte sie den Kaiser das erste Mal besucht und später ein in der Nähe der Kaiservilla gelegenes Haus gekauft. So konnte Franz Joseph schreiben: »… welches es mir ermöglicht Sie mit Ihrer Erlaubnis öfter zu besuchen, auch will die Kaiserin Ihnen den Schlüssel zu einer kleinen Tür geben, durch welche Sie in unseren Garten gelangen können.«

In Ischl bestieg er – widerwillig – zum ersten Mal in seinem Leben ein Auto. Und in Ischl heiratete im Juli 1890 seine jüngste Tochter Marie Valerie in der Pfarrkirche im engsten Familienkreis den Erzherzog Franz Salvator von Habsburg-Toskana. Anton Bruckner spielte dabei auf der Orgel. Marie Valerie liebte Ischl und war bei dem Gedanken, daß die Villa einmal im Besitz ih-

Salon in der Kaiservilla

res Bruders sein könnte, so bedrückt, daß sie sich äußerte, »diese lieber anzünden zu wollen«. Kaiserin Elisabeth trug daher Sorge, daß der Ischler Besitz ihrer Lieblingstochter zufallen sollte.

Wenn dem Monarchen einige Tage zur Erholung blieben, fuhr Franz Joseph von Wien mit dem Abendzug nach Lambach. In der Nacht erfolgte die Überquerung des Traunsees nach Ebensee in einem der für das Kaiserhaus stets bereitgehaltenen Dampfschiffe, die alle nach weiblichen Mitgliedern der Herrscherfamilie benannt waren (»Sophie«, »Elisabeth«, »Marie Valerie«). Zwischen vier und fünf Uhr morgens kam der Monarch in Ischl an.

Der Kaiser besuchte an jedem Sonntag, meist allein, den Gottesdienst in der Pfarrkirche, und erst zum Mittagessen traf sich die kaiserliche Familie. Bei schönem Wetter unternahm man am Nachmittag einen Ausflug – für gewöhnlich schlugen der Kaiser und die Kaiserin den schattigen Weg nach Laufen ein. Wie sich das tägliche Leben im kaiserlichen Sommersitz abspielte, berichtete ein Augenzeuge:

Das Schlößchen der Kaiserin Elisabeth im Park der Kaiservilla

»Die Audienzen in der recht beschränkten kaiserlichen Villa unterschieden sich ihrer Äußerlichkeit nach von jenen in Schönbrunn oder Wien. Eine gewisse Zwanglosigkeit, ein Lüften der Etikette wurde markiert. Offiziere erschienen ohne Säbel. Der Kaiser trug die Jägerjoppe, und kein diensttuender Flügeladjutant besorgte die Anmeldung. Nachher wurde man stets der Familientafel zugezogen ... über allem waltete eine erfrischende Langeweile, und ein im Flüsterton dahinplätscherndes Gespräch, mit endlos langen Pausen, wirkte direkt einschläfernd ...«

Doch auch die große Politik warf ihre Schatten. In Ischl entschloß sich der Kaiser, 1865 mit Preußen die Gasteiner Konvention einzugehen, hier zog er sich 1866 nach dem verlorenen Krieg gegen Preußen, in dem Österreich seine

Vormachtstellung in Deutschland einbüßte, zurück. 1898 verabschiedete er sich in der Kaiservilla von seiner Gattin zum letzten Mal. Sie fiel bald danach einem Attentat zum Opfer. Im August 1908 kam der englische König Edward VII. nach Ischl, um Franz Joseph zur Aufgabe des Bündnisses mit Preußen zu bewegen. Dieses Treffen, das vielleicht den Verlauf der Geschichte geändert hätte, blieb erfolglos, und es entbehrt nicht einer gewissen Ironie, daß das für den Gast in der Kaiservilla damals gegebene Galadiner heute noch für Touristen als »Kaiserdiner« nachvollzogen wird.

Im Juni 1914 langte die Nachricht von der Ermordung des Thronfolgers Franz Ferdinand beim Kaiser in Ischl ein. Stundenlang saß er, vor sich hin sinnend da und sprach kein Wort, berichtet ein Augenzeuge. Schließlich jedoch bemerkte er zu einem hohen Würdenträger, der sein Entsetzen ausdrückte: »Ja, es ist furchtbar«, und setzte gleich fort, »aber nicht wahr, der Karl [der spätere Kaiser Karl I. und Nachfolger des Thronfolgers Franz Ferdinand] ist doch ein netter Mensch?«

In Ischl unterzeichnete der alte Kaiser das Ultimatum an Serbien, und am 28. Juli 1914 die Kriegserklärung »An Meine Völker«, die den Ersten Weltkrieg auslöste. Am 29. Juli 1914 verließ er Ischl für immer.

Die heute im Besitz eines Urenkels von Kaiser Franz Joseph (aus der Ehe der Erzherzogin Marie Valerie) befindliche Kaiservilla wurde zu einem Museum mit öffentlich zugänglichen Schauräumen ausgestaltet, während im Schlössel der Kaiserin ein Fotomuseum untergebracht ist.

Dem Genius loci huldigt ungewollt die am Parktor angebrachte kryptische Inschrift: »Der Eingang ist der Ausgang«.

Schloß Annabichl

KLAGENFURT

DIE RESIDENZ DER ERZHERZOGIN MARIA ANNA

Sie sieht nur einige Personen ihres Vertrauens um sich, trägt große Frömmigkeit zur Schau und verbringt die Tage völlig zurückgezogen. Wie die Kaiserin [Maria Theresia] ist sie ernst, betrübt und melancholisch und fast immer krank. Sie hat viel Talent und Ehrgeiz, etwas zu gelten, und sieht sich verachtet und beschimpft bei allen Gelegenheiten, vor allem vom Kaiser [Joseph II.], der ihr niemals ins Gesicht sehen kann und ihr die ärgsten Kränkungen zufügt. Obwohl sie nie ausgeht, möchte sie doch alle Neuigkeiten wissen und Protektionen gewähren. Sie will immer von Geschäften reden und intrigieren. Sie ist zu freigiebig und deshalb voll Schulden, die mehrmals die Kaiserin zahlen muß. Mit niemanden von der Familie fühlt sie sich verbündet und ist voll Mißtrauen und Geheimnissen gegen alle.«

Es war Erzherzog Leopold (als Kaiser Leopold II.), der diese harten Worte seinem privaten und geheimen Journal (Stato della famiglia) anvertraute. Sie betrafen seine ältere, durch ein schweres Schicksal geprägte Schwester Maria Anna (1738–1789), die zweitgeborene Tochter der Kaiserin Maria Theresia.

»Marianne« war ein lebhaftes, allgemein beliebtes Kind gewesen, das durch sein hervorragendes Gedächtnis und einen scharfen Verstand auffiel. Schon früh zeigte die »gelehrte Erzherzogin« eine Vorliebe für Wissenschaft und Kunst, worauf man ihr die gewünschte gediegene Erziehung mit den Schwerpunkten Mineralogie und Numismatik angedeihen ließ.

Darüber hinaus liebte sie das Ballett und tanzte leidenschaftlich gern. Ihre Gesundheit allerdings gab schon von frühester Kindheit an Grund zur Besorgnis. Als die lebenslustige Marianne im Jahr 1765 einen großen Ball besuchte, da »ziehte sich die junge Prinzessin bei der gar zu großen Bewegung im Danzen einen Catharr zu«, wie ein Zeitgenosse bemerkte. Sie erkrankte so schwer, daß ihr die Sterbesakramente verabreicht werden mußten.

Wider Erwarten überlebte Marianne die Erkrankung. Zurückblieben jedoch immer wiederkehrende Schmerzen und eine starke, zu einer schiefen Haltung zwingende Verkrümmung der Wirbelsäule. Verbittert zog sich die bucklige Erzherzogin aus der Welt zurück und fristete am kaiserlichen Hof ein wenig beachtetes, ganz der Frömmigkeit und den Wissenschaften (Physik, Chemie und Mechanik) gewidmetes Leben. Sie unterstützte ihren Vater Franz Stephan von Lothringen bei der Errichtung eines physikalischen und mineralogischen Kabinetts und teilte seine Neigung für die Freimaurerei.

Bei den Geschwistern, die nacheinander heirateten und den Wiener Hof verließen, war Marianne wenig beliebt. Auch bei der Gattin ihres Bruders Joseph, Isabella von Parma, genoß sie als »gefährliche Intrigantin« keine Sympathien. Da Isabella großen Einfluß auf den designierten Kaiser hatte, sah die Erzherzogin ihrer Zukunft mit Bangen entgegen.

1766 entschloß sich Marianne, in das von Maria Theresia gegründete adelige Damenstift auf dem Prager Hradschin als Äbtissin einzutreten, womit ihr ein Einkommen von 100000 Gulden im Jahr zur Disposition stand. Zu einer Übersiedlung nach Prag konnte sich die Erzherzogin jedoch nicht entschließen, obwohl sie sich in Wien unglücklich und mißverstanden fühlte. In dieser tristen Situation zeigte sich im Jahre 1765 ein unerwarteter Ausweg. Damals reiste die kaiserliche Familie zur Hochzeit Erzherzog Leopolds mit der spanischen Infantin Maria Ludovica nach Innsbruck. Da man die gesamte Strecke auf österreichischem Territorium zurücklegen wollte, vermied man Salzburg und nahm den wesentlich längeren Umweg über Kärnten in Kauf. Überall besuchte die Kaiserin eifrig die kirchlichen Institutionen. So wurde auch dem Elisabethinenkloster in Klagenfurt in Begleitung der Maria Anna ein Besuch abgestattet, der für das weitere Leben der Erzherzogin entscheidend werden sollte.

Das erst 1710 gegründete Kloster widmete sich in vorbildlicher Weise der Pflege armer und kranker Menschen. Für die Errichtung des Konvents mit Kirche und angeschlossenem Krankenhaus bettelten die zwölf Nonnen, die selbst in großer Armut lebten, im ganzen Land um Spenden. Maria Anna zeigte sich tief beeindruckt und innerlich berührt. Bald beschloß sie, sich in Klagenfurt, fern dem Wiener Hofleben, eine eigene, mit dem Kloster der Elisabethinen verbundene kleine Residenz zu schaffen. An der Verwirklichung dieses Projekts arbeitete die Erzherzogin mit großer Zähigkeit über 15 Jahre lang.

Als die Kaiserin Maria Theresia zu ihrem Erstaunen bemerken mußte, daß ihre Tochter von dem vorgefaßten Plan nicht mehr abzubringen war, kaufte sie ihr in Klagenfurt von dem Kaufmann Andreas May (später Edler von Perghofer) das dem Elisabethinenkloster benachbarte Grundstück mit einem Haus, Gründen und einer Meierei. Anschließend wurden Grundrißpläne für ein »Erzherzogliches Gebäu«, das heißt ein kleines Palais samt Park und Nebengebäuden, in Auftrag gegeben. Als Vorbild hatte man das kaiserliche Lustschloß Hetzendorf bei Wien im Auge. Für den Park jedoch hätte die Erzherzogin Anspruchsvolleres vorgehabt. Doch eine großzügige Gartengestaltung à la Versailles scheitert am energischen Einspruch des sparbewußten Bruders Joseph II.

Der bewährte Hofarchitekt Nicolo Pacassi, der für Maria Theresia schon zahlreiche Schlösser adaptiert hatte, übernahm den Auftrag und errichtete von 1769 bis 1776 das gewünschte Klagenfurter Schlößchen. Es wurde ein einfacher, anspruchsloser zweigeschoßiger Bau mit Seitenflügeln. Eine interessante

Erzbischöfliches Palais in Klagenfurt, ehemalige Residenz der
Erzherzogin Maria Anna

Fassadengestaltung sowie der vorgelagerte repräsentative Ehrenhof mit prunkvollem Portal sollten über die strengen Sparauflagen hinwegtäuschen. Es war daher kein Wunder, daß die zukünftige Residenz der Erzherzogin bei jenen Familienmitgliedern, die es gelegentlich einer Reise durch Kärnten besichtigten, wenig Begeisterung hervorrief. Maria Anna selbst wollte zu Lebzeiten ihrer Mutter Wien nicht verlassen, widmete jedoch der Beschäftigung mit ihrem Lieblingsprojekt viel Zeit. »Mit immer was Neuem« plagte sie nach eigenen Worten die Bauleitung der Klagenfurter Residenz und entschuldigte sich gleichzeitig, weil aus den neuen Ideen große Änderungswünsche resultierten. So wurde im Lustgarten ein teurer, mittels Rohrleitung von der Glan gespeister Zierbrunnen gebaut. 1780 begann der Architekt Franz Anton Hillebrandt mit der Adaptierung des Baus im aktuellen Stil des Klassizismus, die 1781 von Johann Ferdinand von Hohenberg abgeschlossen wurde.

Da zu jeder Stadtresidenz auch ein Sommersitz gehört, hatte der Landeshauptmann von Kärnten, Graf Heister, der Erzherzogin bereits 1774 sein Schloß Annabichl verkauft.

Dieses heute an der Nord-Ausfahrt von Klagenfurt gelegene Schlößchen wurde ursprünglich, nämlich 1580, für eine Dame, die reiche Gattin von Georg Khevenhüller, geschaffen. Der über einem rechteckigen Grundriß erbaute dreigeschoßige und fünfachsige Bau hat an seiner Ostseite eine ebenerdige Arkadengalerie mit darüberliegender Terrasse und wirkt überaus elegant. Bis 1690 blieb das Lustschloß mit seinem berühmt schönen Garten »gleich einem Theatro« im Familienbesitz der Khevenhüller. Danach hatte es rasch wechselnde Besitzer, bis es 1767 Johann Gottfried Graf Heister kaufte, dieser wiederum gab es bald an die Erzherzogin weiter.

Am 29. November 1780 verstarb die Kaiserin Maria Theresia in Wien. Noch in ihrem letzten Brief vom 3. November äußerte sie sich voll Sorge um ihre behinderte Tochter:

»Ich bin wegen der Marianne in Sorge, die von einem Druck im Magen gequält wird, verursacht durch die schreckliche Verunstaltung, die sie zwingt, alles, was sie ißt, wieder herauszugeben …«

Nun hielt Maria Anna, die zu Kaiser Joseph II. ein sehr schlechtes Verhältnis hatte, nichts mehr in Wien, und schon am Tag nach dem Ableben der Mutter schrieb sie der Oberin des Elisabethinenklosters nach Klagenfurt: »… Gott hat meine … liebsten, meine einzigen Bande aufgelöst und ich gehöre jetzt Ihnen allein …«

Bis zur Abreise vergingen jedoch noch einige Monate. Einem Wunsch Kaiser Josephs II. entsprechend, mußte Maria Anna auf die Prager Äbtissinnenwürde mit den damit verbundenen hohen Einkünften verzichten. Für die geplante Hofhaltung in Klagenfurt erhielt sie eine jährliche Apanage von 50 000 Gulden zugesprochen. Diese unerwartet geringe Summe sollte keine Extravaganzen erlauben und die hochfliegenden kulturellen Pläne der Erzherzogin zunichte machen.

Nach der Schlichtung kleinlicher Streitigkeiten über die Mitnahme von Möbeln aus Schönbrunn und die Lieferung des von Maria Anna geschätzten Champagners aus den kaiserlichen Kellern brach die Erzherzogin am 23. April 1781 nach Kärnten auf. Ganz ihrem Wunsch entsprechend, wurde sie in Klagenfurt – um Geld zu sparen – schlicht und ohne Prunk empfangen.

Die Hauptstadt Kärntens, damals eine unbedeutende kleine Provinzstadt, versprach sich von der ständigen Residenz eines Mitglieds des Kaiserhauses einen großen kulturellen und gesellschaftlichen Aufschwung. Eben erst hatte die Stadt durch die zentralistischen Verwaltungsreformen Josephs II. ihre selbständige Verwaltung eingebüßt, ein Verlust, für den die Einrichtung des Sitzes des inner- und oberösterreichischen Kriminalgerichts mit vierzig Beamten kein Ersatz war. Daher bemühte sich der Adel, in Klagenfurt ein neues Zentrum höfischen Lebens mit der Erzherzogin als Mittelpunkt erstehen zu lassen. Unter den Auspizien der Familien Thurn, Strassoldo, Auersperg, Goess und Khevenhüller wurden Festivitäten im Stil des Wiener Hofes veranstaltet. Auf Schloß Annabichl fanden im September 1781 glanzvolle Bälle statt, und im darauffolgenden Winter wurde eine öffentliche Schlittenfahrt abgehalten. Am 6. Oktober beging man den Geburtstag der Erzherzogin in großem Stil. Vor dem prächtig illuminierten Stadtpalais wurde ein Triumphbogen errichtet, und sechzig Musikanten spielten auf. »Ich habe vierzig Jahre in Wien gelebt, aber man hat mir nicht gezeigt, daß man mich liebt!« äußerte sich dazu Maria Anna gerührt.

Für ein reges gesellschaftliches Hofleben fehlten ihr aber die Mittel, die Lebensart und auch die Gesundheit. Bald mußte eine eingeschränkte Besucherordnung erlassen werden:

»Die Durchlauchtigste Frau Erzherzogin Maria Anna Königliche Hoheit etc. werden alle erste Mittwoch jedes Monats von 3 bis 4 Uhr Nachmittag die Aufwartung des verheyraten und majornen Ritter-Standes … aufnehmen und erlauben damit den 6ten künftigen Monats Juny [1782] den Anfang zu machen.«

Damit kam das kaum begonnene Hofleben auch schon wieder zum Erliegen. Mehr Erfolg war dem Obersthofmeister Graf Franz Enzenberg mit der Etablierung eines literarischen und naturwissenschaftlichen Kreises beschieden.

Mit großem Engagement förderte die Erzherzogin die Ausgrabung des römischen Virunum auf dem Zollfeld in Kärnten, wobei nach dem damaligen Stand der Archäologie, der eher dem von Grabräubern entsprach, vorgegangen wurde: »… die Wände waren mit Kalk angeworfen und mit einer Lebhaftigkeit gemalet, die zu bewundern war … man brach das Gemäuer stückweise heraus, begnügte sich mit Denkmalen, Fragmenten von Statuen, Gözen und Münzen und verwarf nun die Grube, um eine neue nach eben diesen Maßregeln zu graben …«, heißt es in einem Grabungsbericht. Viele der Funde kamen im erzherzoglichen Palais in Klagenfurt zur Aufstellung. Der Großteil sollte zur Ergänzung der Grabungsfunde von Herculaneum (wo die Schwester Maria Annas Maria Carolina graben ließ) nach Neapel geschickt werden. Das Frachtschiff sank jedoch mitsamt der kostbaren Ladung in der oberen Adria.

1783 kam es unter den Auspizien der Erzherzogin zur Gründung der Freimaurerloge »Zur wohltätigen Marianna« in Klagenfurt.

Das Kloster der Elisabethinen erfuhr, obwohl ständig von der Gefahr der Aufhebung durch Kaiser Joseph II. bedroht, einen großzügigen Ausbau, so daß die Nonnen die Erzherzogin als »zweite Gründerin« des Konvents betrachteten.

Am 8. Dezember 1783 besuchte der Kaiser Klagenfurt und lobte wider Erwarten das Werk der Schwester: »… daß sie nichts Bessers hätte wählen können, da es weit verdienstlicher sei, für einen Kranken eine Medizin zu bereiten, als den ganzen Tag zu beten und zu meditieren …«

Als Maria Anna nach langem Leiden 1789 verstarb, wurde sie wunschgemäß als einfache Klosterfrau begraben. Acht Nonnen trugen ihren Sarg, der im Untergewölbe der Klosterkirche beigesetzt wurde. Zum Universalerben ihres Privatvermögens bestimmte die Erzherzogin das Elisabethinenkloster.

Als man dem selbst schon todkranken Kaiser in Wien das Testament seiner Schwester vorlegte, befahl er sofort die Rückstellung aller aus Schönbrunn stammenden Objekte. Auch meinte er, die Einsetzung eines Kurators für das dem Kloster hinterlassene Vermögen wäre »noch unnutz, weil der Fall von Aufhebung des Klosters noch gar nicht vorzusehen ist …«

Der Tod durchkreuzte die Pläne des Kaisers, und das Kloster trat die Erbschaft von ca. 134 000 Gulden an. Das Lustschloß Annabichl wurde samt den Gärten und dem Jagdgebiet verkauft, der Erlös an arme Leute verteilt.

Derzeit ist in dem Landschloß der Erzherzogin das Europahaus Klagenfurt untergebracht, das Palais Maria Annas dient den Bischöfen von Gurk als Residenz.

Die Franzensfeste im Park von Laxenburg, Stich von V. Rein, um 1820

LAXENBURG

Wie seltsam sind doch die Menschen! Ich möchte wetten, daß man in Wien glaubt, nichts sei mit unseren hiesigen Vergnügungen zu verglei- chen, und daß meine Brüder und Schwestern vor Verlangen sterben, an unse- rer Stelle zu sein. Doch wie sehr irrt man; die Leute, die hier sind, sind es zum Teil aus Gefälligkeit ... zum Teil aus Pflicht ... zum Teil aus Eitelkeit ... um sagen zu können, daß man zur Hofgesellschaft gehört ... oder wenn sie junge Erzherzoge oder Erzherzoginnen sind, um von den Unterrichtsstunden frei zu sein und den ganzen Tag nichts zu tun ...«, schrieb Leopold (als Kaiser Leopold II.), der zweitälteste Sohn der Kaiserin Maria Theresia 1765 über sei- nen letzten Aufenthalt in Laxenburg (vor seiner Abreise in die Toskana).

Leopolds Meinung teilte allerdings kaum jemand, denn das in der Nähe Wiens gelegene Laxenburg war der erklärte und geschichtsträchtige Lieblingsaufent- halt vieler Habsburgergenerationen. Es war auch ihr sozusagen erstes privates Gut, das die ursprünglich landfremden Habsburger um ca. 1306 in Österreich erwarben und das sie bis zum Ende der Monarchie im Jahre 1918 besitzen sollten.

Diese jahrhundertelange Präsenz spiegelte sich in einer regen Bautätigkeit, und viele habsburgische Persönlichkeiten haben Laxenburg ihren Stempel aufgedrückt. So entstanden im Laufe der Zeit neben zahllosen kleinen Bauten vor allem drei große Gebäudekomplexe: das »Alte Schloß«, der »Blaue Hof« sowie die Franzensburg.

Mit viel Mühe und großem Aufwand gestaltete man die ursprüngliche Au- landschaft des Schwechatflusses zu einem riesigen Park, der jeweils den Stil des gerade herrschenden Zeitgeistes reflektierte.

Auch aus der politischen Geschichte ist Laxenburg nicht wegzudenken, denn zahlreiche für Österreich und das Haus Habsburg bedeutende Ereignisse fan- den hier statt:

1445 sprachen in Laxenburg die Magnaten Ungarns bei König Friedrich (als Kaiser Friedrich III.), dem Vormund des Ladislaus Postumus, vor. Sie wollten den 5jährigen Ladislaus als König von Ungarn anerkennen, falls man ihnen das Kind und die Stephanskrone anvertraue. Friedrich jedoch verweigerte die Herausgabe seines Mündels.

1461 unterzeichnete Friedrich III. mit seinem Bruder und Gegenspieler Albrecht VI. – zwischen den beiden tobte ein erbitterter, von Söldnern geführter Krieg – den konsequenzlosen »Laxenburger Vertrag«, und in der »Laxenburger Allianz« schlossen 1482 mehrere Reichsfürsten auf Grund der chaotischen, bürgerkriegsähnlichen Zustände ihr Bündnis gegen den untätigen Kaiser Friedrich III.

1725 verzichtete Karl VI. im »Alten Schloß« schweren Herzens und gegen die Anerkennung der Pragmatischen Sanktion – die für seine Tochter Maria Theresia die Thronfolge sichern sollte – auf seine Herrschaftsansprüche in Spanien.

1784 traf der spätere Kaiser Franz, aus seiner Heimatstadt Florenz kommend, in Laxenburg ein, wo er erstmals auf österreichischem Boden mit seinem Onkel Kaiser Joseph II. zusammentraf, der ihn zu seinem Nachfolger bestimmt hatte.

1859 unterzeichnete Kaiser Franz Joseph das »Laxenburger Manifest« (Friedensmanifest von Magenta und Solferino).

Von größter historischer Bedeutung sollten jedoch die Ereignisse des 23. März 1917 werden:

Ein Schneesturm tobte an diesem Tag, als Sixtus und Xaver von Bourbon-Parma, die Brüder der Kaiserin Zita, auf deren Initiative dieses Treffen zustande gekommen war, im Schloß einlangten und unter größter Geheimhaltung zu Kaiser Karl gebracht wurden. Es waren vorsichtige, aber recht ungeschickte Friedensfühler, die Karl, dessen erklärtes Ziel die Beendigung des Ersten Weltkriegs war, in Richtung Frankreich ausstreckte. Das verbündete Deutschland hatte man davon allerdings nicht informiert.

Der Kaiser übergab Sixtus ein Schreiben, in dem er die »gerechten Rückforderungsansprüche« Frankreichs auf Elsaß-Lothringen anerkannte. Die Friedensinitiative scheiterte. 1918 jedoch veröffentlichte der französische Ministerpräsident Clemenceau diesen »Sixtusbrief«. Der schwer kompromittierte Kaiser Karl leugnete vorerst die Autorenschaft. Die »Sixtusaffäre« beschleunigte den Zerfall der Monarchie.

Das »Alte Schloß«

Die exakten Anfänge der habsburgischen Herrschaft in Laxenburg sind nicht faßbar. Sicher belegt ist, daß Herzog Albrecht II. 1338 in die romanische, wohl nur aus einem Wehrturm mit Hocheinstieg bestehende Feste von Laxenburg eine – im Kern noch heute vorhandene – Kapelle einbauen ließ. Erst unter Albrecht III. sind die Rechtsverhältnisse um Laxenburg eindeutig – der Herzog hat ein bestehendes Lehen eingezogen und für sich selbst behalten. Albrecht III. war auch der erste Habsburger, der Laxenburg zu seiner Sommerresidenz wählte. Ab 1378 entstand unter der Leitung des berühmten Baumeisters Michael Knab ein großartiger Neubau,

Das alte Schloß, Stich von G. M. Vischer, 1672

wobei die romanische Bausubstanz der alten Burg im Kern jedoch erhalten blieb.

Dem Chronisten Thomas Ebendorfer schien das neue Schloß »wunderbar«. In das freistehende Wasserschloß wurden interessanterweise auch Bauteile und Marmorstatuen der damals schon demolierten Burg der Babenberger auf dem Leopoldsberg integriert. Zahlreiche Kunstgegenstände verschönerten die Innenräume und erregten die Bewunderung der Zeitgenossen. Eine ganz besondere Attraktion war jedoch der Badeturm. Er stand isoliert in dem Wassergraben, der die Burg umgab. Auch einen Tiergarten, für den die Republik Venedig 1402 einen Leoparden schickte, gab es. Er muß als früher Vorläufer der späteren kaiserlichen Menagerie von Schönbrunn angesehen werden.

In diesem erfreulichen Ambiente führte Albrecht III. fern vom Trubel der Welt ein einfaches Leben. Als der erste einer langen Reihe gärtnerisch interessierter Habsburger pflegte er seinen Garten selbst und widmete sich wissenschaftlichen Experimenten. 1395 starb er im »Alten Schloß« zu Laxenburg.

Auch im 15. Jahrhundert hatte dieser Bau nichts an Attraktivität verloren und wurde gerne durchreisenden Fremden gezeigt. Der kastilische Edelmann Pero Tafur berichtete 1438:

»... das Haus ist eines der prächtigsten, die ich je gesehen habe ...«

Albrecht V. (als Kaiser Albrecht II.) ging in Laxenburg vor allem der dort auch später sehr beliebten Falkenjagd nach.

Kaiser Friedrich III., der den Besitz geerbt hatte, führte große Renovierungs-
arbeiten durch – damals verschmolzen die Gebäude um den Hof langsam zu
einem Vierkanter – und ließ überall sein bekanntes AEIOU anbringen, dazu
aber auch sein fatalistisches Motto: Rerum irrecuperabilium felicitas est obli-
vio (Das Vergessen entschwundener Dinge ist Glück). Friedrichs Sohn Maximilian I. wiederum schuf sich in Laxenburg einen großen Fasangarten.

Ein besonderer Liebhaber des »Alten Schlosses« war Kaiser Leopold I., aus
dessen ersten Regierungsjahren viele Nachrichten von Theateraufführungen
in Laxenburg stammen, bei denen er selbst und seine Gattin Margarita mit-
wirkten. Befand sich das Kaiserhaus allerdings in Geldschwierigkeiten, dann
verpfändete man die Herrschaft Laxenburg, behielt jedoch stets das Wohn-
recht.

Als die Türken 1683 zum zweiten Mal Wien belagerten, hatte dies auch für Laxenburg verheerende Auswirkungen. Die Verwüstungen der ersten Türkenbelagerung von 1529 wurden bei weitem übertroffen. Beim Eintreffen der
Schreckensnachricht, daß das türkische Heer Budapest mit Richtung Wien verlassen hatte, floh der kaiserliche Hof panikartig aus Laxenburg. Alle Ängste erwiesen sich als berechtigt, denn kein Laxenburger Haus blieb von Plünderung
und Zerstörung verschont. Das kaiserliche Schloß erlitt schwere Schäden. Die
Behebung wurde durch den Architekten Burnacini vorgenommen.

Zur Zeit Karls VI. war der alljährliche Frühlingsaufenthalt der kaiserlichen
Familie in Laxenburg bereits Tradition geworden. In der Folge ließen sich
dort auch die Minister und höheren Hofbeamten, wie die Auersperg, Esterházy, Paar und Chotek, prächtige Palais erbauen. Dagegen nehme sich das
»Alte Schloß« des Kaisers richtig ärmlich aus, stellten ausländische Besucher
immer wieder erstaunt fest. Die Erklärung dafür war einfach, denn während
vieler Jahrhunderte hatte jeder aus der langen Reihe der habsburgischen Besitzer das Schloß für seine speziellen Bedürfnisse verändert, daran um- oder angebaut. Ein eigenartiges Konglomerat resultiert daraus und wurde als unschön
empfunden.

So waren im 17. Jahrhundert sämtliche Haupt- und Nebengebäude aufgestockt worden, der Torturm hatte sein Fachwerkgeschoß verloren, und aus
der Fassade springende häßliche Anbauten sollten den Platzmangel mildern.
1755 war auch der Wassergraben trockengelegt worden. Für die rasch wach-
sende Familie Maria Theresias erwies sich das »Alte Schloß« trotzdem bald als
zu klein.

Der »Blaue Hof«

Nach Beendigung der Erbfolgekriege entschloß sich Kaiserin Maria Theresia
daher zur Errichtung eines Neubaus in Laxenburg. Allerdings verzögerte der

Gartensalon im Schloß Laxenburg

Ausbruch des Siebenjährigen Krieges (1756–1763) das Bauvorhaben, doch dann wurden systematisch alle Häuser auf dem heutigen, der Pfarrkirche gegenüberliegenden Platz aufgekauft und abgerissen.

Darunter befand sich auch der »Blaue Hof«, so genannt nach seinem ehemaligen Besitzer Sebastian von Ploenstein und namengebend für die nachfolgenden Gebäude. Der bewährte Hofarchitekt Nicolo Pacassi wurde mit der Projektierung und dem Bau eines neuen repräsentativen Schlosses betraut. 1753 hatte dieser bereits das Theater fertiggestellt, in dem nur französische Komödien gespielt wurden (1755 waren es 16 Stücke in drei Wochen), und 1761 vollendete er den dringend benötigten großen Speisesaal.

Der Hauptbau selbst besitzt zwei an einen Vierkanter angesetzte sechsachsige und zweigeschossige Seitenrisalite, und im Inneren befindet sich eine quergestellte Säulenhalle mit einarmigem Treppenaufgang. Nicht fehlen durfte die Landschaftsarchitektur – nach Plänen von Beaulieu gestaltete man einen 250 ha großen englischen Landschaftspark. Mit der Kaiserresidenz Schönbrunn verband Laxenburg eine schnurgerade, wunderschöne Allee.

Die Sixtusstiege

Das Hofleben der Zeit gestaltete sich recht unterhaltsam. Fast täglich fanden Theater-, Opern- oder Kirchenmusikaufführungen statt, man veranstaltete Schlittenfahrten und Wagenkarussells. Auch das – für das Volk verbotene – Glücksspiel war beliebt. Kaiserin Maria Theresia selbst spielte leidenschaftlich Pharao, wobei die Einsätze sehr hoch waren.

»Verwunderlich ist, was diese allgnädigste Frau für ein Glück in all dergleichen Hazardspillen hat ...«, bemerkte ein Teilnehmer, als eine Lotterie veranstaltet wurde, bei der die Kaiserin ein Haus in Laxenburg gewann und gleich weiterschenkte.

Zweimal in der Woche begab sich Maria Theresia, sozusagen als kaiserliche Pendlerin, nach Wien, um den Sitzungen des Staatsrates beizuwohnen. Manchmal berief sie auch Minister nach Laxenburg. Audienzen erteilte sie gerne im Park.

Die in Laxenburg zugelassene Gesellschaft war exklusiv; wer den Hof begleiten durfte, bestimmte die Kaiserin allein. Eine eigene phantasievolle Hoftracht war vorgeschrieben: Die Damen trugen rote, gold- und silberdurchwirkte Kleider, die Herren roten Frack mit grüner Weste.

Aus Platzmangel konnten nicht alle Kinder des Herrscherpaares mitkommen. 1765, mit dem Tod Franz Stephans, des Gatten Maria Theresias, fanden die Festivitäten schlagartig ein Ende. Das neue Schloß war damals noch nicht ganz vollendet, erst 1766 konnte die Übersiedlung stattfinden.

Obwohl Kaiser Joseph II. jede strenge Hofetikette für Laxenburg ablehnte, ließ allein schon sein schroffes Wesen kein heiteres und geselliges Hofleben mehr aufkommen. In Verkennung der menschlichen Psyche – denn wer nach Laxenburg geladen wurde, wollte dies als bevorzugte Privilegierung verstanden wissen – bestimmte der Kaiser:

»Kann jeder, der daselbst Quartier bekömmt, sey es Mann oder Weib, draußen wohnen und bleiben, kann auch, wie er will, weggehen, wiederkommen ... Uniformen werden keine getragen ... die Frauen sollen weder in Steifröcken noch in geputzter Kleidung erscheinen ... um 3 Uhr sind ... zwei große Tafeln, zum Diner gedeckt, zu welchem jedoch nicht besonders geladen wird ... jeder, der kommt, setzt sich, wohin er will ...«

Die vornehme Gesellschaft fühlte sich von derlei Vorschriften abgestoßen und blieb fern. Laxenburg versank in einen Dornröschenschlaf. Erst unter Kaiser Franz II. (I.) und seiner lebensfrohen zweiten Gattin Maria Theresia von Neapel (1772–1807) sollte das neuerlich zur Sommerresidenz gewählte Laxenburg eine letzte Blütezeit sehen. 1794 hatte der Kaiser die Herrschaft aus Privatmitteln angekauft. Bei der Übernahme verfügte er auf Bitten seiner Gattin eine Einstellung der Reiherbeize.

Wenig später ereignete sich in Laxenburg ein schrecklicher Unfall. Der junge Erzherzog Alexander (der vierte Sohn Kaiser Leopolds II., 1772–1795) beschäftigte sich gern mit pyrotechnischen Experimenten. Zum Empfang der Kaiserin Maria Theresia nach längerer Abwesenheit plante er daher in Laxenburg ein großes Feuerwerk, das er selbst entzünden wollte. Als ein Böllerschuß das Eintreffen der Kaiserin ankündigte, wollte Alexander von einem Fenster aus eine Rakete in Brand setzen. Im selben Augenblick öffnete jemand die Tür des Zimmers, der Luftzug änderte die Flugrichtung der Rakete, und sie explodierte daraufhin mit verheerender Wirkung im geschlossenen Raum. Der Erzherzog und alle Anwesenden erlagen ihren schrecklichen Verletzungen.

Unter Kaiser Franz entstand im Park eine Vielzahl romantischer Bauten – der Concordiatempel, der chinesische Pavillon, das Fischerdörfel, eine türkische Moschee u. a. –, mit denen das Kaiserpaar seinen Lieblingssitz verschönerte. Vor allem für die kaiserliche Kinderschar war er ein Paradies:

»Die Spaziergänge führten durch den Park zum Fischerdörfl und zu allen anderen Bauten. Sie [die Kinder] haben einen eigenen Garten für sich, in dem sich Ställe mit Kaninchen befinden, die alle mit Namen benannt sind. Die Kinder züchten in ihren Beeten Bohnen u. a. ...«, berichtet ein Zeitgenosse.

Das »Haus der Laune«

Ein besonders interessantes und typisches Beispiel für den Humor und die recht bescheidenen Unterhaltungsmöglichkeiten dieser Zeit war das auf einen

Das Haus der Laune im Schloßpark, Stich, um 1800

Einfall der Kaiserin zurückgehende »Haus der Laune«. Als Werk des Hofarchitekten Johann Ferdinand Hetzendorf von Hohenberg um 1800 gebaut, diente dieses kuriose Gebäude der höfischen Belustigung. Es war eine Paraphrase auf die verkehrte Welt. Der illusionistisch ausgestaltete kleine Ziegelbau mit vier Räumen enthielt ein Zimmer mit Wänden aus Musiknoten, zum Teil aus ganzen Notenheften zum Umblättern. Sessel und Tische bestanden aus Blasinstrumenten. In einem anderen Raum gab es Wände aus aufgeschichteten Strohballen und daneben, recht unerwartet, ein mit kostbarsten englischen Kupferstichen behängtes Kabinett. Auch eine Hexenküche fehlte nicht. Dort saßen einige Teufel auf dem Herd und spielten Karten, während andere durch den Rauchfang ausfuhren. Darüber hinaus gab es lebensgroße mechanische Wachsfiguren in Menschen- und Tiergestalt und bewegliche Möbel. Auch der Weinkeller auf dem Dachboden rief stets große Heiterkeit bei den Gästen hervor. Das »Haus der Laune« in seiner ursprünglichen Form bestand nur 10 Jahre. Es wurde 1809 von französischen Soldaten verwüstet und nicht mehr wiederhergestellt. An seiner Stelle entstand ein biederes Gartenhaus, das Lusthaus im Eichenhain.

Die »Franzensburg«

Die romantische Ritterburg, die sich Kaiser Franz ab 1798 konstruieren ließ, wurde als ein Monument der Geschichte Österreichs sowie der Geschichte des Hauses Habsburg geplant. Sie steht auf einer künstlichen Insel inmitten

101

eines großen Teiches und ist mittels Fähre oder Steinbrücke zu erreichen. Die Gebäude gruppieren sich um drei Höfe. 1798–1801 wurde von dem Baumeister Franz Jäger und seinem Sohn die eigentliche Burg mit fünf Türmen errichtet. Erst 1822–1836 entstand der Vereinigungsbau mit dem Habsburgersaal, dem Lothringersaal, der Waffenkammer und der Burgvogtei. Das Prunkstück der Anlage ist die aus Bauteilen der berühmten Capella Speciosa (1222) zu Klosterneuburg erbaute Kapelle. Auch sonst sammelte der Kaiser im ganzen Land Originales aus alten Schlössern und Klöstern – Kassettendecken, Möbel und Wandverkleidungen – für sein pseudomittelalterliches Lieblingsprojekt. Es diente ihm nicht nur zur Rekreation, sondern sollte auch die Größe des Hauses Habsburg dokumentieren.

Ab der Mitte des 19. Jahrhunderts schon wurde die Franzensburg als »Museum von Denkmälern über Geschichte, Sitten, Gebräuche … der vaterländischen Vorzeit« dem allgemeinen Publikum zugänglich gemacht. Das Gästebuch verzeichnet unter vielen illustren Besuchern die Könige von Griechenland, Portugal und Belgien.

Besondere Aufmerksamkeit schenkte Kaiser Franz der Gestaltung des Laxenburger Schloßparks. So schickte er den Gärtner Franz Rauch, ausgestattet mit einer Pension aus der kaiserlichen Privatkasse, zum Studium von Parkanlagen nach England und Frankreich. Rauch studierte lange und gründlich – dieser Studienaufenthalt dauerte eineinhalb Jahrzehnte – und wurde danach »Hofgarten-Inspector« in Laxenburg.

Die große Zeit Laxenburgs endete mit dem Tod des Kaisers Franz im Jahre 1835. Erst 1854 hielt sich der Hof wieder in Laxenburg auf. Damals beschloß der neuvermählte Kaiser Franz Joseph, im »Blauen Hof« seine Flitterwochen zu verbringen. Eiligst renovierte man einige schon seit Jahren kaum mehr benutzte Gemächer für seine Gattin, die bayerische Prinzessin Elisabeth. Sie verbrachte einen Großteil ihrer ersten Ehejahre in Schloß Laxenburg. Aus dieser Zeit hat sich der »Frühstückspavillon der Kaiserin Elisabeth« erhalten. Er wurde neuerdings renoviert.

Der Kaiser fuhr in jenen Jahren jeden Tag nach Wien in die Hofburg, während Elisabeth in Gesellschaft der von ihr gehaßten, strengen Schwiegermutter, der Erzherzogin Sophie, die gleichzeitig ihre Tante war, zurückblieb. Sophie sollte die erst 16jährige für das Leben als Kaiserin von Österreich erziehen. Doch Elisabeth erwies sich als wenig fügsam. Im Schloß von Laxenburg wurden die ersten drei Kinder des Kaiserpaares geboren. Die negativen Erinnerungen an ihre frühen Ehejahre hat Elisabeth nie vergessen und bei späteren, seltenen Laxenburgbesuchen auch nie versäumt, darauf hinzuweisen:

»Hier habe ich viel geweint … hier war ich so verlassen, so einsam … und hatte Angst vor dem Augenblick, da Erzherzogin Sophie kam … ich war ganz à la merci dieser ganz bösartigen Frau …«, berichtete sie einer ihrer Hofdamen.

Auch Stephanie von Belgien erzählt wenig Gutes über ihren Aufenthalt in

Schloß Laxenburg (1881) und den von Zwistigkeiten geprägten Flitterwochen mit ihrem Gatten, dem Kronprinzen Rudolf. Erfreulicher scheinen für sie jedoch die vielen Sommer gewesen zu sein, die sie mit ihrer Tochter Elisabeth nach dem Selbstmord Rudolfs hier verbrachte. So steht in den Zeremonialprotokollen des Jahres 1890 (31. Mai) »Ihre k. und k. Hoheiten ... haben ihren Sejour in Laxenburg angetreten.« Er sollte bis zum 15. Dezember dauern!

Gelegentlich verwendete man Schloß Laxenburg als Gästehaus. Dies geschah auch während der Weltausstellung im Jahre 1873, als Nasr-es-Din, der Schah von Persien, mit riesigem malerischem Gefolge und vierzig Hammeln, einem Dutzend Pferden, fünf Hunden und vier Gazellen nach Wien kam. Für die von den österreichischen Betreuern geringschätzig als »Horde« bezeichneten Gäste mußten Umbauten vorgenommen werden. So benötigten sie mitten in den kaiserlichen Räumen eine offene Feuerstelle zum Braten von Hammeln. Geschlachtet wurde in einem Kabinett in Anwesenheit des Schah. Die mitten in den Zimmern unterhaltenen offenen Feuer ruinierten die kostbaren Parkettböden – nach dem Zweiten Weltkrieg sollte es dann ähnlich sein.

Als Residenz des letzten Kaisers von Österreich, Karls I. (Februar 1917 bis Mai 1918) endete mit dem Zusammenbruch der Monarchie für Laxenburg die mehr als 600jährige Verbindung zu den Habsburgern. Mit dem am 3. April 1919 erlassenen Gesetz betreffend die Landesverweisung und die Übernahme des Vermögens des Hauses Habsburg-Lothringen durch die Republik Österreich kam es zur Übergabe der Herrschaft an den Kriegsgeschädigtenfonds.

Derzeit kann die mit einer Fähre recht romantisch zu erreichende Franzensburg als Museum besichtigt werden. Das »Alte Schloß« beherbergt ein Filmarchiv, und Schloß Laxenburg wurde, sehr geschmackvoll restauriert, Sitz des internationalen wissenschaftlichen Instituts IIASA (International Institute for Applied Systems Analysis). Der Park mit seinen mannigfaltigen Freizeitmöglichkeiten wurde der Öffentlichkeit zur Verfügung gestellt.

Linz, 1597, zeitgenössischer Stich

LINZ

DIE KAISERLICHE BURG – LEIDENSSTATION KAISER FRIEDRICHS III.

Nur das Land ob der Enns war dem betagten Kaiser Friedrich III.
(1415–1493) noch geblieben, als er sich 1489 in die Burg von Linz
zurückzog. Einen Großteil seiner Stammlande hatten die Ungarn besetzt,
überall herrschte enorme Inflation, Bandenkriege tobten, und die vom Kaiser
nicht bezahlten Söldnertruppen verwüsteten ganze Landstriche. Die Einfälle
der Türken häuften sich. Es ist nur zu verständlich, daß das damalige Gesamt-
urteil über Friedrich lautete: »Er ist ein unnützer kaiser und regiert nit wol.«
Kaiser Friedrich III. war 1467, beim Ausbruch des zweiten Hussitenkrieges,
zum ersten Mal mit großem Gefolge nach Linz gekommen, wo er dem Gesandten des Königs von Böhmen erklärt hatte, ihm mit »Gut und Blut« wi-
derstehen zu wollen. Ab Oktober 1484 wurde Linz seine Residenz, ab 1489
sein ständiger Aufenthaltsort, wo auch die Friedensverhandlungen mit den
Ungarn stattfanden. Die Jahre, die er in Linz verbrachte (1489–1493) sollten
Friedrichs letzte Lebensjahre werden.
Die Burg von Linz kann ihre Anfänge auf ein römisches Kastell zurückführen
und wird schon 799 im Zusammenhang mit der in der Nähe gelegenen Mar-
tinskapelle urkundlich genannt.
1477, beim Einfall der Ungarn, hatte Kaiser Friedrich III. die auf dem Areal
des derzeitigen inneren Burghofes bestehende, von einer starken Wehrmauer
umgebene Anlage aus Palas, Bergfried und Tafelstube – die »Dürnitz« – befe-
stigt und erweitert. Er setzte dabei das Werk seines ihm verhaßten Bruders
Albrecht VI. fort, der hier von 1458 bis 1463 residiert hatte. Gegen das Mar-
tinsfeld zu entstanden eine Hauptmauer mit Wehrgang und Graben, Eckba-
stionen und das starkbefestigte Friedrichstor. Wie auf all seinen Bauten findet
sich auch hier ein Wappenstein mit dem Monogramm Friedrichs III., dem
Bindenschild, dem Wappen des Landes ob der Enns, dem steirischen Panther
und der angesichts der bedrohlichen Lage des Kaisers in keiner Weise zutref-
fende Devise AEIOU (Austria erit in orbe ultima oder: Alles Erdreich ist
Österreich untertan). Dem kleinen Burghof wurde ein zweiter – der heutige
Haupthof – vorgelagert, ein bestehender Friedhof 1493 aufgelassen. Der Kaiser ließ Turniere abhalten – die ersten in Linz –, an denen sein Sohn Maximilian teilnahm, und empfing zahlreiche Gesandtschaften. Der Bericht, den die
Gesandten der Republik Venedig über ihren Besuch in Linz verfaßten, lautete:
»... die kaiserliche Residenz ›sei fast ganz hölzern‹, und hätte ein armseliges

Eingang zur Burg von Linz

Aussehen. Der Oberbau sei kunstvoll gezimmert, die Innenräume wiesen zahlreiche Schnitzereien auf. Als Audienzsaal diene ein ›herrliches, gemaltes Gemach‹.«

In Gegenwart der Venezianer krönte Friedrich III., der zahlreiche Humanisten an seinem Hof versammelt hatte, am 20. Juli 1492 den Dichter Delius zum Poeta laureatus. Er empfing auch Johannes Reuchlin, den wichtigsten Vertreter des Neuplatonismus in Deutschland. Vor allem jedoch befanden sich

Vertreter der Wiener Humanisten beim Kaiser, die ihm zahlreiche schmeichelhafte Lobreden widmeten.

Die Lebensumstände des Kaisers in der Linzer Burg müssen recht bescheiden gewesen sein. Die Gebäude waren desolat und teils durch Blitzschläge so schwer beschädigt, daß sich Friedrich zur Übersiedlung in ein Stadthaus entschließen mußte. Darüber hinaus klagte er doch tatsächlich über den Mangel an Essen und berief seinen treuen Anhänger Kaspar von Rogendorf, einen guten Organisator, als Küchenmeister. Ihm gelang es, Abhilfe zu schaffen. Ungebrochen blieb des Kaisers Interesse an Pretiosen. Er pflegte persönliche Kontakte zu Künstlern und traf den Vater Albrecht Dürers, der ihm seine Goldschmiedearbeiten vorlegte und mit dem er sich lange unterhielt.

1490 war völlig unerwartet der ungarische König Matthias Corvinus verstorben. Der alte Kaiser verließ Linz jedoch nicht mehr, obwohl Maximilian die Rückeroberung seiner Länder gelang.

Vielleicht war der Gesundheitszustand Friedrichs dafür ausschlaggebend. Es heißt, daß er seit Jahren die Gewohnheit gehabt hätte, Türen mit dem Fuß zuzuschlagen, und dadurch ein bösartiges Geschwür entstanden sei. Welcher Art immer die Krankheit gewesen sein mag, auf jeden Fall wurden Fuß und Zehen gefühllos und schwarz. Der Sohn Maximilian schickte zwar die besten Ärzte, doch das Leiden verschlechterte sich so weit, daß man sich am 8. Juni 1493 zur Amputation entschloß. Der Kaiser wurde notdürftig betäubt und die Operation in Anwesenheit vieler Zuseher vorgenommen. Die Wundärzte Pfundorfer von Landshut, Meister Erhart von Graz und Meister Friedrich von Olmütz hielten den kaiserlichen Patienten fest. Hans Suff von Göppingen und Hilarius von Passau sägten das bis in Wadenhöhe schwarze Bein ab.

Der 78jährige Friedrich ertrug tapfer alle Schmerzen, seine einzige Sorge soll gewesen sein, nun »Kaiser Einbein« genannt zu werden. Die Umstände der Operation sind deshalb so genau bekannt, weil der schriftliche Bericht, den einer der Ärzte verfaßte, nebst einer Aquarellzeichnung in ein medizinisches Lehrbuch aufgenommen wurde. Nach kurzfristiger Besserung der Beschwerden verschlechterte sich der Zustand des alten Kaisers. Ganz im Gegensatz zu seinen früheren Gewohnheiten hegte er plötzlich den Wunsch nach menschlicher Gesellschaft. Vorher hatte er sich gerne in ein dafür vorgesehenes Zimmer zurückgezogen, um ungestört nachzudenken und Astrologie zu betreiben.

Bald nach der Operation schickte Maximilian I. einen Passauer Kleriker zu seinem Vater nach Linz, der bei der Beichte unauffällig den Aufbewahrungsort geheimer Schätze des Kaisers erfragen sollte. Der Kaiser merkte bald die Absicht der bohrenden Fragen und war erbost. Auf eine neuerliche Befragung antwortete der Sterbende, er hätte keine großen und verborgenen Schätze, was er habe, solle dem Sohn nicht verborgen bleiben.

Friedrich III. starb am 19. August 1493, offiziell an dem übermäßigen Genuß

Die Amputation Kaiser Friedrichs III.

von Melonen, wahrscheinlich aber an einem Schlaganfall und den Folgen der Operation. Der kaiserlich bekleidete Leichnam wurde zunächst im großen Saal des Linzer Schlosses sitzend öffentlich zur Schau gestellt. Dann überführte man die einbalsamierte Leiche (mitsamt dem amputierten Bein) des Kaisers, der über 50 Jahre an der Spitze des Römisch-Deutschen Reiches gestanden war, auf der Donau nach Wien, also in jene von ihm gehaßte Stadt, wo er nur Unangenehmes erlebt hatte. Im Dom zu St. Stephan, der ganz mit schwarzen Tüchern ausgeschlagen worden war, wurde er inmitten Hunderter Kerzen auf einem riesigen »Castrum doloris« aufgebahrt und anschließend – gegen seinen Wunsch – im Stephansdom beigesetzt. Die Berichte von den Todesfeiern sollten in der ersten gedruckten Zeitung Österreichs erscheinen.

Von der spätmittelalterlichen Burg zu Linz und den Umbauten Kaiser Friedrichs III. haben sich nur einzelne Vorwerke und das Friedrichstor erhalten, der Rest wurde anläßlich des großen Renaissance-Neubaus (1599–1604 durch Meister Anton aus Wien) geschliffen. Von dem ursprünglich vierflügeligen Renaissancebau, der sich um den großen Burghof gruppierte, gingen wiederum der Süd- und Westtrakt in dem verheerenden Brand vom 15. August 1800 verloren. Nur den Westflügel, in dem sich die Schloßkapelle befindet, baute man zur Hälfte wieder auf. Auch von den Gebäuden des inneren Hofes blieben nur zwei Trakte bestehen.

Seit 1952 steht die einstige Residenz Kaiser Friedrichs III. im Eigentum des Landes Oberösterreich und beherbergt das Oberösterreichische Landesmuseum.

Turm auf dem Freinberg

LINZ

Mit dem Kaiser über diese Sache, sowie über alle anderen zu sprechen, ist Mein Vergnügen …«, meinte Erzherzog Maximilian Joseph (1782–1863) nach einer Unterredung mit Kaiser Franz II. (I.), der sich im November 1827 eine Stunde lang geduldig Modelle und Karten zum Thema der »Maximilianischen Türme« angesehen hatte. Ein Turm stand damals bereits in der Wiener Simmeringer Haide, wo ihn der Erzherzog auf eigene Kosten errichtet hatte.

Das Entwerfen von Türmen und das Planen von Verteidigungsanlagen waren eine lebenslange Obsession und beruhten auf dem Schock, den Maximilian Joseph in seiner Jugend erlitten hatte. Nach einer Ausbildung an der Wiener Neustädter Militärakademie war der Erzherzog 1809 als Kommandant der Feldartillerie mit der Verteidigung Wiens gegen die anrückende Armee Napoleons betraut worden. Den raschen Fall und die Übergabe der Stadt konnte Maximilian Joseph nie mehr überwinden.

Maximilian Joseph wurde als vierter Sohn von Erzherzog Ferdinand Karl am 14. Juli 1782 in Mailand geboren. Seine Kindheit und Jugend wurden entscheidend geprägt von der Hinrichtung seiner Tante Marie Antoinette in Paris 1793 und der Flucht seiner Familie aus der Lombardei vor den Napoleonischen Truppen im Jahre 1796.

Während Maximilian Joseph zeit seines Lebens als Vertreter einer absolutistischen Staatsverfassung jedes Verständnis für politische Erneuerungen, Reformen oder gar Revolutionen fehlte, zeigte er sich sonst an allem Neuen höchst interessiert. Er ist einer der wenigen Erfinder, die das Haus Habsburg hervorgebracht hat. Seine originellen, oft skurrilen Ideen umfaßten ein weites Spektrum und machten ihn zu einer interessanten Persönlichkeit. So stammt von ihm die Methode zum Bauen mit Dippelziegeln. Die Reaktion auf einen großen Fälscherskandal ließ ihn sofort Porzellangeld erfinden, und auch die Konservierung von Lebensmitteln in Weißblechdosen interessierte ihn. Für Linz entwarf er eine Kettenbrücke, und in Plymouth ließ er sich in einer Taucherglocke auf den Meeresboden hinab (sein Kommentar dazu war : »… diese Erfindung erscheint mir glücklich und einfach«). Er war ein emsiger Numismatiker und organisierte gerne Volksfeste.

Sein Hauptinteresse allerdings galt der Sicherung des Donauraums, den er retrospektiv sein ganzes Leben lang gegen Napoleons Einfälle von 1805 und 1809 verteidigte. Befestigungen in der Form von riesigen Turmanlagen schie-

111

nen dem Erzherzog, der alle seine Vorhaben selbst finanzierte, dabei das Richtige zu sein. Maximilian Joseph gehörte seit 1801 auf Wunsch seines Onkels und Taufpaten Maximilian Franz dem Deutschen Orden an (1835 wurde er Hoch- und Deutschmeister). Später sollte er als Universalerbe von Maximilian Franz dessen großes Privatvermögen erben. Damit wurde Maximilian die Realisierung vieler Projekte ermöglicht, für die kein Finanzier aufzutreiben gewesen wäre. So begann er im November 1822 mit dem Bau eines Probeturms in der Simmeringer Haide auf eigene Rechnung, nachdem man ihm versichert hatte, daß »die Errichtung auf Kosten des Ärars zu viele Umstände machen würde«. Im August 1824 fand vom Turm aus ein Probeschießen mit 10 Kanonen statt. Der Erzherzog vertrat die Ansicht, daß sich im Kriegsfall die Armeen im Schutze solcher Türme sammeln könnten. Maximilians Befestigungspläne stießen beim Militär auf höchst geteilte Aufnahme. Teils wurden sie als anachronistisch abgelehnt, teils dachte man an eine Realisierung und praktische Nutzung.

Unbeirrt von jeder Kritik reiste Maximilian im Mai 1828 nach Linz, da er sich schon seit 1820 mit dem Plan einer Donaufeste beschäftigt hatte. Der Kaiser gab seine Zustimmung, aber kein Geld. Ein neuer Turm sollte als Beginn einer geplanten Anlage von 26 Türmen entstehen.

Gegen großzügige Entschädigung kaufte Maximilian von den Bauern am Freinberg das nötige Areal. Unter großem Anteil der schaulustigen Linzer Bevölkerung hoben 300 Arbeitskräfte die Fundamente aus, mauerten 82 Maurer den Turm bis zur Brustwehr. Da sich die Berechnungen als falsch erwiesen, mußte alles wieder abgetragen werden. Der Turm war trotzdem am 26. Oktober 1828 fertig, wobei sich die Kosten auf 70 000 Gulden beliefen. 1829 fand das Probeschießen in Anwesenheit der kaiserlichen Familie und einem zahlreichen Publikum statt, das ungeniert Wetten abschloß, ob der Turm den Erschütterungen standhalten würde. Die Demonstration überzeugte den Kaiser, der seinerseits am 21. Dezember 1830 den Hofkriegsrat informierte, daß daran gedacht sei, mit den Maximilianstürmen eine Befestigungslinie bei Linz zu errichten.

Erst 1832 kam ein Baukontrakt zustande, nachdem sich der Erzherzog bereit zeigte, die Kosten vorzustrecken, und sich verpflichtete, auf dem rechten Donauufer 17 und auf dem linken 9 Türme zu bauen (Gesamtkosten ca. 1 500 000 Gulden). Alle weiteren Bauten sollten auf Staatskosten gehen. Tatsächlich erlitt der Erzherzog dann im Laufe der Bauarbeiten einen Verlust in der Höhe von ca. 100 000 Gulden, den er ohne zu klagen aus eigener Tasche bezahlte.

Mit der feierlichen Grundsteinlegung hatte Maximilian nicht bis zur Unterzeichnung des Kontrakts gewartet, sondern sie schon am 10. April 1831 in Anwesenheit von Klerus und Honoratioren vorgenommen. Die Arbeit an den Türmen schritt rasch voran. »Sie wachsen wie die Spargeln, man hört nichts

Errichtung eines Turmes auf dem Pöstlingberg

von ihnen, und findet sie immer höher«, meinte ein General. Im Juli 1832 besichtigten der Kaiser und seine Gattin die Baustellen. Am rechten Donauufer waren 26 Türme fertiggestellt, und die Pöstlingbergtürme befanden sich ebenso wie die Turmsegmente an der unteren Donau in Bau. Für Maximilian bedeutete es einen Höhepunkt in seinem Leben, als er auf dem Turm Nr. 12 ein Fest für die hohen Besucher geben durfte.

Eine riesige Veranstaltung mit Feuerwerk auf der Donau – eine hellstrahlende Sonne, in der Mitte die eingerahmten Buchstaben FC (Franz Cäsar) – und ein Pferderennen vor dem Freinberger Turm waren die von Erzherzog Maximilian organisierten Belustigungen beim Besuch des Kaisers zur Besichtigung der Türme im Jahre 1833. Auch Fürst Metternich und das bayerische Königspaar waren gekommen. Es gab Volkstänze, Jodlerinnen und Schwerttänze. Maximilian wurden Anerkennung und Belobigung zuteil und in den damaligen Reisebeschreibungen der Stadt Linz (1830) wurden die neuen Türme unter die Sehenswürdigkeiten gereiht:

»Um alle Reitze, welche die nächste Umgebung von Oberösterreichs Hauptstadt reichlich darbiethet, genießen zu können, vergesse kein Fremder, die ganze Kette der 32 Befestigungs-Thürme abzugehen, und besonders bey den

Thürmen an der Nord- und Westseite zu verweilen, um sich an dem wunderschönen Panorama, welches die Gegend um Linz darstellt, in hohem Grade erfreuen zu können ...«

Auch künftig sollte die Verteidigungsanlage nicht mehr als eine Touristenattraktion sein. Die 27 Türme, 5 Turmsegmente, 2 Vorwerke, 2 Klausen, 2 Warten und 2 Batterien wurden nie vom Militär verwendet, da bei der Wahl des Standortes die politische Entwicklung der Zeit unberücksichtigt geblieben war.

Am 20. Juli 1858 erfolgte die kaiserliche Entschließung, nach der das »verschanzte Lager« zu Linz als Armeelager aufzulassen war. Die Türme verfielen allmählich, als Befestigung spielten sie keine Rolle. Im Krieg gegen Preußen reaktivierte man 1866 kurzfristig die Türme am Nordufer der Donau, danach wurden sie zweckentfremdet verwendet. Einer nach dem anderen verschwand, sodaß von der ursprünglichen Anlage nur mehr wenig erhalten blieb.

Nur der erste Linzer Probeturm sollte einer weiteren interessanten Verwendung zugeführt werden. Seit 1828 war er leergestanden, und als Maximilian für die Jesuiten in Linz eine Unterkunft suchte, kam ihm der bizarre Gedanke, »... sie in dem Thurme einzuquartieren und eine große Kapelle zu bauen ...«, wie Maximilian selbst schrieb. Der Umbau zu einem Wohnschloß im gotisch-maurischen Stil, aufgestockt und komplettiert mit 80 Zinnen, Spitzwerk und Maßwerk, wurde in Angriff genommen.

Ein großer öffentlicher Garten im englischen Stil mit Glashäusern und Obstgärten vervollständigte die Anlage. 1835 begann der Bau der Freinbergkirche im neogotischen Stil, wobei nur beste Materialien zur Verwendung kamen. Der Bauherr selbst nahm großen Einfluß auf Gestaltung und Einrichtung. Er achtete darauf, »rechtzeitig zu bestellen, ... Glocke, vergoldetes Kreuz, Altäre, gemahlte Gläser, Kirchenbänke, gothisch mit Holzschnittarbeit ...«

Im Sommer 1837 konnte die Kirche dem hl. Maximilian geweiht werden. Die Gesamtkosten für die Adaptierung des Turmes und den Kirchenbau beliefen sich auf ca. 90 000 Gulden. Anschließend versuchte der Erzherzog seine Lieblingsschöpfung in den Rang einer eigenen Herrschaft erheben zu lassen. Dafür löste er die betreffenden Grundstücke aus den Gütern Ebelsberg und der Gemeinde Waldegg ab. Nach zähen Verhandlungen konnten die Besitzungen 1840 als »Herrschaft Freyenberg« in die Landtafel eingetragen werden. Seiner Mentalität entsprechend, veranstaltete Maximilian in dem vollendeten, nunmehrigen Schloß Freinberg ein patriotisch-militärisches Fest in Anwesenheit Kaiser Ferdinands, in dessen Verlauf von allen Türmen Lauffeuer abgeschossen wurden.

Die ersten Jesuiten waren bereits im August 1837 nach persönlicher Begrüßung durch Erzherzog Maximilian auf dem Freinberg eingezogen. Doch schon im Revolutionsjahr 1848, als die neu geschaffene Nationalgarde sie mit

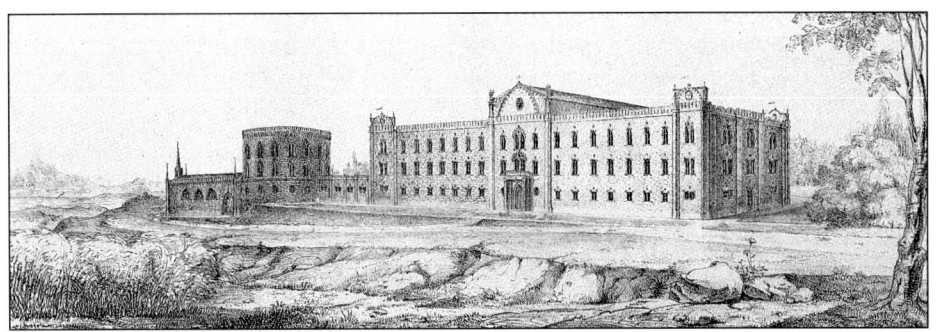

Seminargebäude der Jesuiten auf dem Freinberg bei Linz

dem Tode bedrohte, ordnete die Statthalterei die Schließung des Freinberghauses an. 1851 übersiedelte das von Jesuiten geleitete Knabenseminar der Diözese Linz, das Gregorianum, auf den Freinberg. Da sich der Turm für die Unterbringung aller Zöglinge als zu klein erwies, ließ Erzherzog Maximilian von seinem Baumeister Metz in der von ihm selbst erfundenen Dippelziegelbauweise ein Seminargebäude im gotisch-maurischen Stil errichten.

Das Seminar am Freinberg erfreute sich rasch großer Beliebtheit und litt bald unter Raumnot. Erzherzog Maximilian schenkte der Schule zwei weitere Seitentrakte, so daß insgesamt 200 Zöglinge untergebracht werden konnten. Von seinem Wohnsitz Schloß Ebenzweier (seit 1830 im Besitz Maximilians) im Salzkammergut aus besuchte der Erzherzog oft seine Stiftung, deren Gedeihen ihm viel Freude machte. Schließlich vermachte er die ganze Herrschaft Freinberg testamentarisch den Jesuiten.

In seinen letzten Lebensjahren wandte sich Erzherzog Maximilian wieder den Befestigungsprojekten zu, dies umso mehr, als am 20. Dezember 1857 ein kaiserliches Patent den Abbruch der Wiener Basteien und die Auflassung des Glacis ankündigte. Unbeirrt von jedem militärtechnischen Fortschritt, plante Maximilian daraufhin, die schutzlose Stadt mit einem durch 50 Türme gesicherten Wall – vom Leopoldsberg bis zum Wienerberg – zu umgeben. Und so entstand wiederum, diesmal als Kalkulationsbasis, ein Turm in Rothneusiedl im Süden Wiens um 110 000 Gulden. Kaiser Franz Joseph sollte der dritte Kaiser sein, der von Maximilian zu einem Probeschießen gebeten wurde.

Der Generalstab prüfte Maximilians Konzept, zu einer Entscheidung kam es vor dem Tode des Erzherzogs nicht mehr. Am 1. Juni 1863 starb Erzherzog Maximilian Joseph von Österreich-Este im 81. Lebensjahr an den Folgen einer Erkältung, die er sich auf einer Reise zur Inspektion der Güter des Deutschen Ordens in Mähren und Schlesien zugezogen hatte, in Schloß Ebenzweier.

Heute befindet sich in Freinberg das Gymnasium und Realgymnasium des Schulvereins Aloisianum.

Das Badehaus in Mannersdorf, Mitte des 18. Jahrhunderts

MANNERSDORF AM LEITHAGEBIRGE

WO KAISERIN MARIA THERESIA BADETE

S tehe still Wanderer! Dan die Erden worauf du stehst, ist so fruchtbar an
Wundern als Trauben. Wisse: hier hat Maria Theresia, Königin, mit deren
Gemal Francisco-Stephano Grossherzogen, die Hände, welche die Geburt
mit Scepter, Tugend und Glück mit Lorbeer gefilt, zu dem Traubensammeln
und allen mühsamen Verrichtungen des Weinlösens erniedrigt. Im Jahre
1743.«

Diese Inschrift befindet sich an dem mit den Herrscherinsignien Krone, Zepter
und Schwert geschmückten und mit Kugel und Schlangenring als Ewigkeits-
symbolen versehenen Maria-Theresien-Obelisk im niederösterreichischen
Mannersdorf am Leithagebirge (Steinbruchstraße) nahe der burgenländischen
Grenze. Er wurde zur Erinnerung an eine Episode aus der Regierungszeit der
Kaiserin Maria Theresia (1717–1780) errichtet:

Zu der am kaiserlichen Hof jährlich stattfindenden Fußwaschung am Grün-
donnerstag hatte man 1743 die Weinbäuerin Wellischowitsch aus Mannersdorf
geladen. Erfreut über diese Auszeichnung, lud sie die Kaiserin pro forma zur
nächsten Weinlese ein. Die damals 26jährige Maria Theresia dankte für die
Einladung und kam tatsächlich an ihrem Namenstag, dem 15. Oktober. Sie
selbst, der begleitende Gatte Franz Stephan sowie ihr zahlreiches Gefolge arbeiteten mit großem Eifer in den Weingärten und lasen Trauben für 12 Eimer
Most, den die Herrscherin für die Hoftafel ankaufte.

Maria Theresia war häufig Gast in Mannersdorf, wo sie das damals berühmte
Thermalbad aufsuchte. Vom Badeaufenthalt im Juni 1744 berichtete der ebenfalls anwesende Obersthofmeister:

»Den 23. ware die Partie de bain und musten sich alle mitgekommene Dames
und Cavalliers (mich allein, meiner schwachen Gesundheit halber, dispensirte
mann) in dem dortigen Bad zugleich baden, pour voir leur contenance [um ihre Haltung zu beobachten]. Der Herzog [Franz Stephan] badete auch mit, die
Königin aber schauet von dem Balcon herunter zu und amüsierte sich ...«

Man blieb über Nacht und wohnte der im Marktort abgehaltenen Sonnwend-
feier bei:

»Abends belustigte mann sich bei den Sonnen Wendfeuer, worzu eigens
außerhalb des Marckts ein Platz ausgesucht und mit grünen Reissig gezieret
worden ware, und mussten nicht allein alle Domestiquen, sondern (nachdeme
der Groß Herzog selbsten den Anfang gemacht) auch wir andere Hoff Her-

ren über das Feuer, so in der That zimmlich hoch brannte, darüber springen …«

Typisch für den manchmal etwas derben und geschmacklosen Humor der sinnesfrohen Barockzeit war es, daß die Kaiserin einen taubstummen Buben aus Mannersdorf nach Wien brachte: »… machte [sie] sich die Unterhaltung einen von der Gräffin Fuchsin auferziehenden und eines ihriger Unterthanen von Mannerstorff Sohn seienden taub und stumm gebohrnen Knaben mit sich auf den Bal zu nehmen, welcher fast in gleicher Grösse mit dem Ertzherzog Joseph ist, mithin von denen meisten für demselben gehalten worden ist.«

Das Mannersdorfer Thermalbad wurde schon im Jahre 1517 vom Hofmedicus Dr. Johann Enzianer erbaut und betrieben. Die Quelle weist eine gleichbleibende Temperatur von 22 Grad Celsius und eine Ergiebigkeit von elf Litern pro Sekunde auf. Bereits im 16. Jahrhundert war die mit Baden konkurrierende Anstalt vor allem bei den Wienern sehr beliebt. Im 18. Jahrhundert bestand ein zweistöckiges Badhaus. Es enthielt 32 große und kleine Wohnzimmer, »jedes mit einem besonderen Ausgang und 8 Badekabinette«. Außerdem konnte sich in zwei großen ›Rondellen [Badesälen] eine versammelte Compagnie‹ des Bades bedienen! In acht abgeteilten Badeverschlägen, jeder mit vier Badewannen versehen, »damit nach Belieben zwei, drei oder vier beysammen baden können«.

Eine 1734 von Dr. Philipp Prosky verfaßte Broschüre schildert die Vorzüge des Mannersdorfer »Wild-Bades« in maßloser Übertreibung und zeigt den damaligen Stand der Medizin. So hilft die »Pression unseres Bades zu besserer Verdinnerung des dicken und halbgestockten Geblüts, wie auch anderer Feuchtigkeiten unseres Leibes … Es erweichet und zertreibet nebst Beyhilff guter Fischbein-Mieder den Buckel oder hohen Rucken … Es zertheilt die Knollen deren Gliedern in der so genannten Englischen Kranckheit deren Kindern und verschaffet ein gleiche Austheilung des Nahrungs-Saffts …« Besonders empfiehlt Dr. Prosky eine Badekur auch bei »Hypochondrie oder Milz-Beschwerde, welche … nach allgemeinen Ausspruch der Medicorum … als eine Schar vieler Krankheiten zu nennen …« Überhaupt hätte das Thermalwasser »auflösende, abführende und zertheilende Kraft und helfe auch gegen die aller menschlichen Gesellschaft so gehässigen Melancholie.«

Den Badegästen stand die über dem Ursprung der Thermalquelle errichtete Radegundiskapelle für Andachten innerhalb des Bades zur Verfügung. Man spazierte in »einem angenehmen Lust-Gärtl, worinnen sich jene Personen, welche nicht weit ausgehen mögen, erlustigen können und für die leiblichen Bedürfnisse sorgte eine Gastwirtschaft mit allen Bequemlichkeiten und Bedienung an Speis und Trank«. Im angeschlossenen Kaffeehaus konnte man Billard spielen.

»Zu noch mehrer Bequemlichkeit« brachte ein viersitziges Gespann zweimal wöchentlich die Badegäste aus Wien kostenlos zur Kur.

Das Wildbad zu Mannersdorf am Leithagebirge, Stich, 1734

Der Markt Mannersdorf am Leithagebirge gehörte mit den Nachbarorten Sommerein, Hof und Au zur Herrschaft Scharfeneck, die sich im Besitz von Maria Karolina Gräfin Fuchs, geb. Mollard (1681–1754) befand. Diese war – wie in einem zeitgenössischen Bericht zu lesen ist – »eine Dame von bewundernswerter Rechtschaffenheit«, der man die spätere Kaiserin Maria Theresia im Alter von 11 Jahren zur Erziehung anvertraute. Für diese glückliche Entscheidung sollte die Kaiserin stets dankbar sein, und nach ihrem Regierungsantritt im Jahre 1740 ernannte sie die Gräfin Fuchs zur Obersthofmeisterin. Das gute Verhältnis zwischen der Kaiserin und ihrer geliebten Erzieherin, die bei ihr Mutterstelle vertreten hatte, bestand ungetrübt bis zum Tod der Gräfin im Jahre 1754.

Bei den sommerlichen Ausflügen nach Mannersdorf verband man daher stets ein Kurbad mit dem Besuch der Gräfin Fuchs. Die Badeanstalt war Teil des gräflichen Besitzes, und mit der Errichtung eines neuen Badehauses (ca. 1730) und der Renovierung aller Räumlichkeiten waren große Investitionen getätigt worden – »alles, was ein Gesundheits-Bad erfordern kan, ist auf das accurateste eingerichtet«. Die Anwesenheit der hohen Herrschaften stellte daher eine höchst willkommene, unbezahlbare Werbung dar.

Als die »Mami Fuchs« 1754 starb, trauerte die ganze kaiserliche Familie, auch der Kaiser weinte. Bis zuletzt hatte »sie alle ermüdenden Einfälle ihrer jungen Herrschaften (Maria Theresia vertraute ihr die eigenen Kinder an) mitgemacht, »anbei ihren angenehmen und munteren Geist biß an ihr End erhalten«. Schon 1745 hat der in Finanz- und Wirtschaftsangelegenheiten sehr erfolgreiche Gatte der Kaiserin, Franz Stephan (als Kaiser Franz I.), die durch ihre Steinbrüche, durch die umfassende Kalkgewinnung und durch Schafzucht ertragreiche Herrschaft Scharfeneck aus finanziellen Erwägungen von den Töchtern der Gräfin Fuchs gekauft. Von 1753 bis 1755 erfolgte dann der Umbau des Verwaltungssitzes der Herrschaft, vermutlich nach Plänen des Johann Bernhard Fischer von Erlach, zu dem heutigen Mannersdorfer Schloß. Von dem schon im 16. Jahrhundert bestehenden Vorgängerbau, der wahrscheinlich aus einem Edelhof hervorging, hat sich noch eine Wendeltreppe erhalten.

Der mit einer Schaufassade zur Straßenfront ausgestattete spätbarocke Repräsentativbau hat einen viergeschoßigen, sechsachsigen Mittelrisalit (ein bestehender Turmaufsatz wurde 1884 abgetragen), der beidseitig von dreigeschoßigen Seitenflügeln flankiert wird. Ein bemerkenswerter schmiedeeiserner Balkon, Fassadenakzent des Mittelteils, ist erst 1953 entfernt worden. Die Eckrisalite werden von Giebeln gekrönt. Die nur zweigeschoßigen Nebentrakte gruppieren sich um einen fast rechteckigen Hof mit Pfeilerarkaden. Im Schloßinneren befindet sich eine Schloßkapelle und der sogenannte Maria-Theresien-Saal mit schönen Freskomalereien. Sie zeigen Helios mit dem Sonnenwagen, die vier Jahreszeiten im Spiegel der bäuerlichen Tätigkeiten und Abbildungen der Herrschaftsgüter Sommerein, Mannersdorf, Hof und Au. Bemerkenswert ist dabei die älteste Darstellung von Mannersdorf mit dem turmgekrönten Schloß, der Badekapelle, der Kirche und dem stilisierten Thermalbad.

1745 oder 1746 wäre die kaiserliche Familie auf der Fahrt zu ihren neuen Besitzungen fast das Opfer eines Unfalls geworden. Im Zuge eines fürchterlichen Unwetters schlug ein Blitz vor ihrem Wagen in die Erde, wobei ein Pferd getötet wurde. Zur Erinnerung und aus Dankbarkeit entstand 1747 an der Straße nach Reisenberg die Donatuskapelle.

Mit dem Tod der Kaiserin waren auch die Tage des Mannersdorfer Bades gezählt. Ihr Sohn und Nachfolger, Kaiser Joseph II., ließ das florierende Bad völlig willkürlich und aus unbekannten Gründen zusperren und stellte 1786 das Badehaus der 1754 gegründeten Drahtzugfabrik Schwarzleithner aus Wien zur Verfügung. Die Kanzlei der Firma, die allerdings schon 1795 in Konkurs ging, wurde in der aufgelassenen Badekapelle eingerichtet.

Der Badebetrieb blieb bis 1808 in bescheidener Form im Gasthaus Schwarzer Adler aufrecht, dann wurde auch hier der Betrieb eingestellt. 1887 wurde der Wasserspeicher der nunmehrigen »Cornides-Fabrik« als Privatbad benutzt. Seit 1928 besteht ein allgemein zugängliches Gemeindebad.

Die kaiserlichen Besitzungen in Mannersdorf kamen 1918 an den Kriegsgeschädigtenfonds. 1942 kaufte die Marktgemeinde Mannersdorf das Schloß
und brachte im Hauptgebäude Amtsräume, ein Postamt sowie eine Sonder-
schule unter. An der Stelle der alten Wirtschaftsgebäude befindet sich derzeit
der Neubau der Hauptschule.

Ehemaliges Jagdschloß Mayerling

MAYERLING

DIE TRAGÖDIE IM JAGDSCHLOSS

Mayerling ist ein kleiner, idyllischer Ort im Wienerwald unweit von Baden und dem Zisterzienserstift Heiligenkreuz. Schon im Jahre 1136 werden dort »Ozo et Otfridus de murlingen« genannt. Ihre Lehen fielen bereits um 1200 an das Stift Heiligenkreuz und blieben dann kontinuierlich bis ins 19. Jahrhundert in Klosterbesitz.

Es waren jedoch die dramatischen Ereignisse des 30. Januar 1889, als Kronprinz Rudolf, der einzige Sohn Kaiser Franz Josephs und der Kaiserin Elisabeth, sich in Mayerling das Leben nahm, die den Namen dieses abgeschiedenen Dorfes mit einem Schlag in der ganzen Welt bekanntmachen sollten. 1887 hatte Kronprinz Rudolf den Gutshof des Klosters in Mayerling erworben und umbauen lassen. Neben einer Reihe von Modernisierungen wurde im Schloß auch ein Telegrafendienst eingerichtet. Der Gebäudekomplex bestand damals aus einem kleinen Jagdschloß, einem ebenerdigen, getrennten Dienstbotentrakt und dem sogenannten Elisabethtrakt. Den Hof schloß die aus dem 15. Jahrhundert stammende Kirche zum hl. Laurentius ab. Als passionierter Jäger kam der Kronprinz häufig nach Mayerling. Er schätzte die Abgeschiedenheit des Gutes, das dennoch mit der Bahn von Wien aus leicht erreicht werden konnte. Sooft wie möglich versuchte er der Atmosphäre des kaiserlichen Hofes zu entkommen – der Thronfolger empfand seine Situation in zunehmendem Maße als hoffnungslos.

Sein Verhältnis zum kaiserlichen Vater, mit dem er sich nicht verstand und dem gegenüber er sich in keiner Weise durchsetzen konnte, war gespannt. Der Kaiser gab seinem Sohn keinerlei politische Position oder Verantwortung und verwehrte ihm auch ein angestrebtes naturwissenschaftliches Studium. Er zwang ihm vielmehr eine militärische Laufbahn auf. Die von der Mutter bewirkte liberale und freisinnige Erziehung wiederum hatte den Kronprinzen in Gegensatz zum konservativen Adel und der Kirche, den führenden Elementen der Monarchie, gebracht. Er verkehrte in Journalistenkreisen, und unter einem streng geheimgehaltenen Pseudonym schrieb er kritische Zeitungsartikel gegen Kaiserhaus und Adel. Entspannung fand er in nächtelangen Heurigenbesuchen, bei denen ihm sein Leibfiaker Bratfisch vorsang und vorpfiff. Die Ehe des Kronprinzen mit Stephanie von Belgien bestand bald nur mehr auf dem Papier, zahlreiche Liebschaften hatten seine Gesundheit zerrüttet. Schwer krank, isoliert, ohne Zukunft und Lebensinhalt beschäftigten den psychisch labilen Thronfolger Selbstmordgedanken. Er sprach darüber auch mit seiner ständigen Geliebten, Mitzi Kaspar, und forderte sie auf, mit ihm gemeinsam zu sterben. Mitzi lehnte ab und teilte den unheimlichen Vorschlag dem – völlig uninteressierten – Polizeipräsidenten mit.

Wenig später lernte der Kronprinz die erst 17jährige, schwärmerisch veranlagte und in ihn verliebte Komtesse Mary Vetsera kennen. Als williges Opfer sollte sie für den geplanten Doppelselbstmord bereit sein, und so nahm die Tragödie von Mayerling ihren schicksalshaften Verlauf. Die genauen Umstände lassen sich nicht lückenlos feststellen, eine seriöse Rekonstruktion des Geschehens hat aber folgendes Bild ergeben: Am Morgen des 28. Januar holte Gräfin Larisch, die schon davor Treffen zwischen dem Kronprinzen und Mary Vetsera vermittelt hatte, das Mädchen unter einem Vorwand von ihrem Elternhaus ab und brachte sie in das Appartement des Kronprinzen in der Hofburg. Von dort führte Rudolfs Leibfiaker Bratfisch Mary nach Mayerling. Rudolf stieg unterwegs zu. In der Dämmerung traf das Paar im Jagdschloß ein, wobei Rudolf das letzte Wegstück zu Fuß ging. Für den 29. Januar hatte er sich Gäste zur Jagd geladen (Rudolfs Schwager Philipp Prinz Coburg und Joseph Graf Hoyos), die am Morgen eintrafen. Die Anwesenheit der Mary Vetsera wurde ihnen verschwiegen. An der geplanten Jagd wollte der Kronprinz nicht teilnehmen und gab eine plötzlich aufgetretene Erkältung als Ursache an. Um ½ 2 Uhr nachmittags trank er »in guter Laune« mit dem Prinzen Coburg Tee und bat diesen, ihn wegen seiner Erkrankung beim Familiendiner, das am selben Tag in der Wiener Hofburg stattfinden sollte, zu entschuldigen. Am Abend speiste der Kronprinz mit seinem zweiten Gast und plauderte dabei Unverfängliches. Um 21 Uhr verabschiedete er sich von Hoyos. Den weiteren Abend verbrachten Rudolf und Mary gemeinsam, wobei sie der Leibfiaker Bratfisch mit Wienerliedern unterhielt. Im Laufe des Tages oder auch der Nacht verfaßte das Paar Abschiedsbriefe. Der Kronprinz schrieb seiner Mutter. Im Schreiben an seine Gattin Stephanie kommt das zerrüttete Eheleben zum Vorschein: »… du bist nun von meiner Gegenwart erlöst …« Die Mary zugedachte Rolle wird auch erwähnt: »… ein reiner Engel … der mich hinüberbegleitet …«

Mary Vetsera selbst richtete ein eher heiteres Schreiben an ihre Mutter und verabschiedete sich von einem Verehrer. Ganz dürfte Rudolf jedoch noch nicht zum Selbstmord entschlossen gewesen sein, denn er stellte Einladungen für den nächsten Tag aus und bestellte seinen Fiaker für 8 Uhr früh. Johann Loschek, der Diener des Kronprinzen, schrieb in seinen Erinnerungen, daß Rudolf und Mary die ganze Nacht miteinander ruhig geredet hätten. Es kann nur vermutet werden, daß dabei die noch vagen Selbstmordpläne gefestigt wurden.

Am Morgen des 30. Januar um 6 Uhr sprach der Kronprinz noch mit Loschek, der auch von zwei um 6.10 Uhr knapp nacheinander abgefeuerten

Der Altar der Klosterkirche in Mayerling

Schüssen berichtete. Erst nach 8 Uhr – man wartete die Ankunft des aus Wien zurückkehrenden Prinzen Coburg ab – wurde die versperrte Schlafzimmertür des Kronprinzen aufgebrochen und der Tod des Paares von Loschek festgestellt. Am Abend des 30. Januar brachte man die Leiche des Kronprinzen von Mayerling nach Baden und von dort per Bahn nach Wien. Es war Graf Hoyos, der die Kaiserin informierte, jedoch angab, der Kronprinz sei von Mary Vetsera mit Zyankali vergiftet worden. Erst der kaiserliche Leibarzt

Dr. Widerhofer teilte dem Kaiser nach einer Untersuchung der Leiche die wahre Todesursache durch Erschießen mit. Noch am 30. Januar berichtete die Beilage zur »Wiener Zeitung« von einem Schlaganfall des Kronprinzen. Am 31. Januar wurde dies auf Herzschlag revidiert, und am selben Tag war von Selbstmord durch Erschießen im nichtamtlichen Teil der Zeitung zu lesen. Das »Neue Wiener Tagblatt« jedoch schrieb am 2. Februar: »Der Wahnsinn ließ ihn nach der todbringenden Waffe greifen … Genie und Wahnsinn hausen eng nebeneinander.«

Bei der Untersuchung der Leiche Mary Vetseras am 31. Januar stellte man eine tödliche Einschußstelle auf der linken Schädelseite fest, die sie sich nicht selbst zugefügt haben konnte. Um eine rasche Beisetzung auf dem Friedhof von Mayerling am 1. Februar zu ermöglichen, wurde jedoch Selbstmord angegeben.

Der wahre Sachverhalt, nämlich daß der 30jährige Kronprinz Rudolf zuerst seine Geliebte, die 17jährige Komtesse Mary Vetsera, getötet und sich kurz darauf selbst erschossen hatte, stand demnach bereits am 31. Januar 1889 fest und war auch so in ausländischen Zeitungen zu lesen. Über die österreichischen verhängte man eine Zensur. Der kaiserliche Hof tat sein Möglichstes zur Verschleierung der wahren Tatsachen, obwohl der Kaiser eine Kommission, deren Erkenntnisse allerdings nicht veröffentlicht wurden, mit der Klärung der Tragödie beauftragte. Vor allem Mary Vetsera durfte nicht erwähnt werden.

Es ist nicht verwunderlich, daß bald die absurdesten Gerüchte kursierten: Kronprinz Rudolf sei Opfer eines politischen Mordes geworden, er habe Hochverrat begangen, sei bei einem Streit erschossen worden, von einem eifersüchtigen Förster in Mayerling erschlagen worden, er sei schwer verwundet, jedoch noch am Leben, an seiner Stelle hätte man einen anderen begraben und letztlich, der Kronprinz und Mary Vetsera seien nach Amerika geflohen.

Durch das Fehlverhalten des Hofes und der kaiserlichen Familie – Kaiserin Zita leugnete den Selbstmord Rudolfs bis zu ihrem Tod – vestummten die Gerüchte nicht. Aus der Tragödie von Mayerling entstand bald das »Geheimnis von Mayerling«. Die Skandalpresse ergriff das ergiebige Thema, obwohl eindeutig erwiesen ist, daß die Liebesaffäre nur eine untergeordnete Rolle spielte. Auch die Person des Kronprinzen fand eine krasse Überbewertung, die mit seiner tatsächlichen politischen und intellektuellen Bedeutung nicht vereinbar ist – die nachgelassenen Schriften des Thronfolgers lassen kaum auf eine signifikante politische Begabung schließen. Effektive Macht hätte Rudolf, wenn – in Anbetracht seiner angegriffenen Gesundheit – überhaupt, erst nach dem Tode Franz Josephs im Jahr 1916, also im reifen Alter von 58 Jahren, ausüben können.

Rudolf selbst hat seine Lage in einem Brief vom 21. August 1888 an den Journalisten Moritz Szeps in berührender Weise klar geschildert: »… 30 Jahre ist

ein großer Abschnitt; viel Zeit ist vorüber, mehr oder weniger nützlich zuge-
bracht, doch leer an wahren Taten und Erfolgen. Wir leben in einer schlep-
penden, versumpften Zeit. Und jedes Jahr jetzt macht mich älter, weniger
frisch und weniger tüchtig, denn die notwendige alltägliche Arbeit, das ewige
Sichvorbereiten und die stete Erwartung großer umgestaltender Zeiten er-
schlaffen die Schaffenskraft …«

Noch 1889 beschloß Kaiser Franz Joseph, Mayerling in einen Ort der Buße
und Sühne umzuwandeln und ein Kloster der unbeschuhten Karmelitinnen
zu stiften. Nach Abbruch der alten Kirche baute man eine neugotische. Der
Teil des Jagdschlosses, wo sich das Schlafzimmer des Kronprinzen befand,
wurde abgerissen und an dieser Stelle der Hochaltar errichtet.

Auch heute, nach mehr als 100 Jahren, strömen zahlreiche Touristen nach
Mayerling, um den Ort der Tragödie zu sehen. Immer wieder versuchte man
eine Exhumierung der Leiche Mary Vetseras durchzusetzen, um durch eine
gerichtsmedizinische Untersuchung den genauen Tathergang zu klären. Dies
scheiterte jedoch am Widerstand der Verwandten. 1992 öffnete ein Linzer
Möbelhändler das Grab, um auf eigene Faust das Geheimnis von Mayerling
zu klären. Die anschließende Untersuchung bestätigte, daß Mary Vetsera
tatsächlich durch einen Schuß in den Kopf den Tod gefunden hatte.

Schloß Mürzsteg – Sommerresidenz des österreichischen Bundespräsidenten

MÜRZSTEG

VOM KAISERLICHEN JAGDSCHLOSS
ZUR PRÄSIDENTENVILLA

Das Hofjagdgebiet von Neuberg an der Mürz galt als das schönste Revier der Monarchie. Die bis in das Mittelalter zurückreichende Jagdtradition des oberen Mürztals hatte in dem 1327 gegründeten Zisterzienserkloster Neuberg ihr natürliches Zentrum, wo den Habsburgern als Patronatsherren stets Unterkünfte, schließlich sogar ein Jagdschlößchen, zur Verfügung standen. Als dieses isoliert stehende Gebäude im 18. Jahrhundert wegen Baufälligkeit abgetragen werden mußte, reservierte man den zweigeschoßigen Flügel des südöstlichen Klostertraktes für den kaiserlichen Hofstaat.

1786 ließ Kaiser Joseph II. das stark verschuldete Kloster aufheben, in dem mehrere Visitationskommissionen skandalöse Mißwirtschaft festgestellt hatten. Es half auch nicht, daß der letzte Abt mit alchemistischen Experimenten zur Golderzeugung eine letzte Rettung der Klosterfinanzen versuchte. Die Jagdreviere des Klosters wurden verpachtet, die Unterkünfte für kaiserliche Jagdgesellschaften blieben jedoch bestehen. Diese sogenannte »Kaiser-Suite« bestand aus einem Vorraum, dem kaiserlichen Arbeitszimmer und Schlafzimmer sowie dem Raum des Leibkämmerers, dem Gästezimmer (das Kronprinz Rudolf und später der Thronfolger Franz Ferdinand benutzte), einem Speisesalon, dem Spielzimmer (für Billard, Whist oder Schach) und einem Lesekabinett. Darüber hinaus konnten Gäste im Leopold-Trakt untergebracht werden. Kaiser Franz Joseph I. veranstaltete schon ab 1850 in den Wäldern des oberen Mürztales Hofjagden. Im Frühjahr jagte man Auerhähne, im Herbst Rotwild und im Winter Gemsen. Die Reviere unterstanden dem Forstwirtschaftsbezirk Neuberg, dessen Zentrale sich in Wien befand. Um 1900 umfaßten die Neuberg-Mariazeller Staatsforste insgesamt 44 583 ha. Die Organisation und Leitung der Hofjagden fiel in die Kompetenz des Oberstjägeramtes (k.u.k. Hofjagdleitung Neuberg).

1869 ließ sich der Kaiser im nahen Mürzsteg, am Abhang des Lanaubergs und mit Blick auf die Hohe Veitsch aus seiner Privatkasse ein eigenes kleines Jagdschloß mit Park errichten. Die Planung und Ausführung des Projekts wurde dem Hofarchitekten und Baurat August Schwendenwein (1817–1885) übertragen. Schwendenwein, Absolvent der Wiener Akademie der bildenden Künste, hatte zeitweise in München studiert und war 1868 zum Rat der Akademie der bildenden Künste ernannt worden. Er baute zahlreiche adelige

Paläste, Wohnhäuser und Landvillen in Wien und Umgebung. Sein Hauptinteresse galt der Weiterentwicklung bürgerlicher Wohnformen, und er wurde später zum Reformator des Bürgerhauses. Durch den geglückten Umbau und die Innengestaltung des Palais für König Georg V. von Hannover (nach seiner Abdankung nahm er den Titel eines Herzogs von Cumberland an) in Wien-Penzing erlangte Schwendenwein die Aufmerksamkeit des Kaisers, der ihn mit der Errichtung seines Jagdhauses beauftragen sollte.

Als Bauform wählte man den Typus eines großbürgerlichen Landhauses. In insgesamt drei Bauphasen – 1869 (Baukosten ca. 10 000 Gulden), 1879 (Zubau um 24 900 Gulden) und 1903 – erhielt es seine derzeitige Gestalt. 1886 erfolgte die Anlage des Parks und der Bau der Wasserleitung. Da Mürzsteg zur Zufriedenheit des Kaisers ausfiel, der am 5. Oktober 1870 das erste Mal sein Jagdhaus aufsuchte, wurde Schwendenwein in den Ritterstand erhoben, dabei wählte er das Prädikat »von Lanauberg« als Erinnerung an seine Tätigkeit für das Kaiserhaus. Von 1875 bis 1881 war Schwendenwein als Mitglied des Baukomitees zur Errichtung des Wiener Justizpalastes tätig.

Die Einrichtung von Mürzsteg wurde, wie dies für alle kaiserlichen Jagdhäuser üblich war, von den Dienststellen des Obersthofmeisteramtes ausgewählt. Sie stammte aus den verschiedensten Stilepochen, wobei sich Schwerpunkte auf Biedermeier und Historismus ergaben. Sie war nicht einheitlich und nicht luxuriös, aber recht behaglich. Alle drei Jahre erfolgte eine kommissionelle Revision des Inventars. Auch die meist zeitgenössischen Bilder und Stiche, darunter viele Ansichten der kaiserlichen Schlösser, waren keine Kostbarkeiten und entsprachen dem Durchschnittsgeschmack. Kaiser Franz Joseph war bekanntlich, was Möbel oder Bilder anbetraf, völlig desinteressiert und anspruchslos. Er äußerte daher auch für Mürzsteg keine persönlichen Wünsche, bestand aber auf seinem obligatorischen Eisenbett.

Es waren vor allem engere Familienmitglieder, die sich der Kaiser in sein Lieblingsjagdrevier einlud. Die Planung der Jagdsaison ging folgendermaßen vor sich: 1. Vermittlung der Jagdrapporte der Hofjagdleitung zu Handen des Kaisers. 2. Übermittlung der allerhöchsten Befehle zurück an die Hofjagdleitung. 3. Vollzug der Befehle, Besorgung der Fahrgelegenheiten. 4. Vorbereitung der Quartiere in den Jagdgebäuden. 4. Besorgung des Haushalts. Von all den Jagdgästen, die zuerst nach Neuberg an der Mürz und später (ab 1870) nach Mürzsteg kamen, bevorzugte Kaiser Franz Joseph König Albert I. von Sachsen (1828–1902), der in jedem Frühjahr zur Hahnenbalz kam, und Ferdinand IV. (»Nando«, 1835–1908), den Großherzog von Toskana.

Im Laufe der Jahre entwickelte sich zwischen den drei Jägern eine herzliche Freundschaft. Die von Erzherzog Leopold Ferdinand (später Leopold Wölfling), dem Sohn Ferdinands, erzählte heitere Episode dürfte tatsächlich stattgefunden haben:

»Die drei Herren kehrten einmal, früher als geplant, von der Jagd zurück, so-

Eingangshalle mit Jagdtrophäen, um 1900

daß der Hofwagen noch nicht zur Stelle war. Da gerade ein steirischer Bauer mit seinem Gespann daherkam, riefen sie ihn, um ein Stück mitgenommen zu werden. Nachdem sich langsam ein Gespräch entwickelt hatte, fragte mein Vater, der gern einen harmlosen Spaß machte, für wen der Bauer seine Wagengäste halte. ›Ihr seids Jager‹, kam die Antwort. ›Ja, das wäre richtig‹, meinte mein Vater, ›aber der Herr dort ist der Kaiser von Österreich, der andere der König von Sachsen, und ich bin der Großherzog von Toskana.‹ – ›Dann bin ich der Kaiser von China‹, sagte der Bauer ganz ernst zum Gaudium der Jäger.«

Elisabeth, die Gattin Kaiser Franz Josephs, nahm an Jagden nie teil, war aber eine begeisterte und waghalsige Reiterin. Bei einem Ausritt im Jahr 1882 brach das Pferd der Monarchin in der Nähe des »Toten Weibes« mit einem Fuß durch die hölzernen Bretter eines Steges. Die Rettung Elisabeths in Gestalt eines Bauernburschen wurde in zahlreichen romantischen Abbildungen festgehalten. Als unmittelbare Folge des Unfalls legte die Mürzsteger Forstverwaltung 1883 einen Reitsteig für die Kaiserin an, der vom Kuhhörndl zum Hocheck führte.

Die kaiserliche Hofhaltung war in Mürzsteg, wie in den übrigen Jagdhäusern, recht bescheiden. Für die Hoftafel wurden Speisen aus Wien mitgebracht. Es gab kaum Abendgesellschaften, da man für die Jagden schon bei Morgengrauen auf-

Speisesalon im kaiserlichen Jagdschloß, um 1900

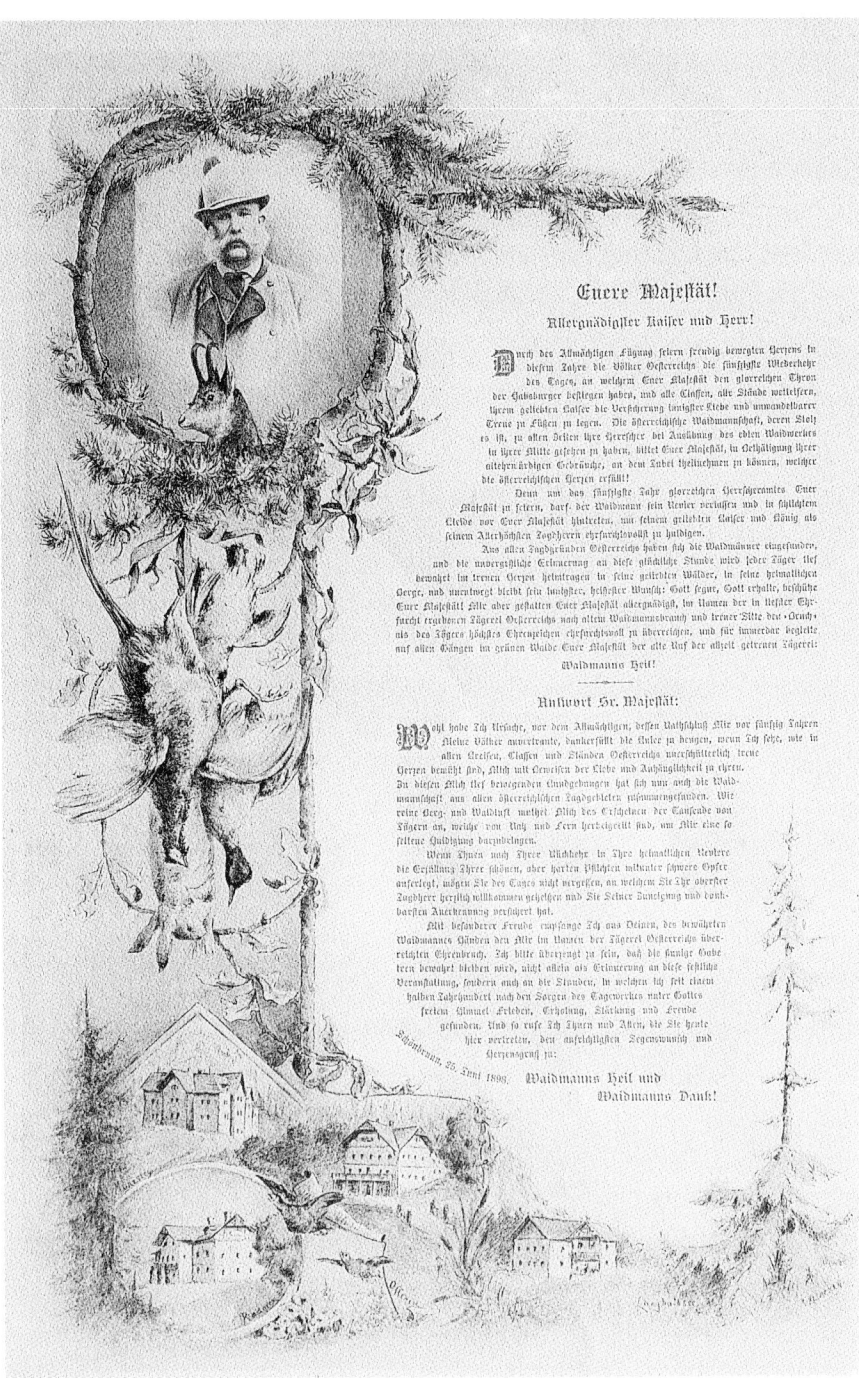

Huldigung an Kaiser Franz Joseph mit Darstellung der kaiserlichen Jagdschlösser

brechen mußte. Die Gazetten der damaligen Zeit, vor allem die gut informierte »Hugo's Jagdzeitung« (die führende Jagdzeitschrift der 2. Hälfte des 19. Jahrhunderts), gaben ihren Lesern detaillierte Schilderungen von den Hofjagden und den illustren Gästen in Mürzsteg. Die »Neue Illustrierte Zeitung« schrieb 1889: »In diesem Jahr aber brachte das reiche Gemsenrevier nur geringe Beute … zur Hirschjagd erschienen der deutsche Kaiser Wilhelm II. (der auch im Herbst 1890 kommen sollte), König Albert [von Sachsen], Prinz Leopold [von Bayern] und der Graf von Meran … Kaiser Franz Joseph selbst weist den Gästen die besten Plätze an …«

Auch das 1908 aus Anlaß des 60jährigen Regierungsjubiläums Kaiser Franz Josephs erschienene illustrierte Werk »Viribus unitis – Das Buch vom Kaiser« enthält Szenen aus dem Leben des Kaisers in Mürzsteg.

Ein Vorfall jedoch wurde vollkommen geheim gehalten, obwohl er fast die Geschicke Österreichs geändert hätte:

Die Ankunft Kaiser Franz Josephs in Mürzsteg

134

Am 3. Januar 1888 fand in dem zum Revier von Mürzsteg gehörenden Höll-graben eine der großen und bis ins letzte Detail schriftlich organisierten Treibjagden statt. Anwesend waren dabei Kaiser Franz Joseph und sein Sohn, der Kronprinz Rudolf. Während der Kaiser in der Lehne gegen den Bockkogel stand, befand sich Rudolf im Graben. Franz Joseph hatte sechs Tiere erlegt, und die Jagd ging dem Ende zu. Da plötzlich verließ der Kronprinz seinen Stand und begann einem Rudel Hochwild nachzupirschen. Für einen passionierten und erfahrenen Jäger wie Rudolf ein vollkommen rätselhaftes Verhalten! Ist es bei Treibjagden doch eine der Hauptregeln, daß sich kein Schütze jemals von seinem angewiesenen Platz entfernen darf.

Ohne Vorwarnung feuerte Rudolf aus der Mitte des Triebes einige Schüsse ab. Einer davon traf einen hinter dem Kaiser sitzenden Jäger namens Martin Veitschberger am Unterarm. Bei einer Ablenkung der Kugel von wenigen Zentimetern hätte sie Franz Joseph getroffen. Dieser verbot seinem Sohn die weitere Teilnahme an der Jagd, und sämtliche Anwesende wurden zu strengem Stillschweigen verpflichtet.

Im Jahr darauf nahm sich der Kornprinz in Mayerling das Leben, und der Unfall erhielt neue Signifikanz. Man erinnerte sich daran und deutete den Vorfall nun dahingehend, daß Rudolf schon 1888 nicht mehr in vollem Besitz seiner geistigen Kräfte gewesen sein könnte. Oftmals wird der Unfall auch als unbewußte Folge eines zwischen Vater und Sohn existierenden tiefen Antagonismus gesehen.

Am 6. Februar 1901 errichtete der Kaiser aus seinen Jagdhäusern Mürzsteg und Langbathsee das sogenannte Kronfideikommiß im Wert von 15 Millionen Kronen, aus dem der jeweilige Regent des Hauses Habsburg die Mittel für persönliche Wohltätigkeitsakte beziehen sollte. Erst die dritte Bauphase im Jahre 1903 gab dem Jagdhaus seinen heutigen Charakter und machte sehr große Einladungen möglich.

So konnte Mürzsteg vom 30. September bis zum 3. Oktober 1903 in das Zentrum der Politik rücken, als Kaiser Franz Joseph hier den russischen Zaren Nikolaus II. empfing. Die Anreise der Gäste aus Wien erfolgte mittels Hofsonderzug von Hetzendorf nach Neuberg. Zur Weiterfahrt dienten Kutschen. Zum Empfang der vornehmen Gäste spielten Bläser der Wiener Hofoper eine russische Fanfare, dann wurde zum Diner gebeten. Die »Sitzliste zur Allerhöchsten Tafel in Mürzsteg« hat sich bis heute erhalten, und interessanterweise ist auch die Ausstattung des Speisesalons dieselbe geblieben.

Das Treffen ging als »Punktuation von Mürzsteg« in die Geschichte ein und hatte die Beilegung des Aufstandes in Mazedonien sowie die Neuordnung auf dem Balkan zum Gegenstand. Rußland erhielt die freie Durchfahrt durch die Dardanellen zugesagt, und der Türkei sprach man ganz allgemein das Vertrauen aus. Der ebenfalls anwesende Thronfolger Franz Ferdinand bekam Gelegenheit, mit Zar Nikolaus seine Reformpläne bezüglich eines

Umbaus der Monarchie zu besprechen. Seine Idee war die Schaffung eines slawischen Königreichs innerhalb des österreichisch-ungarischen Gebietes, dadurch sollte der bestehende Dualismus auf einen Trialismus erweitert werden.

Als im Herbst 1910 im Wiener Prater die 1. Internationale Jagd-Ausstellung stattfand, durfte Mürzsteg nicht fehlen. So gab es das kaiserliche Jagdschloß als kleines Modell aus Silber als Aufsatz eines Zigarrenschrankes aus Ebenholz. Wesentlich mehr Aufsehen erregte jedoch eine naturgetreue, maßstabgerechte Nachbildung des Mürzsteger Schlößchens, mit der man dem Publikum einen Einblick in die kaiserliche Privatsphäre gestattete. Alle Zimmer waren mit den Originalmöbeln und -bildern ausgestattet und enthielten eine Auswahl von kaiserlichen Jagdtrophäen.

Im 1. Stock konnte man das von Erzherzog Leopold Salvator, König Albert von Sachsen und später von Erzherzog Franz Salvator bewohnte Gästezimmer besichtigen. Auf den Salon des Kaisers folgte das Arbeitszimmer, wo eine bezaubernde Handzeichnung seiner Tochter Marie Valerie mit der Darstellung eines Katzenkopfes großes Entzücken hervorrief.

Nach dem Ende der Monarchie wurde Mürzsteg, das als Fideikommiß zum gebundenen Habsburgerbesitz zählte, enteignet und dem Kriegsgeschädigtenfonds zur Nutzung übergeben.

In den offiziellen Räumen des Schlosses entstand ein kleines Museum mit Erinnerungsstücken an Franz Joseph als kaiserlichen Jäger. Das übrige Gebäude wurde in der Zwischenkriegszeit an Sommergäste vermietet.

Das Jagdrevier von Mürzsteg unterstellte man der Verwaltung der österreichischen Bundesforste. Nach der Auflösung des Kriegsgeschädigtenfonds stellte sich die Frage nach einer weiteren sinnvollen Nutzung des abgeschiedenen Schlößchens, das während der Jahre des Zweiten Weltkriegs meist leerstand. Es schien daher bei Kriegsende dem auf der Flucht vor der Roten Armee befindlichen ungarischen Pfeilkreuzler Ferenc Szalasi ein ideales Versteck für den ungarischen Kronschatz zu sein. So kam es, daß am 18. März 1945, gehütet von einer sechsköpfigen Kronwache in malerischen Uniformen, die Stephanskrone, der Krönungsornat, Zepter, Reichsapfel und Schwert sowie die Armreliquie des heiligen Stephan und das Kronsilber im Keller des Schlosses Mürzsteg versteckt wurden. Beim Näherrücken der Russen transportierte man die Krönungsinsignien per Lastwagen über Mariazell nach Mattsee, wo sie nach weiteren abenteuerlichen Irrwegen den Amerikanern in die Hände fielen.

Ab 1945 war Schloß Mürzsteg ein weiterer offizieller Amts- und Wohnsitz des österreichischen Bundespräsidenten. Schon Dr. Karl Renner konnte in der Abgeschiedenheit des Mürztales mit den Hochkommissaren der Besatzungsmächte konferieren, und auch der Ministerrat tagte hier mehrmals ohne Einflußnahme und Aufsicht der Siegermächte.

Schloß Mürzsteg liegt in einer der schönsten Gegenden der Steiermark. Seine eher bescheidene Dimension verleiht ihm den Charme einer behaglichen Landvilla und läßt es gleichermaßen zur privaten Rekreation des Staatsoberhauptes als auch für den Empfang von Staatsgästen in ländlicher, zwangloser Atmosphäre geeignet erscheinen. Von den Bundespräsidenten der Zweiten Republik wurde es daher in ganz unterschiedlicher Weise genutzt. Verlegte Dr. Theodor Körner in den Sommermonaten seinen ganzen Haushalt nach Mürzsteg, so kam Dr. Adolf Schärf nur für kurze Zeit. Franz Jonas hingegen liebte den Aufenthalt in dem historischen Gebäude und blieb möglichst lang. Als im August 1968 mit dem Ende des »Prager Frühlings« und dem Einmarsch von Truppen des Warschauer Paktes in die Tschechoslowakei eine internationale Krise größten Ausmaßes drohte, bedeutete man Bundespräsident Jonas, diesmal aus staatspolitischen Gründen seinen Sommeraufenthalt in Mürzsteg zu verlängern.

Während der Amtszeit Dr. Kirchschlägers machte sich in dem an einem Abhang gelegenen Haus auf Grund unsachgemäßer Restaurierungen eine mit Hausschwamm verbundene Feuchte höchst unangenehm bemerkbar. Es bestand nur mehr die Alternative zwischen der Aufgabe des Objekts und seiner Sanierung. Man entschied sich für eine Generalsanierung, so daß das in der Nachkriegszeit nur von Mai bis Oktober genutzte Haus seither – um einen Gästetrakt erweitert – ganzjährig zur Verfügung steht.

Im Laufe der Jahre kamen zahlreiche Staatsgäste – unter anderem König Hussein von Jordanien, die Familie des Schah von Persien u. v. m. Im allgemeinen jedoch betrafen die von den jeweiligen Bundespräsidenten zustande gekommenen Begegnungen in Mürzsteg meist die Innenpolitik.

Unter dem derzeitigen Bundespräsidenten Dr. Thomas Klestil hat sich ein Wandel angebahnt. Die Pflege internationaler Beziehungen erhielt in Mürzsteg eindeutig Vorrang.

Im nahen Neuberg an der Mürz jedoch konnte in den ehemals kaiserlichen Wohnräumen die bereits in Mürzsteg begonnene Traditionspflege fortgesetzt werden. Nachdem die Räumlichkeiten zusammen mit den Jagdgründen jahrzehntelang verpachtet waren, gelang es 1991, in dem adaptierten Kaiserappartement die interessante Dauerausstellung »Kaiser Franz Joseph und die Jagd« einzurichten.

Schloß Persenbeug

PERSENBEUG

DAS SCHLOSS ÜBER DER DONAU

Am 12. Juni 1045 fand auf Burg Persenbeug ein großartiges Fest zu Ehren Kaiser Heinrichs III. statt, der auf seiner Reise nach Ungarn mit großem Gefolge in der Burg an der Donau Aufnahme gefunden hatte.

Die damals bereits altersschwachen Holzsäulen des Rittersaales hielten jedoch den von den Tanzenden verursachten Erschütterungen nicht stand. Während der Kaiser mit seiner Gastgeberin, der Gräfin Sieglinde von Ebersberg, plauderte, stürzte die Decke des großen Saales in die darunterliegende Badestube.

Heinrich III. blieb fast unverletzt, es starben jedoch zwei Gäste, der Bischof von Würzburg und der Abt von Ebersberg, an ihren Verletzungen. Mehrere zeitgenössische Quellen berichten von dem Vorfall, wohl deshalb, weil der Kaiser selbst in das Geschehen verwickelt war.

Die Burg Persenbeug wird bereits 863 als »Biugin« in einer Urkunde des Klosters Niederaltaich genannt. Ursprünglich zum Schutz des Donauweges errichtet, befindet sie sich auf einem 26 m hohen Felsen, direkt am Nordufer der niederösterreichischen Donau, am Beginn des sogenannten Nibelungengaus.

Da zu den Einkünften der Herrschaft jahrhundertelang auch die Maut von Ybbs zählte, war diese nicht nur ein strategisch wichtiger, sondern auch ein begehrter Besitz. Bis ins 11. Jahrhundert gehörte Persenbeug zum Besitz der Grafen von Ebersberg. Als diese ausstarben, wurde die Herrschaft vom Kaiser eingezogen. Im Laufe der Zeit finden sich dann zahlreiche Pfandinhaber und Verwalter auf dem Reichslehen und späteren landesfürstlichen Besitz. Bemerkenswert ist die große Anzahl weiblicher Habsburger in der Besitzfolge.

Schon 1301 bis 1364 war hier Agnes, die Tochter Albrechts I., anzutreffen. Herzog Albrecht II. verpfändete Persenbeug seiner Verlobten, Violanda von Mailand. Nach Lösung des Verlöbnisses mußte sie allerdings den Besitz zurückgeben. 1432 diente die Herrschaft als Morgengabe für Elisabeth, die Gattin Albrechts V.

Der erste männliche Habsburger, der sich öfter in Persenbeug aufhielt, war Kaiser Maximilian I. Er kam zur Erholung und zur Jagd. 1496 stellte er einen gutbezahlten Pfleger an, dem er auch die Betreuung seiner Wolfshunde anvertraute. Maximilian ließ sich eine Waldquelle (beim Rothenhof) mit Marmorschnecken einfassen und hielt dort während seiner Jagden gerne Rast. In seinem Gedenkbuch wird Persenbeug des öfteren erwähnt.

Aus dem Jahre 1571 stammt die anläßlich einer Erbschaftsteilung festgehaltene erste Beschreibung der Burg Persenbeug:

»Das Pergschloß Persenpeug, an der Thuennaw gelegen gegen Ybbs über im Viertl ob Mannhardtsperg, weil dasselbige zur Notwehr mit Mauern, Türmen und andern Wehrungen, die in Fridszeiten und Veindtsnöten wol zue gebrauchen, erbaut und vermög eines inventhary mit zimblichen Geschütz, Munizion, Bewachung und Manschafftung neben vil annderen zuegehörigen ... wol versehen.«

Am 23. März 1593 verkaufte Kaiser Rudolf II. in Prag die Herrschaft Persenbeug und zahlreiche umliegende Güter, nämlich Wimberg, Ispertal, Emmersdorf und Raxendorf, dem Freiherrn Ferdinand Albrecht von Hoyos, seinem Kämmerer, als freies Eigentum um 120 000 Gulden. Der neue Besitzer hatte von 1593 bis 1595 als Hofmarschall des Erzherzogs Ernst in den Niederlanden gewirkt. Nach dem Tod des Habsburgers war er nach Österreich zurückgekehrt. Auf Persenbeug betrieb Ferdinand Albrecht von Hoyos Mathematik oder ging seiner Lieblingsbeschäftigung nach, der Alchemie. Daneben verfolgte er ein Projekt zur Donauregulierung, dessen vehemente Ablehnung durch eine Kommission der niederösterreichischen Stände ihm viel Ärger bereitete. In der Herrschaft Persenbeug selbst zeigte es sich, wie die Protokolle zahlreicher Prozesse mit Nachbarn und Untertanen beweisen, daß Ferdinand Albrecht recht streitsüchtig und unangenehm, manchmal sogar gewalttätig sein konnte. Den Bauern gegenüber führte er ein berüchtigt hartes Regime so daß 1597 Persenbeug ein Zentrum des Bauernaufstandes wurde. Fünf Wochen lang hielten die Aufständischen die Burg besetzt und eroberten von hier aus die Stadt Ybbs.

Mit der Erbauung der Schloßkapelle begann der Freiherr von Hoyos den großen Umbau Persenbeugs, der dem Gebäude seine heutige Gestalt geben sollte. Er starb 1609. Erst Jahre später sah sich seine Witwe Regina imstande, das Werk fortzusetzen. So legte sie im Februar 1617 den Grundstein für das neue Schloß, an dem von 1617 bis 1621 gebaut wurde. Wie es nach der Vollendung aussah, geben die 1675 und wenig später in Auftrag gegebenen Schätzungsgutachten wieder:

»Das Schloß Persenbeug ligt auf ainem großen erheblichen Felßen und Perg negst an der Thonau, dahero von denen Wohnungen nicht allein ein schöner Prospect auf den fürfließenden Donaustrom sondern auch derüber daß Wasser gelegenen Statt Ybbs lusstig mit Veldt und Weinpau gezüerten Lanndtschafft, dann gueten gesundten temperirten Lufft. In solchen Schloß schöne, mayestettische, große Zimmer ... so hat diß Schloß 18 schöne Stubn, drey Säl, ein großn und zwen mittere, 13 cämer, fünf schöne keller, die Pfüsterey [Bäckerei], zwei schöne kuchel, Ställe auf Reitt- und Gutschnpferdt ... drey verschlossene Thör mit Auffziechpruggen und Schießgattern, im Schloß zwei schöne Althanen gegen dem Wasser der Thonau hinaus, im Schloß einen

Schloß Persenbeug, Stich von G. M. Vischer, 1672

großen Hof und Zwinger … Rorprunnen kann in die kuchel, Stall, Hof, reverendo ins Padstübel eingefiert werden …«

Die Gutachten übertreiben im Fall von Persenbeug nicht. Tatsächlich war und ist das Schloß, schon auf Grund seiner Lage über dem Donaustrom, von beeindruckender Schönheit.

Die Hoyos besaßen Persenbeug von 1593 bis 1800 und verwurzelten in der Gegend. Ihr Lebensstil verlief in Anklang an das höfische Zeremoniell. So wurde Philipp Graf Hoyos am 5. November 1716 bei seiner Ankunft in Persenbeug von Richter und Bürgerschaft sowie durch 12 Schützen am Donauschwall empfangen und mit seinen Beamten und Dienern in die Schloßkapelle zum Te Deum begleitet. Auch das Verhältnis zu den Untertanen gestaltete sich nach den turbulenten Anfängen harmonisch, so daß Graf Leopold, der letzte Hoyos auf Persenbeug, im Oktober 1796 zwar in Wien starb, jedoch bei Persenbeug bestattet werden wollte, »um seinen geliebten Untertanen nahe zu sein«.

Er hinterließ drei Töchter, für den Besitz interessierte sich jedoch keine. Daher ergriff Kaiser Franz II. (I.) am 3. Dezember 1800 die Gelegenheit zum Ankauf der Herrschaft, die seine offizielle Sommerresidenz werden sollte. Der Monarch verbrachte zahlreiche Sommer im Donautal, wovon ihn auch die Napoleonischen Kriege nicht abhalten konnten. 1805 und 1809 marschierten Zehntausende französische Soldaten entlang der Donau und richteten zahlreiche Verwüstungen an, verschonten aber das Schloß Persenbeug. Die kaiserliche Familie schätzte besonders Ausflüge zum beliebten Wallfahrtsort Maria Taferl. So fuhr man 1805 auf der Donau von Persenbeug bis Marbach, ritt dann den Berg hinauf und wohnte in der Kirche einer Messe bei.

Anläßlich eines Besuches im Jahre 1810 bemerkte der Kaiser indigniert, daß auf dem Gnadenaltar fast alles Silber fehlte und die Kirche dadurch verunstaltet sei. Nach dem Segen erklärte der Pfarrer, daß er nur dem kaiserlichen Befehl gefolgt sei und das Silber gemäß dem Patent zur Ablieferung von Edelmetallen herausgegeben habe (die großen Kriegsentschädigungen an Frankreich führten bereits 1811 zum Staatsbankrott).

Im September 1818 versammelte sich in Persenbeug eine interessante Gesellschaft. Da war Marie Louise, die Gattin Napoleons und Tochter des Kaisers Franz. Als sich das Ende der Herrschaft des Kaisers der Franzosen abzuzeichnen begann, hatte man sie wieder in ihre Heimat zurückberufen. 1816 wurde sie Herzogin von Parma, Piacenza und Guastalla. Von Adam Graf Neipperg ihrem Berater und Begleiter, erwartete sie 1818 bereits das zweite Kind, wovon der kaiserliche Vater keine Ahnung hatte. Anwesend war damals auch Franz Karl, der unglückliche Sohn Napoleons, dem sein Großvater den Titel eines Herzogs von Reichstadt verlieh. Und schließlich Ferdinand, der bedauernswerte älteste Sohn von Kaiser Franz, der trotz seiner geistigen und körperlichen Behinderung auf ausdrücklichen Wunsch seines Vaters zum Thronfolger designiert worden war. Die kaiserliche Familie ging damals den steilen Weg nach Maria Taferl zu Fuß hinauf. Ein Schiff brachte sie anschließend nach Persenbeug zurück. Auf einem monumentalen, derzeit im großen Saal von Persenbeug befindlichen Gemälde wurde dieser familiäre Ausflug des Jahres 1818 festgehalten.

Anläßlich des Sommeraufenthaltes im Juni 1820 besuchte die Kaiserin (Karolina Augusta) die Persenbeuger Volksschule und beschenkte die Kinder, die manchmal auch im Schloß empfangen wurden.

Der Abt von Zwettl, Julius Hörweg, war am 18. Juni 1834 beim Herrscherpaar in Persenbeug eingeladen und beobachtete alles genauestens:

»Unter dem Essen wurden neben dem besten Tischwein noch Malage, Johannesberger, Champagner, Madera und Tokayer Essenz herumgegeben. Gespeist wurde auf weißem Porzellan, die Schüsseln, Caßarole etc. waren aber vom Silber. Sr. Majestät der Kaiser tranken nichts als Wasser; die Kaiserin hatte eine Boutelle Bier vor sich stehen, welches Sie sich noch wässerte. Außer mir und Hr. Generaladjutant trank niemand Wein. Wir saßen beyläufig 1 ein Viertel Stunden bey Tisch, dann wurde aufgestanden. Sr. Majestät machten ein lateinisch Kreuz, sowie auch vor Tisch; dann verbeugte sich alles gegen einander, ohne etwas dabei zu sagen ... Nach Tisch ging auf einmal eine Seitentüre auf, und wer kam herein? Eine ganze Schaar Schulkinder paar und paar mit kothi-

Schlafzimmer des Kaisers Franz, Lithographie, um 1820

gen Füßen, mit und ohne Schuhe oder Stiefl, … wie sie aus der Schule kamen. Da traten ihnen Sr. Majestät die Kaiserin entgegen und ein Leiblaquai kam mit einer großen Schüssel voll Torteletten und anderen Gebäcken … Ich war über diese Güte und Herablassung nicht wenig erstaunt.«

Kaiser Franz I. interessierte sich sehr für die Ausstattung von Schloß Persenbeug. Er beauftragte den Maler Josef Rebell mit der Anfertigung großer Gemälde der k. k. Patrimonialherrschaften (u. a. Pöggstall, Ispertal, Ober-Ranna). Als Rebell 1829 starb, wurde Thomas Ender, der Kammermaler von Erzherzog Johann, mit der Fertigstellung der Monumentalbilder betraut. Noch heute sind die von Ender signierten, in die Boiserien des großen Schloßsaales eingelassenen Bilder vorhanden.

1822 wurde die Schloßkapelle mit einem Altar des Peter von Nobile, dem Erbauer des Wiener Burgtores, ausgestattet. Bereits 1819 übersandte Papst Pius VII. die von einem römischen Gottesacker stammenden und von der römischen Kongregation der heiligen Reliquien approbierten Gebeine des Märtyrers Vincentius, die – von den Klosterfrauen von St. Ursula prunkvoll gekleidet – im Altartisch der Kapelle noch heute zur Schau gestellt wurden.

Das Schloß selbst hat seit der Zeit des Kaisers Franz I. kaum sein Aussehen verändert. Der Zugang erfolgt von Südosten durch den alten inneren Burggraben. Der Torturm ist viereckig und hat über der Durchfahrt ein Tonnengewölbe. Erhalten geblieben ist der mittelalterliche Bergfried, der in der Barockzeit anstelle eines Wehrganges ein zwiebelförmiges Dach bekommen hat. Durch ein zweites Tor gelangt man in den vieleckigen, inneren Burghof. Sehr interessant ist die aus der Fassade ragende Schloßkapelle.

Arbeitszimmer des Kaisers Franz, Stich von J. Kovatsch, 1834

Das derzeitige Speisezimmer diente Kaiser Franz I. einst als Schreibzimmer. Es besticht wie die anderen repräsentativen Zimmer durch schöne Stuckdecken und Holzverkleidungen.

Nach dem Tode von Kaiser Franz I. (1835) kam seine Witwe, Karolina Augusta, auch weiterhin fast jedes Jahr bis 1873 nach Persenbeug. Über Erzherzog Karl Ludwig kam Persenbeug an Erzherzog Otto, dessen Sohn Karl – als letzter österreichischer Kaiser Karl I. – am 17. August 1887 im Schloß geboren und getauft wurde.

Sehr verändert hat sich die Umgebung des Schlosses. Der 1938 begonnene Bau des Donaukraftwerkes Ybbs-Persenbeug stellte einen drastischen Eingriff in die Stromlandschaft dar. 1944 unterbrach das Kriegsgeschehen die Arbeiten. 1954 setzte man fort, und nach 6jähriger Bauzeit war Österreichs erstes und bis heute noch größtes Kraftwerk an der Donau vollendet.

Obwohl Persenbeug schon 1896 an Kaiser Franz Joseph verkauft wurde, verbrachte Erzherzog Karl noch bis 1899 hier einen Teil seines jährlichen Landaufenthaltes. Nach dem Tode Kaiser Franz Josephs 1916 fiel Persenbeug an seine jüngere Tochter Marie Valerie. Schloß Persenbeug ist noch heute im Besitz ihrer Nachkommen.

Die Rudolfsvilla in Reichenau an der Rax

REICHENAU AN DER RAX

DIE HABSBURGER AUF SOMMERFRISCHE – RUDOLFSVILLA UND SCHLOSS WARTHOLZ

Mitglieder des Hauses Habsburg zählten von Anfang an zu den Besuchern Reichenaus. So kam Kaiser Franz Joseph 1854 zur Eröffnung der Semmeringbahn, besichtigte mit seiner jungen Frau die Baustellen und nahm am Festbankett im Reichenauer Thalhof teil. Von der Gegend angetan, kam er bis in die achtziger Jahre regelmäßig zur Jagd, wobei er an einem Nachmittag zu kommen pflegte, tags darauf zur Morgenpirsch ging und mit dem Frühzug (½ 8 Uhr) nach Wien zurückkehrte. Er wohnte bis zur Erbauung der Rudolfs-villa in dem später durch den Schriftsteller Arthur Schnitzler so berühmt gewordenen Thalhof der Hoteliers Waissnix. Auch die Kinder des Kaiserpaares, Rudolf und Gisela, wurden schon ab 1859 regelmäßig für die Sommermonate nach Reichenau gebracht, denn vor allem der kränkliche Rudolf brauchte Erholung in gesunder Bergluft. Sie logierten in jener schlösselartigen Villa, die von den Waissnix vermutlich auf Grund der Empfehlung des kaiserlichen Leibarztes und Wunsch des Kaisers errichtet worden war. In die Fundamente hatten die Bauherren, wie bei allen ihren Häusern, eine Pergamenturkunde einmauern lassen. Die beim Abbruch der Waissnixschen Kaltwasserheilanstalt gefundene Urkunde nimmt darauf Bezug: »Das Haus Nr. 6 auf der Waag, in welchem an der vorderen Ecke ebenfalls eine Denkschrift eingemauert ist. Dieses Haus haben wir Gebrüder Waissnix im Jahre 1857 gebaut, im Jahre 1859 wurde dieses Haus von seiner Majestät für seine beiden Kinder gemiethet, nämlich für den Kronprinzen Rudolf und für die Prinzessin Gisela; diese zogen im Mai 1859 ein und bewohnten es bis jetzt, also durch volle sechs Jahre und selbst auch heuer…« Der stattliche Mietzins betrug 4 000 Gulden pro Saison. Bald bezeichneten die durch die Anwesenheit der illustren Mieter geschmeichelten Einheimischen das Haus als »Rudolfsschlössel«. Als »Haus der Waag« mit Erinnerungsstücken aus der Zeit Kaiser Franz Josephs ausgestattet, existiert es heute noch.

Die Feier des Geburtstages von Kronprinz Rudolf am 21. August gestaltete sich mehrere Jahre hindurch für ganz Reichenau zu einem großen Ereignis mit Volksfestcharakter. Als Rudolf drei Jahre alt wurde, kam der Kaiser alleine aus Wien angereist, da sich Kaiserin Elisabeth damals zur Erholung in Korfu aufhielt. Ein Augenzeuge berichtete vom Fest:

»Die Kinder waren unendlich lustig und herzig, besonders der Kleine. Heute

Erzherzogin Gisela und Kronprinz Rudolf vor ihrem Spielhaus im Garten der
Rudolfsvilla

ist sein dritter Geburtstag. Das ganze Dorf war mit Blumen und Fahnen geschmückt, besonders die Kirche; vor dem Eingang stand ein Triumphbogen
mit den Anfangsbuchstaben des Kaisers und Rudolphs. Im Garten hat man eine Jägerstätte für die Größe des Kronprinzen errichtet, ganz wie die Wirklich-
keit und mit Sprüchen verziert ...«
Eines der zahlreichen Fotos, die damals aufgenommen wurden, zeigt Ruolf
vor einer kleinen Blockhütte, die er als Geburtstagsgeschenk erhalten hatte.
Sie trug die Inschrift: »Ich bin Kronprinz Rudolfs Jägerhaus, Wem's drin nicht
gfällt, der bleibe draus.« Ein ähnliches Gartenhäuschen, »Rudolfs Spielhaus«,
steht noch heute im Park des Schlosses Schönbrunn.
Ähnlich festlich verlief der fünfte Geburtstag Rudolfs, zu dem auch seine
Mutter kam. Allerdings blieb sie nur einen Tag. Die Presse schrieb dazu:
»Ihre Majestät, die Kaiserin fuhr noch gestern nachts [20. 8. 1863] in Beglei-
tung der Fürstin Thurn und Taxis [Helene, der Schwester Elisabeths] nach
Reichenau, wo Allerhöchstdieselben um 2 Uhr Morgens anlangten ... frühzei-

tig Böllerschießen … das kleine Dorf festlich geschmückt … Triumphbogen, in welchem die Inschrift ›Hoch Rudolph‹ stand … um 8 Uhr früh versammelten sich die Bergknappen … bildeten ein Spalier von der kaiserlichen Villa bis zur Kirche … an Geschenken bekam der Kronprinz vom Waldamte eine ganze Bauernwirtschaft in Miniatur … das Kinderfest, welches nachmittags stattfinden sollte … mußte des in Strömen herabfallenden Regens wegen unterbleiben … dafür zeigte sich der Kronprinz häufiger am Fenster …«

In den auf die Eröffnung der Semmeringbahn folgenden Jahrzehnten entstanden nicht nur die großen, feudalen Semmeringshotels, sondern auch jene unzähligen, höchst reizvollen historistischen Villen des Adels und gehobeneren Bürgertums, die der Gegend noch heute ihr Gepräge geben. Ende des 19. Jahrhunderts war Reichenau, wie die sehr genau geführten Fremdenlisten zeigen, zu einem der beliebtesten Kurorte der Monarchie geworden, wo sich buchstäblich alles, was Rang und Namen oder auch keinen hatte, im Sommer aufhielt. Adel, Bürger und vor allem Künstler aus der Stadt schufen sich hier inmitten einer atemberaubenden Bergszenerie gleichsam eine eigene Welt, in der man sich erholte, die Landschaft genoß und außerdem ein anregendes Gesellschaftsleben führte. Auch Erzherzog Karl Ludwig (1833–1896), ein Bruder Kaiser Franz Josephs, wünschte sich in Reichenau an der Rax, jener schönen, von Semmering, Rax und Schneeberg geprägten Landschaft, die seit dem Bau der Bahnlinie bequem in ca. zwei Stunden – anstelle einer zweitägigen Kutschenfahrt – erreicht werden konnte, eine Villa von »privat und intimen Charakter«.

Es ist interessant, daß Erzherzog Karl Ludwig von Anfang an bereit war, sein in Reichenau an der Rax geplantes neues Domizil der bereits vorherrschenden Architektur anzugleichen. Kein Prunk- und Repräsentationsbau sollte entstehen, sondern ein eher bürgerlicher Landsitz, wo das Familienleben in ungezwungener Privatsphäre stattfinden konnte. So konzipierte man die Unterkünfte des Personals, die Stallungen und Remisen vollkommen getrennt vom Haupthaus, wo sich am Abend kein dienstbarer Geist mehr aufhalten durfte. Als die Grundstücksverhandlungen des Erzherzogs beinahe abgeschlossen waren, betraute man im Jahre 1869 den berühmten Wiener Ringstraßenarchitekten Heinrich von Ferstel (1828–1883) mit der Erstellung von Bauplänen. Ferstl besaß seit seiner Englandreise großes Interesse für den Typus der Familienvilla und hatte auf dem Gebiet des Villenbaus bereits Erfahrungen gesammelt. 1872 sollte er Mitbegründer des Wiener »Cottage-Vereins« werden. 1870 unterzeichnete der Erzherzog dann den Kaufvertrag über das »Warthölzl«, ein 165 000 m² großes Grundstück zwischen Reichenau und dem Dorf Edlach.

Schon 1872 war, nach der für die damaligen Verhältnisse typischen kurzen Bauzeit, die Villa samt Nebengebäuden und Inneneinrichtung fertig. Die Herstellungskosten waren moderat. So betrugen die Baukosten mitsamt der In-

Schloß Wartholz, Architekturzeichnung von H. von Ferstel, 1877

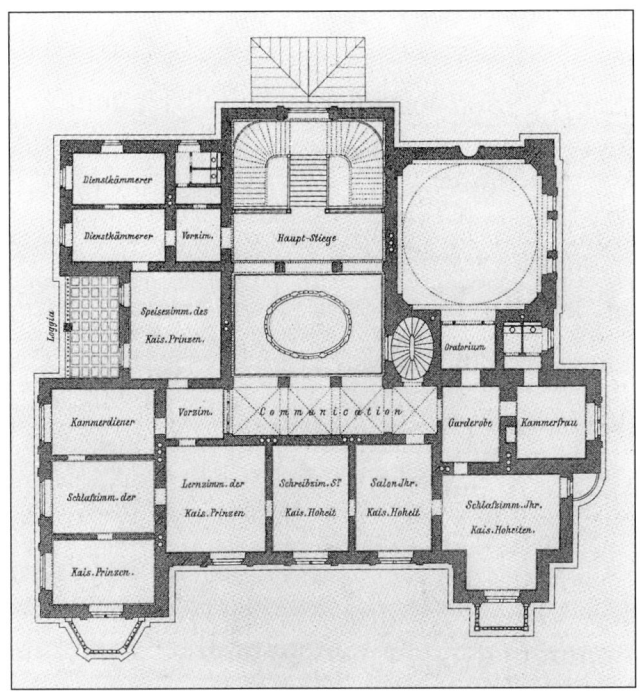

Grundriß des 1. Stockes von H. von Ferstel, 1877

stallation der Bäder und einer Warmluftheizung 209 000 Gulden, die Möbel kosteten 48 600 Gulden, und nur die Errichtung der großen Terrasse kam mit 15 400 Gulden, infolge der Aushubarbeiten, verhältnismäßig teuer. Als Bauführer fungierte ein Heinrich Missong, und die Möbel lieferte ein noch heute existierendes Reichenauer Unternehmen, die Tischlerei Rabé.

Der Architekt selbst berichtete über sein gelungenes Werk:

»Das Programm für den Bau war von den kaiserlichen Hoheiten ganz genau vorgezeichnet ... und weicht von dem ähnlicher Herrensitze nicht unwesentlich ab, indem insbesondere gefordert wurde, daß die Villa Wartholz ausschließlich die Wohnräume für die erzherzogliche Familie zu enthalten hätte ... die Forderung wurde auch, so gut es thunlich schien berücksichtigt, nur mußten die Küchenlokalitäten dennoch in die Villa verlegt werden, nachdem die Entfernung des Nebengebäudes von der Villa beiläufig 100 Meter beträgt ...«

Der Bauherr selbst plante den Turm, die Terrasse und die Veranden und arbeitete auch sonst bis ins Detail gehend mit, wobei er große Kreativität bewies. Das Ergebnis konnte sich sehen lassen. Trotz angestrebter Bescheidenheit war es doch eine schloßartige Villa geworden.

Nach Osten, gegen das Tal der Schwarza hin, bekam der fast quadratische Bau, der in seinem Grundriß große Unregelmäßigkeiten aufweist, eine eindrucksvolle, von turmartigen Bauteilen im Renaissancestil, Erkern und Balkonen bestimmte Schaufassade, deren Wirkung durch eine breite Terrasse und eine zweiläufige Rampe noch gesteigert wird. Sie führt in den malerischen Park mit Teich. Der Haupteingang mit gedeckter Einfahrt in Glas-Gußeisen-Konstruktion befindet sich im Westen, wo der ursprüngliche Nadelwaldbestand belassen wurde. Das Gebirgspanorama konnte man vom Aussichtszimmer des Turms genießen. Im Parterre befanden sich Salons und die Bibliothek, darüber Privaträume wie Arbeits- und Schlafzimmer. Das Zentrum des Hauses bildet jedoch eine – für alle Ferstlbauten typische – große, durch zwei Geschoße gehende Halle. Ihr gedämpftes Licht erhält sie durch ein Glasdach. Von einer nahen Quelle aus wurde die Villa mit Trink- und Nutzwasser versorgt und auch ein im Park befindliches Schwimmbassin gespeist.

Erzherzog Karl Ludwig liebte Wartholz, das für ihn ähnliche Bedeutung hatte wie Ischl für Kaiser Franz Joseph. Da er keine besonderen Begabungen oder Neigungen zeigte – schon seine Mutter Sophie hatte geklagt, »interessant wird er nie« –, wurde Karl Ludwig nach seinem Rücktritt als Statthalter von Tirol und Vorarlberg als Repräsentant des Kaiserhauses bei diversen Veranstaltungen und Vereinen eingesetzt. Dies ließ dem »Ausstellungsherzog« viel Zeit für den Genuß des Landlebens in Wartholz.

Aus den drei Ehen des Erzherzogs stammten sechs Kinder, darunter Franz Ferdinand, der spätere Thronfolger, und Otto, der Vater Kaiser Karls I. Beide verbrachten in ihrer Kindheit viele Sommer in Reichenau. Hier gingen sie nicht nur bergsteigen, sondern frönten auch ausgiebigst dem Reitsport: In der Villa Wartholz gab es bis zu 40 Reit- und Wagenpferde. Die erzherzoglichen Kinder wirkten außerdem in zahlreichen Theaterstücken mit, oder sie stellten die damals so beliebten »lebenden Bilder« dar. Dafür wurde in der Halle der Villa ein kleines mobiles Haustheater aufgeschlagen. Man wählte Stücke wie den Schwank »Papa hat's erlaubt« oder »Recept gegen Schwiegermütter«. Zum Gaudium von Laiendarstellern und geladenem Publikum spielten dabei auch Hofschauspieler des Burgtheaters mit, die sich, wie der berühmte Adolph von Sonnenthal, als Sommergäste in Reichenau aufhielten.

In ihrem Refugium zeigte sich die kaiserliche Familie abseits des Hofzeremoniells gern in ländlicher Tracht, wobei die männlichen Mitglieder kurze Lederhosen und Bauernjoppen trugen. Schon durch ihre bloße Anwesenheit waren die Mitglieder des Kaiserhauses von größter Werbewirksamkeit für den aufstrebenden Kurort. So inspizierte Erzherzog Karl Ludwig (1890) die neu erbaute Schule von Reichenau, die er als mustergültig lobte, eröffnete 1893 das Otto-Schutzhaus auf der Rax, war Schirmherr des Touristen-Klubs und ermöglichte zahlreiche Stiftungen. Die Reichenauer dankten dieses vielfältige Engagement und benannten die Hauptstraße des Ortes Erzherzog-Karl-Ludwig-Straße.

Zu Reibereien kam es, als Baron Nathaniel von Rothschild in unmittelbarer Nähe und fast über Wartholz thronend, 1882 unter der Bezeichnung Villa ein prunkvolles Schloß baute. Der Kostenaufwand übertraf den von Wartholz um das Zehnfache. Erzherzog Karl Ludwig sah den riesigen Bau nicht gerne und konnte sich auch mit den Plänen Rothschilds, in Reichenau einen mondänen Kurort samt Rennbahn zu schaffen, nicht anfreunden. Die Konflikte eskalierten. Schließlich wollte der verärgerte Baron sein Schloß einer Anstalt für Tuberkulose widmen. Das rief naturgemäß die Gemeindeväter von Reichenau auf den Plan, die sich an den Erzherzog wandten, um dessen Gesundheit sie sich ostentativ besorgt zeigten. Das Projekt wurde schließlich zurückgezogen. Erzherzog Karl Ludwig lebte bis zu seinem Tod in der Villa Wartholz. 1896 besuchte er seinen lungenkranken Sohn Franz Ferdinand in Ägypten und reiste dann weiter ins Heilige Land. Er starb an einer Infektion, die er sich beim Genuß von Jordanwasser zugezogen hatte.

Die Nachkommen zeigten wenig Interesse für den Reichenauer Besitz. Nur Karl Ludwigs Enkel, der spätere Kaiser Karl, bildete eine Ausnahme. Er hatte viele Erinnerungen an seine glückliche Kindheit in Reichenau, war hier 1907 großjährig erklärt worden und hatte im Hause seines Großvaters schon als Kind seine zukünftige Gattin, Zita von Bourbon-Parma, kennengelernt. Die Prinzessin war mit ihren Eltern häufig aus dem nahen Schloß Schwarzau auf Besuch gekommen. Unmittelbar nach der Hochzeit im Jahre 1911 beschloß das junge Paar, in der romantischen Villa ständig zu wohnen. 1912 wurde in Wartholz ihr ältester Sohn Otto (von Habsburg) geboren. Diese kurze, von

Zita als schön und harmonisch geschilderte Zeit fand mit der Ermordung des Thronfolgers Franz Ferdinand und dem Ausbruch des Ersten Weltkrieges ein jähes Ende. Vom 28. Juni 1914 berichtete sie:

»Die Familie saß gerade beim Mittagessen. Endlos lang warteten wir vergeblich auf den nächsten Gang. Da kam ein Diener, der dem Erzherzog ein Telegramm mit dem Inhalt überreichte: ›Bedauere zutiefst melden zu müssen, daß Seine kaiserliche Hoheit und die Herzogin heute ermordet worden sind.‹«

Es war auch in der Abgeschiedenheit von Wartholz, wo der zum Thronfolger aufgestiegene Karl von der Mobilmachung verständigt wurde. Von 1916 bis 1918 war Wartholz offizielle kaiserliche Residenz. 1917 und 1918 verbrachte die kaiserliche Familie hier jeweils die Monate von Juli bis Oktober. Das letzte offizielle Ereignis war die Promotion der Maria-Theresien-Ritter durch Kaiser Karl an seinem Geburtstag am 17. August 1918.

1918–1929 stand der Bau leer und verfiel, da die Villa Wartholz (ebenso wie das Schloß Feistritz in der Steiermark) als Privatvermögen des letzten Kaisers zwar nicht enteignet, jedoch vorübergehend beschlagnahmt wurde. 1938 wurde Wartholz wegen der »anschlußgegnerischen Haltung« des nunmehrigen Eigentümers, Otto von Habsburg, enteignet. Im Zweiten Weltkrieg diente die Villa als Kaserne, danach stand sie wiederum jahrelang leer.

1973 kam es zum Verkauf der Villa Wartholz an das Land Niederösterreich, der allgemein begrüßt wurde, da man sich davon eine Rettung und museale Nutzung des Gebäudes versprach. Der Kaufpreis betrug 9 Millionen Schilling. Nachdem das Gebäude saniert und restauriert worden war, wurde es jedoch am 18. Juni 1982 weiterverkauft.

Derzeit befinden sich in dem aufwendig und sehr geschmackvoll restaurierten Schloß ein Architekturbüro und Mietwohnungen. Ein Nebengebäude beherbergt den Landeskindergarten. Als Privatbesitz ist die Villa Wartholz nicht zu besichtigen, sie dient jedoch diversen kulturellen Veranstaltungen.

Das Rudolfschlössel entging nur knapp der Zerstörung. Nach dem Zweiten Weltkrieg stand das Gebäude leer und befand sich dementsprechend in ruinösem Zustand, denn Fremdenverkehr gab es damals weder am Semmering noch in Reichenau. Im Laufe der Zeit war aus dem Haus alles Brauchbare entwendet und vieles mutwillig zerstört worden. Der Kaiservilla drohte ebenso der Abbruch wie der benachbarten Kaltwasserheilstätte der Hoteliersfamilie Waissnix. Endlich fand sich für die Liegenschaft ein privater Käufer, der sie um den ausgeschriebenen Kaufpreis – er setzte sich aus dem Grundpreis und dem Wert der Bauziegel des Hauses zusammen – erwarb. Nach jahrelanger, mühsamer Restaurierung konnte sie 1993 wieder in den Originalzustand versetzt werden.

Schloß Kleßheim

SALZBURG-KLESSHEIM

EIN HABSBURGER IN DER VERBANNUNG

Im März 1993 übersiedelte das Casino Salzburg vom Mönchsberg in die feudalen Räume des Schlosses Kleßheim. Damit wurde eine Entscheidung getroffen, die dem letzten habsburgischen Bewohner von Kleßheim, Erzherzog Ludwig Viktor, der selbst ein großer Spieler war, sicherlich gefallen hätte.

Ludwig Viktor (1842–1919), mit Spitznamen »Luziwuzi« gerufen, war der jüngste Bruder Kaiser Franz Josephs, das »enfant terrible« und der Schreck der Familie. Politisch blieb er insignifikant, er fiel nur durch Skandale und Intrigen auf. Eine geplante Heirat mit der Erbin des brasilianischen Kaiserreiches lehnte Ludwig Viktor ab. Sophie in Bayern wiederum, die schöne Schwester der Kaiserin Elisabeth, wies ihrerseits die Werbung des Erzherzogs zurück. Dies sollte sich als Glück erweisen, denn Sophie internierte man 1887 in einer Nervenheilstätte, während Ludwig Viktor 1915 entmündigt und unter Kuratel gestellt wurde. Der Erzherzog liebte es, innerhalb der Familie Zwietracht zu säen. Einmal schrieb er an seine Mutter, die Erzherzogin Sophie:

»Liebe Mama, während Du weg bist ... geht es hier zur Verzweiflung von Papa zu ... nämlich die Kaiserin [Elisabeth] und Lenza [Legrenzi, der erste Kammerdiener Franz Josephs] machen, was sie wollen ...« Eine Zeitzeugin bemerkte, daß seine »Zunge scharf sei, wie die einer Giftschlange«.

An der Börse spekulierte er – oft erfolgreich – in Millionenhöhe. Als Ludwig Viktor jedoch in einer öffentlichen Badeanstalt einen jungen Mann belästigte, der ihn daraufhin ohrfeigte, hatte Kaiser Franz Joseph genug. Er verbot seinem Bruder den weiteren Aufenthalt in der Residenzstadt und verbannte ihn nach Salzburg.

Am 2. September 1866 schenkte der in Finanzangelegenheiten sehr großzügige Kaiser seinem Bruder das Lustschloß Kleßheim mit den dazugehörenden Gartenanlagen, Nebengebäuden, der Sägemühle, dem Försterhaus, der Schloßmeierei, dem Fasangarten u. v. m., insgesamt ein Areal mit ca. 24 ha am Rand einer breiten Schotterterrasse zwischen Salzach und Saalach nahe der bayerischen Grenze. Das Schloß selbst, ein ehemaliges Lustschloß der Erzbischöfe von Salzburg, ist nach Südosten, mit Blickverbindung auf die Feste Hohensalzburg, ausgerichtet.

Um etwaigen Eskapaden seines Bruders vorzubeugen, ließ Franz Joseph das Vorkaufsrecht für die kaiserliche Familie im Grundbuch eintragen.

Die unverblümt geäußerten politischen Kommentare von Ludwig Viktor tra-

Lustschloß Kleßheim, Hauptfassade, ca. 1930

fen oft den Nagel auf den Kopf. So hatte er bereits 1866 im preußisch-österreichischen Krieg formuliert: »… da doch Napoleon gar nichts für uns tut und Venedig jetzt ohne Waffenstillstand pfutsch ist …« Der Zufall fügte es, daß der von Ludwig Viktor gehaßte Napoleon III. schon ein Jahr nach der Übergabe des Besitzes in Kleßheim eintraf. Der französische Kaiser war im August 1867 nach Salzburg gekommen, offiziell um Franz Joseph zum Tod seines Bruders Maximilian zu kondolieren, inoffiziell um ihn für ein Revanchebündnis gegen Preußen zu gewinnen. Da die öffentliche Meinung jedoch Napoleon III. die Hauptschuld an der Hinrichtung Maximilians gab und Österreich nicht gegen Preußen paktieren wollte, blieb der Besuch erfolglos.

Für die Presse gab es nicht viel zu berichten, daher konzentrierten sich die Zeitungen auf Gesellschaftliches, auf den glänzenden Empfang in Schloß Kleßheim und die Garderoben der beiden anwesenden Kaiserinnen, Eugenie und Elisabeth.

Obwohl sich Ludwig Viktor nach einiger Zeit in Salzburg einlebte, am Kulturleben regen Anteil nahm und bei der Bevölkerung sehr beliebt war, verließ ihn die Sehnsucht nach Wien nie. Daß sein Zwangsaufenthalt in Kleßheim, der nur von kurzen Reisen unterbrochen wurde (z. B. 1871 zum Besuch König Georgs von Griechenland oder 1873 aus Anlaß der Wiener Weltausstellung), ein lebenslanger werden sollte, konnte er nicht ahnen.

Jedenfalls richtete sich der Erzherzog das Schloß bald wohnlich ein. Um eine schöne Bibliothek zu bekommen, ließ er die Kapelle verlegen. Bei der Innengestaltung ordnete er eine völlige Beschränkung auf seine Lieblingsfarben Weiß und Blau an. Mit Einbruch der kalten Jahreszeit mußte Ludwig Viktor feststellen, daß die Räumlichkeiten des Lustschlosses in den Wintermonaten nur schlecht zu heizen waren. Er wandte sich daher 1879 an den berühmten Baumeister Heinrich von Ferstel, den er schon in Wien beschäftigt hatte, und

155

der Schöpfer der Votivkirche baute dem Erzherzog ein behagliches Domizil für die kalte Jahreszeit. Dieses sogenannte Winterhaus (später Kavaliershaus genannt), eine herrschaftliche Villa mit einer Fassade im Renaissancecharakter und sehr schönen Boiserien im Inneren, erfuhr später (1940) starke Veränderungen. Nach Entfernung aller Zierelemente der Fassade erhielt der Mittelrisalit einen Dreiecksgiebel, und an die Stelle einer überdeckten Auffahrt baute man eine Terrasse mit Säulen an.

Als passionierter Schwimmer ließ sich der Erzherzog im Schloß ein Schwimmbassin bauen, das er täglich mit seinen Gästen benutzte. Im Winterhaus gab es ein direkt neben den Wohnräumen gelegenes Schwimmbad.

Ludwig Viktor entfaltete in Salzburg eine reiche Sammeltätigkeit an Bildern, Möbeln und Porzellan. Er wirkte als Protektor zahlreicher Vereine und Institutionen. Als zum Beispiel am 22. Dezember 1895 der Salzburger Landesverein für Bienen- und Obstbaumzucht gegründet wurde, geschah dies mit wohlwollender Förderung des Erzherzogs.

Keiner der vielen Vorbesitzer weilte in Kleßheim eine so lange Zeitspanne wie Ludwig Viktor. 53 Jahre verbrachte er in seinem Barockschloß und genoß die prachtvollen Gärten mit den zahlreichen Lust- und Nebengebäuden. Eines davon, der Wohnsitz des erzherzoglichen Kämmerers Carl Graf Hoyos-Sprinzenstein – noch heute das »Hoyos-Schlößl« genannt –, führt in die Anfänge Kleßheims zurück.

Am 14. Dezember 1690 kaufte nämlich Erzbischof Johann Ernst Graf Thun den »Hof und Sitz zu Kleßheim«, damals ein landwirtschaftliches Gut, um sich einen Fasangarten anlegen zu lassen. Als Architekt wurde niemand Geringerer als Johann Bernhard Fischer von Erlach gewonnen. Sein erster Bau auf dem Areal war das als »Fasanhaus« bezeichnete, bereits erwähnte Hoyos-Schlößl. Mit seinen zwei Geschoßen und dem höchst raffinierten, aus der Verschneidung dreier Ovale mit Quadraten gebildeten Grundriß ist es ein für die Barockzeit typisches, sehr reizvolles Gartenhaus.

Der Beginn des Schloßbaues selbst fand am 9. März 1700 statt. Nach dem Vorbild der Wiener »Favorita« sollte ein großes Lustschloß entstehen. Das Gut Kleßheim war deshalb gewählt worden, weil sich der Fasangarten für die Anlage eines französischen Gartens hervorragend zu eignen schien.

Aus der Planungsphase hat sich eine Grundrißzeichnung Fischer von Erlachs und ein »Prospect eines neuen Lust-Gebäudes Seiner hochfürstlichen Gnaden zu Salzburg, Cleshaimb oder die neue Favorita genannt …« erhalten.

Der Ankauf zahlreicher Grundstücke erweiterte das Grundstück beträchtlich. Da alle untertänigen Bauern des Landes für Kleßheim Robot, Vorspann- oder Zugdienste leisten mußten, ging der von den Maurermeistern Simon Kendler und Simon Kellerperger geleitete Bau anfangs rasch voran.

Am 3. August 1707 erhielt der Bildhauer Bernhard Mandl den Auftrag des Erzbischofs Graf Thun und des Koadjutors und späteren Erzbischofs Franz

Porzellanzimmer im Schloß Kleßheim

Anton Fürst Harrach zur Verfertigung eines monumentalen Allianzwappens des Erzstiftes Salzburg für die Attika des Mittelrisaliten. Im selben Jahr war der Rohbau fertiggestellt. Die Innenarbeiten sowie die Fassade konnten in Angriff genommen werden. Nach den Entwürfen Fischers arbeiteten die italienischen Stukkateure Paolo de Allio und Diego Francesco Carlone.

Trotz des Todes des Bauherrn am 20. April 1709 gingen die Arbeiten unter seinem Nachfolger Franz Anton weiter. Die Malerarbeiten wurden Giulio Quaglio übertragen, der die Themen seiner Fresken aus der Heiligen Schrift bezog. Im Juli konnte das Hofbauamt schon berichten, daß »... der Maler vermeint, mit dem mittleren Feld [in der Retirade] worin Abraham, wie ihm die drei Engel erscheinen ... fertig zu werden«. Im Laufe des Jahres 1709 beendeten die Stukkateure ihre Arbeit an der Kapelle.

Auch Erzbischof Franz Anton Fürst Harrach erlebte die Vollendung des Baus nicht. Er starb 1727. Auf ihn folgte Leopold Anton Freiherr von Firmian, der gleich zu Beginn seiner Amtszeit die Fortsetzung der Arbeiten befahl. Das Treppenhaus und die Terrasse wurden fertiggestellt, Gartenentwürfe angefertigt und auch bereits eine Erweiterung des Schlosses geplant.

Aus dem Jahre 1729 stammt die erste Beschreibung des Baus: »Das erzbischöfliche Schloß Kleßheim liegt drey Viertelstunden von der Stadt. Man giebt solches insgemein für ein gebäude aus, in welchen vier fürstliche Hofstäte und zwar so bequemlich sich aufhalten könnten, daß jeder Fürst nicht nötig hätte, eher als vor seinem Zimmer aus der Kutsche zu steigen. Es fehlet aber noch vieles daran ... sonderlich, nachdem der itzige Erzbischof einen Theil des schon gestandenen Gebäudes wieder abbrechen lassen ...«

1731 wurde die Terrasse vor dem Mittelsaal über der Auffahrt angebaut und die Rampe vollendet. Auch 1735 war Kleßheim noch nicht bewohnbar, und man bemerkte in Salzburg süffisant, daß sich trotz hoher Kosten und langer Bauzeit noch kein Fürst dort anständig aufhalten könne. Erst der von 1736–1740 für das Salzburger Bauwesen zuständige Pater Bernhard Stuart richtete das Schloß ein.

Der Fürsterzbischof konnte nunmehr bei Jagdaufenthalten einige Zimmer bewohnen, lebte in Kleßheim aber recht bescheiden. »Er bringe für die Jagd ein Opfer«, bemerkte man und »alles was sonst zum Hof gehört, halte sich in Salzburg auf.« Leopold Anton war der einzige Erzbischof, der Kleßheim als Sommersitz bewohnte und auch Umbaupläne wälzte. Keinen seiner Nachfolger zog es in das zwar prächtige, aber anscheinend unbequeme Schloß.

Aus dem Jahre 1792, also der Zeit des Erzbischofs Colloredo, stammt ein so detaillierter Bericht über Kleßheim, daß er bereits eine Milieuschilderung bietet. Er gibt einen guten Eindruck von dem Stil und dem ungeheuren Aufwand, mit dem ein adeliger Landsitz im 18. Jahrhundert geführt wurde. Hunderte Angestellte, alle vom Besitzer untergebracht, bezahlt, verköstigt und bekleidet, lebten das ganze Jahr über in Kleßheim. Nur so konnte der arbeitsintensive Betrieb in dem beschriebenen Zustand erhalten werden. Der Erzbischof selbst verbrachte nur wenige Tage des Jahres im Schloß.

»... alles, was eigentlich zu Cleßheim ... gehört, hat einen Umkreis von einer starken Stunde. Es ist nach allen Seiten mit einer hohen Mauer, welche mit ... Wach- oder Lusthäuschen versehen ist, umgeben ... Die Einfahrt von der Straße ... durch ein breites Tor ... man erblickt dann zur rechten das Haus des hochfürstlichen Jägers und fährt zwischen einer jungen Baumallee bis zum eigentlichen Schloßthore dahin ... links hinauf nach der Meyerey ... ein langes Stöckchen zu ebener Erde für eine Wachstube ... rechts ein kleines Haus für den Torwächter ... die Straße nach dem Schlosse ist überaus breit ... mit weißem Sand bestreut zwischen einer Allee von wilden Castanien. Links ist ein künstlich angelegtes Bosquet mit Gängen durchschnitten, auf denen man zu einem Rasenhügel, worauf eine weißmarmorne Statue von Riesengröße steht, und einem Springbrunnen mit einem großen runden Bassin kommt ... Das Schloß ist ein wahrhaft fürstliches Lustgebäude im italienischen Geschmack ... über eine ... sehr breite Auffahrtsrampe ... kommt man zu dem Mittelgebäude empor ... der mit der Althane correspondierende Theil des Mittelgebäudes springt ungefähr einen Schritt hervor und hat drei hohe, oben gebogene Balconfenster ... vier freystehende ionische Säulen, welche aus der Althane emporsteigen, tragen ein hervorspringendes Gebälke mit einer Art

Architekturzeichnung des Lustschlosses Kleßheim von J. B. Fischer von Erlach

von Dachgesimse ... In das Innere kommt man durch drei hohe Bogengänge und einen großen Sahl mit Bänken für die Trabantenwache. Dieser Vohrsaal hat eine mit Stukkatur verzierte gewölbte Decke ... einen Boden von weiß-marmornen Rauten, drei Arkaden in der Mitte, und nach hinten auf jeder Seite, wodurch man in die Wohnungen der Hofleute, in Küche, Keller, etc. kommt ... breite steinerne Stufentreppen führen in die oberen Geschoße ... hier ist ein prächtiger Sahl, und auf den Seiten sind die fürstlichen, etwas un-proportionirt hohen Zimmer mit sehr einfachen, meistentheils veralteten geräthschaften ... es sind hier auch verschiedene Spielsähle, eine Kapelle und einige sehr hohe, meistens unbequeme Wohnzimmer, weßhalb sie auch gegen-wärtig ganz unbewohnt sind ... die Fassiate des ganzen Gebäudes hat vor sich einen breiten ... Rasenplatz ... der zur Sommerzeit mit Orangerie geziert wird ... eine kleine künstliche Einsiedeley, nebst dem Garten und eine Grab-höhle des Einsiedlers ... Das Schloßgebäude rückwärts hat vor sich eine geeb-nete Anhöhe, unter welcher ein Bach, worin das Brunnhaus sich befindet, vorbey fließt ... jenseits dessen ein angenehmer Forst mit hoher Jagdbarkeit sich hinanzieht ... der Fasangarten hat einen unglaublich großen Umfang ... unfern von dem Eingang ist das Haus des Fasanjägers ... in einer etwas tiefer liegenden Ebene ist ein englischer Garten angelegt ... gegen die Mitte ... ein Fischerhäuschen ... davor ein künstlich angelegter kleiner, mit Steinen einge-faßter Teich ... und ein Lustgebäude ... gehört noch ein sehr großer ... mit Mauern eingefangener Küchengarten ... nebst einem Treibhause ... ein kleiner

159

Garten für die Baumzucht ... das Haus des Hofgärtners ... das ehemalige Meyerhaus mit der dazu gehörigen Stallung ... einige sehr lange Stallungen für Hofpferde ... rückwärts ist die schönste und freyeste Aussicht nach der Wildbahn ... und den Weideplätzen des Gewildes, welches jedem Jagdliebhaber die angenehmste Unterhaltung verschaffen muß.«

Nach der Säkularisierung Salzburgs (1803) fiel Kleßheim an das österreichische Kaiserhaus. Seine Mitglieder benutzten es jedoch nur gelegentlich, bis Erzherzog Ludwig Viktor sich hier ständig niederlassen mußte. Der vom Kaiser angeordnete Zwangsaufenthalt in Salzburg sollte bis zum Lebensende Ludwig Viktors dauern. Im Sommer 1906 beauftragte Franz Joseph eine nach Salzburg reisende Dame der Gesellschaft, doch beim Erzherzog nachzufragen, ob er mit allem versorgt sei und einen besonderen Wunsch hätte. Er habe keinen anderen Wunsch als die Rückkehr nach Wien, meinte Ludwig Viktor. Der Kaiser erfüllte die Bitte seines Bruders jedoch nicht.

Als Erzherzog Ludwig Viktor am 18. Januar 1919, im Alter von 77 Jahren und in geistiger Umnachtung starb, hinterließ er seinen ganzen reichen Besitz zu gleichen Teilen seinem Großneffen Karl (als Kaiser Karl I.), dessen Bruder Maximilian und deren Mutter Maria Josefa. Die Erben verkauften den Besitz an das Land Salzburg. Die gesamte Schloßeinrichtung jedoch erwarb eine spanische Gesellschaft en bloc und versteigerte sie im Wiener Dorotheum. Die Kataloge umfaßten 7 Bände.

1925–1927 betrieb die weltberühmte Tänzerin Isadora Duncan auf Kleßheim ihre Schule für Rhythmik und Gymnastik. Sie selbst kam auf tragische Weise bei einem Unfall vor dem Schloß ums Leben, als sich ihr langer Schal in den Speichen ihres Autos verfing.

Nach dem Anschluß Österreichs an das Deutsche Reich wurde 1938 in Kleßheim eine Reichsführerinnenschule der NSDAP eingerichtet. Doch wenig später bestimmte man das Schloß zum »Gästehaus des Führers«, vor allem wegen der verkehrstechnisch günstigen Lage zu Hitlers »Berghof« am Obersalzberg bei Berchtesgaden. Am 1. März 1942 beendete man die dafür notwendigen Bauarbeiten. Der italienische Diktator Benito Mussolini, der ungarische Reichsverweser Horthy, König Boris von Bulgarien u. v. a. waren hier zu Gast. In Kleßheim erfuhr Hitler von der Invasion der Alliierten. Nach 1945 war Kleßheim Sitz der amerikanischen Militärverwaltung in Österreich. 1948 bekam das Land Salzburg das Schloß, 1955 auch den Park zurück.

Derzeit dient Kleßheim dem Land Salzburg als offizielles Gästehaus zur Unterbringung von Staatsbesuchen. Im Park werden Golf und Tennis gespielt, das Kavaliershaus beherbergt eine Hotelfachschule, in den Wirtschaftsgebäuden ist eine Landwirtschaftsschule untergebracht. Die alte Zufahrt durch die »Kleßheimer Allee« wurde ein Opfer der Autobahn.

Salzburg Residenz

Salzburg – Residenz

Ferdinand IV., dem habsburgischen Großherzog von Toskana (1835–1908), war es nie vergönnt zu regieren, obwohl sein Vater, Großherzog Leopold II., zu seinen Gunsten 1859 abdankte. Diese Konzession an die revolutionären Kräfte des Risorgimento erwies sich als nutzlos, denn die Nationalversammlung beschloß kurz danach die Amtsenthebung der Habsburger in der Toskana.

Noch im Jahr 1859, vor dem Ausbruch des Unabhängigkeitskrieges, verließ Ferdinand (»Nando«) mit seiner Familie Florenz. Damit war die habsburgische Herrschaft in der Toskana, die 1737 mit dem Tod des letzten Medici und dem Regierungsantritt Franz Stephans von Lothringen (als Kaiser Franz I.) begonnen hatte, zu Ende. Die Toskana jedoch, wo man – wie überall auf der Apenninenhalbinsel – den Ideen von Liberalismus und Nationalismus huldigte, trat schon 1860 dem neugegründeten Königreich Italien bei.

Die Familie des Großherzogs reiste durch Oberitalien nach Brandeis (an der Elbe) und ließ sich schließlich über Einladung Kaiser Franz Josephs in Salzburg nieder. Die Stadt Salzburg litt damals noch stark an ihrem durch die Säkularisierung bedingten Abstieg von einer Haupt- und Residenzstadt zu einer einfachen Kreisstadt. Der Verlust der Eigenstaatlichkeit und der Residenzfunktion hatte das durch die erzbischöfliche Hofhaltung geförderte Kulturleben zum Erliegen gebracht, aber auch den Handel und das Gewerbe schwer geschädigt. Die Lebensverhältnisse gestalteten sich trist und armselig. Wiederholte Ansuchen der Stadtväter um die ständige Residenz eines Mitglieds des Herrscherhauses hatte Kaiser Franz II. (I.) stets abgelehnt. Mit Ferdinand IV. sollte nun verspätet der Wunsch nach einer ständigen Hofhaltung in Erfüllung gehen.

Ferdinand IV. mag das Schicksal seines Großvaters Ferdinand III. vor Augen gehabt haben, der in Salzburg Aufnahme fand, nachdem er vor den Truppen Napoleons aus Florenz geflohen war. Zwischen 1803 und 1805 regierte Ferdinand III. als der erste weltliche Herrscher des säkularisierten Erzbistums. Mit einem großen Hofstaat von über 650 Bediensteten brachte er neues Leben in die Stadt und erwarb sich während seiner kurzen Regierungszeit einen guten Ruf. Sein Image litt allerdings, als ruchbar wurde, daß er den alten, in der Silberkammer der Residenz verwahrten Bischofsschatz als sein persönliches Eigentum betrachtete und bei seiner neuerlichen Flucht mitnahm. »Il principe ladrone«, wie ihn die Salzburger nannten, transportierte den Schatz zunächst nach Würzburg und dann nach Florenz (heute im Museo degli Argenti), denn nach dem Wiener Kongreß konnte Ferdinand III. wieder in die Toskana zurückkehren.

Zwar vertrieb niemand Ferdinand IV. aus Salzburg – dafür war seine Stellung zu insignifikant –, der Wunsch, in die geliebte toskanische Heimat zurückzukehren, sollte sich aber auch nicht erfüllen. Das Haus Toskana war nicht begütert und lebte von der Gnade Kaiser Franz Josephs und der Apanage, die der habsburgische Familienfonds zur Verfügung stellte. Dies und die Tatsache, daß der Großherzog und seine Familie als sogenannte Sekundogenitur in der Erbfolge protokollarisch im Erzhaus an zweiter Stelle standen, machten die Heimkehrer, die im übrigen meist italienisch sprachen und sich auch als Italiener fühlten, bei ihren Verwandten wenig sympathisch. In Salzburg stellte man ihnen die ehemalige Winterresidenz der Salzburger Fürsterzbischöfe, einen uralten, weitläufigen und pompösen Gebäudekomplex im Zentrum der Stadt, zur Verfügung. Dort bewohnten sie den Westtrakt, der seither »Toskana-Trakt« genannt wird.

Ferdinand IV. hielt die Fiktion eines nur zeitweise von seinem Land abwesenden Monarchen mit allen Attributen eines Herrschers und großem Prunk perfekt aufrecht. Erst im Jahr 1870 dankte er auf Ersuchen Kaiser Franz Josephs im Interesse der österreichisch-italienischen Beziehungen offiziell ab.

Bis dahin hatte der Großherzog einen riesigen, überwiegend aus Italienern bestehenden Hofstaat unterhalten. Er umfaßte den Obersthofmeister und zwei Dienstkämmerer, die Obersthofmeisterin und eine Hofdame nebst zahllosen livrierten Beamten, Dienern, Lakaien und Kutschern. Der Fürst selbst sprach nur schlecht Deutsch. Eine eigene Kanzlei besorgte die diplomatische Korrespondenz mit den führenden Herrscherhäusern Europas.

Ein Diner im Hause Toskana spielte sich nach den Erinnerungen Erzherzog Leopolds (später Leopold Wölfling), des ältesten Sohns Ferdinands IV., folgendermaßen ab:

»Der Hofstaat, die Kinder mit ihren Erziehern versammelten sich in einem großen Salon, der mit dem Bilde meines Urgroßvaters [Ferdinand III.] geschmückt war. Punkt fünf Uhr öffnete einer der Leibjäger die Flügeltüren und die Eltern traten herein, meist mit dem jüngsten der Kinder an der Hand. Das Zeremoniell erforderte, daß die Kinder ihnen entgegentraten und ihnen die Hand küßten. Inzwischen hatte sich der Hofstaat und eventuelle Gäste ihrem Range nach, die Damen voran, in langer Reihe aufgestellt. Die Eltern begrüßten alle kurz, dann kam der diensttuende Saaltürhüter und meldete, daß serviert sei. Andere Flügeltüren öffneten sich und genau in der Reihenfolge des Ranges ging man in den Speisesaal. Bei Tisch saßen die Eltern an der Längsseite nebeneinander, die Kinder, ihrem Alter nach abgestuft rechts und links,

Thronsaal in der Residenz

dann der Hofstaat. Den Eltern gegenüber der Obersthofmeister oder in dessen Abwesenheit der diensttuende Dienstkämmerer … nach dem Diner wurde Circle gehalten.«

Daneben gab es formelle Diners, bei denen die Dienerschaft in roten Eskarpins und die Offiziale in schwarzer Uniform mit Degen und Zweispitz zu erscheinen hatten.

Die Salzburger Gesellschaft spielte begeistert mit und unterwarf sich willig dem Hofzeremoniell. Sie umfaßte allerdings nicht mehr wie früher eine aristokratisch-geistlich dominierte Oberschicht, sondern setzte sich hauptsächlich aus subalternen Beamten mit stark provinziellem Anstrich, zusammen.

In den prunkvollen Sälen der Residenz fanden zahlreiche Bälle statt. Die dabei getragenen, größtenteils antiquierten Uniformen sowie die altmodischen Toiletten der Damen kommentierte der Sohn des Erzherzogs mit ›ein Unbefangener hätte sich auf einen Makenball versetzt geglaubt‹.«

Für dieses skurrile Treiben boten die Räumlichkeiten des einstigen Palastes der Salzburger Erzbischöfe in der Altstadt von Salzburg den idealen Rahmen. Die Geschichte der Residenz geht in das 12. Jahrhundert zurück, jene Zeit also, in der die Erzbischöfe noch als echte Burgherren, beherrschend und unnahbar, über Salzburg thronten. Mit dem Bau des »alten Hofes« sollte unter Konrad I. jene allmähliche Verlagerung der Interessensphäre in die Stadt be-

164

ginnen, die mit der Errichtung und dem kontinuierlichen Umbau eines Residenz-Palastes für Wohn- und Repräsentationszwecke seinen Höhepunkt fand. Zeitweise entstand der Eindruck, als erdrücke die Stadt den Komplex geistlicher Herrschaft. 1553 bildete die alte Residenz ungefähr ein Quadrat, das sich nordwestlich an den Dom anschloß. Die westliche Grenze bildete das Käßgäßchen, das vom Marktplatz zur Franziskanerkirche führte. Um 1588 ließ Erzbischof Wolf Dietrich das alte Gemäuer »In Grunt niderlegen« und den Komplex um Dom und Franziskanerkirche unter Verlegung der Hauptfront an die Ostseite mit hohen Kosten neu bauen. Erst 1619 konnten die Arbeiten abgeschlossen werden – eine der repräsentativsten Stadt-Residenzen war entstanden. 1710 gab Fürsterzbischof Anton von Harrach der dem Residenzplatz zugekehrten Hauptfront durch Stuckelemente und Neugestaltung des Portals ein zeitentsprechendes Aussehen. Hieronymus Colloredo führte 1788–1792 eine Erweiterung des Nordwesttrakts durch.

Aus dem Jahre 1792 hat sich eine Beschreibung der »Gestalt des Residenzgebäudes« erhalten (Auszug):

»Das Hauptthor dieses Gebäudes gegen den Hof- oder Hauptplatz, und in der Mitte der Facciate führt zwischen einer Wache von zwei Grenadiers von dem hochfürstlichen Militär, und zwei aufgepflanzten Kanonen in den ersten viereckigen Raum des Gebäudes ... zur rechten Seite ... führt eine schmale Stiege in die geheime Kanzley und das geheime Archiv ... zur linken Seite führt eine andere schmahle Stiege in die hochfürstliche Garderobe, die Thuernitz oder den Speisesaal der Offiziere, und in die Hofküche ... Der Hauptaufgang ist rückwärts im Hofe zur linken Hand unter dem sogenannten Marcus-Sitticus-Sahle über eine sehr breite und bequeme, marmorne Stufentreppe ... in die fürstlichen Wohnungen. Man kommt durch eine hohe Flügelthüre in den sogenannten Carabinierssahl ... im Jahr 1690 in gegenwärtigen Zustand gebracht ... vier sehr hohen Thüren ... vierte führet in den Rittersahl ... die Decke ist mit Freskogemälden ... der Rittersahl nimmt den größten Theil des dritten Geschosses der Vorderseite des Gebäudes ein ... drei Thüren ... die dritte in das sogenannte Rathzimmer. Hier versammeln sich die hochfürstlichen Raethe zur Cortege und im Winter werden hier die Hofconcerte zur Zeit der woechentlichen Assembleen gehalten, wobbey der regierende Fürst selbst, als sehr feiner Musikkenner auf der Violine spielt ... gegen den Marktplatz ... eigentlichen Wohnzimmer des Fürsten: das erste, wohin man unmittelbar aus dem Audienzsahle kommt, ist das fürstliche Arbeitszimmer ... Thür links in das ... Schlaf- und eine andere in das Bibliotheksgemach ... Schlafgemach ... mit rotem Damast ... ein horizontales Barometer befindet sich unmittelbar über dem Bett des Fürsten ... Thüren ... eine führt in die Kapelle ... dritte in eine schmahle Galerie, welche mit Gemählden verschiedener Güte geziert ist ... führt in den prächtig meublirten Gesellschaftssahl... Dieser macht die zweyte Abtheilung des Quergebäudes gegen den

Audienzsaal in der Residenz

Marktplatz aus. Seitenthüre … Marcus-Sitticus-Sahl … diesen Sahl, den kein Kenner ohne große Zufriedenheit verlassen wird …«

Ferdinand IV. hat die Residenz in nur wenig verändertem Zustand vorgefunden und bewohnt. Da auch in der Folgezeit ambitionierte und finanzkräftige Bauherren fehlten, blieb der Residenz eine historistische Adaptierung erspart und der Status quo der Barockzeit weitgehend erhalten. Beim Betreten des Haupthofes der Residenz fällt heute die Strukturierung der Westwand mit einer großen Pilasterordnung und hohen Arkaden auf. Auch der größte Saal des Palazzo, der um 1600 von Wolf Dietrich für Theateraufführungen errichtete Carabinieri-Saal, ist erhalten. Die originale Möblierung der Säle ist zwar bis auf wenige Öfen verschwunden, Leihgaben des Landes und Bundes vermitteln jedoch einen guten Eindruck vom einstigen Prunk der Erzbischöfe. Im Rittersaal mit der prächtigen Stuckarbeit von Albert Camesina und den Deckengemälden des Johann Rottmayr finden heute Kammerkonzerte statt. Im einstigen Arbeitszimmer der Erzbischöfe übernachtete Kaiser Franz Joseph bei seinen gelegentlichen Aufenthalten und ließ sich ein schlichtes Eisenbett aufstellen. Der Fest- und Gesellschaftssaal weist noch die originale Wandbespannung des 18. Jahrhunderts auf. Der schmale Sintflutsaal bietet heute wie einst einen wunderbaren Blick in den Chor der Franziskanerkirche. Im Markus-Sitticus-Saal fand am 1. Mai 1816 die feierliche Übergabe Salzburgs an Österreich statt. Im dritten Stock befindet sich nun als Nachfolgerin der einstigen »Schönen Galerie« sowie der Porträtgalerie der Erzbischöfe die Residenzgalerie.

Ferdinand IV. wohnte bis an sein Lebensende in Salzburg. 1868 hatte der seit langem verwitwete Großherzog ein zweites Mal geheiratet. Von den neun Kindern dieser Ehe, die im erzbischöflichen Palast aufwuchsen, sollten zwei für Aufruhr und Skandal im Haus Habsburg sorgen.

Leopold Ferdinand Salvator (1868–1935), der älteste Sohn, erhielt eine gediegene Erziehung, verlebte eine anscheinend glückliche Kindheit und schlug, seinen Neigungen entsprechend, die Karriere eines Marineoffiziers ein. Aus der Bahn geworfen dürfte ihn das Verbot des Kaisers haben, mit Elvira von Bourbon, Leopolds Jugendliebe, eine Ehe einzugehen (Franz Joseph führte dafür politische Gründe an). Danach verkehrte er vorzugsweise im Prostituiertenmilieu. Es kam zum Skandal, als Leopold eine als Matrose verkleidete Geliebte auf das Schiff des Thronfolgers Franz Ferdinand schmuggelte. Als der Erzherzog darauf bestand, eine ehemalige Prostituierte zu heiraten, wurde er auf kaiserlichen Befehl in eine Nervenheilstätte eingewiesen. Leopold löste das kompromittierende Verhältnis. Seine Hoffnung auf Rehabilitierung und Fortsetzung der Militärkarriere erfüllte sich jedoch nicht. Franz Joseph verzieh und vergaß nichts.

Leopold trat daher 1902 aus dem Erzhaus aus, nahm den Namen Leopold Wölfling an und heiratete seine Freundin Wilhelmine Adamovič. Diese Ehe wurde 1907 geschieden, Wölfling heiratete abermals eine Prostituierte. In Publikationen wie »Habsburger unter sich« und »From Archduke to Grocer« schilderte er seine Lebensumstände. In der Nachkriegszeit stand der ehemalige Erzherzog vor dem Nichts. Mit einem Gemischtwarenladen in einem Wiener Gemeindebau machte er bankrott. 1935 starb er, völlig verarmt und von seiner Familie isoliert, in Berlin.

Auch das Schicksal von Leopolds Schwester, der Erzherzogin Luise Antoinette (1870–1947), verlief nicht in den üblichen Bahnen. Sie war in unglücklicher Ehe mit dem Kronprinzen von Sachsen, Friedrich August, verheiratet. 1902 verließ sie, trotz neuerlicher Schwangerschaft, ihren Gatten und die fünf Kinder. Mit Unterstützung ihres Bruders Leopold flüchtete sie mit dem Sprachlehrer André Gidon in die Schweiz. Diese Verbindung löste sich bald auf, und Luise wandte sich dem Komponisten Enrico Toselli zu. Mit ihm ging sie eine Ehe ein, diese hielt jedoch nur fünf Jahre. Schließlich landete sie in Belgien, wo sie in großer Armut lebte und starb.

Der prachtvolle Fürstensitz der Salzburger Residenz dient heute festlichen Veranstaltungen, steht Besuchern im Rahmen von Führungen zur Verfügung und beherbergt die Residenzgalerie mit Werken der Malerei und Plastik vorwiegend österreichischer Provenienz.

Schloßhof

SCHLOSSHOF

HABSBURGER IM MARCHFELD

Es war ein rauschendes, drei Tage während Fest, das der Gesellschafts-löwe und Lebemann, Prinz Joseph von Sachsen-Hildburghausen (1702–1787) vom 23. bis 26. September 1754 auf seinem Marchfelder Besitz Schloßhof für das kaiserliche Paar Maria Theresia und ihren Gatten, Franz Stephan von Lothringen, gab. Im allgemeinen wird es als das letzte große Barockfest Österreichs bezeichnet.

Am ersten Tag führte man die Oper »Le Cinesi« des seit 1752 als Hofkapell-meister in Wien wirkenden Christoph Willibald Gluck mit dem Libretto des Pietro Metastasio auf. Die neuartige, sensationell wirkende Dekoration begeisterte die Anwesenden. Ein Augenzeuge faßte den allgemeinen Eindruck zusammen:

»… was den größten Glanz gab, waren prismatische gläserne Stäbe, die in böhmischen Glashütten geschliffen worden waren … es ist unbeschreiblich, welchen prächtigen … Anblick diese von unzähligen Lichtern erleuchteten Prismen … hervorbrachten … gleich Brillanten vom reinsten Wasser … und die stärkste Einbildungskraft wird hinter diesem Zauber zurückbleiben müssen …«

Für den nächsten Tag war in der Nähe des Schlosses, an der March, eine Tribüne errichtet worden, vor der sich ein skurriles Wasserballett mit verkleideten dressierten Tieren als unfreiwilligen Akteuren zu Orchesterbegleitung abspielen sollte. Das gut informierte »Wiener Diarium« wußte davon zu berichten:

»Mitten aus dem Wasser, vor der Brücke ragten in zweyen Reihen sechs Felsengipfel hervor. Auf diesen zeigten sich zwey grosse Uhu als Arlequins, zwey Bären als Pollicinellen und zwey Geißböcke als Pantalons mit zweyen Füchsen als Hanswursten und zweyen Wölfen als Dottoren gekleidet, welches um so mehr ein sehr artiges und lustiges Ansehen machte, weil diese Thiere sich immer bewegten, und um loß zu werden, allerhand närrische Posituren vorstelleten, sonderheitlichen die Bären die wunderliche Gestus mit ihren schönen Gesang immerhin begleiteten …«

Zum Abschluß des Spektakels trieb ein als Inselparadies dekoriertes Floß zur Ehrentribüne.

An den Bäumen dieses Garten Eden hingen gefrorene Früchte, und die Gäste wurden eingeladen, sich zu bedienen. Am dritten Tag sollte in den damals überaus wildreichen Marchauen eine große Treibjagd auf Rotwild als klug kalkulierter Höhepunkt des Festes stattfinden. Jenseits der March errichtete man auf einem Hügel ein »Hohes Jagdzeug«, das 800 Stück Wild einschloß. An der March selbst baute man Pavillons für die Zuschauer und Schießstände für die Jäger. Nach dem Mittagessen in Schloßhof wurden die Gäste in farbenprächtig geschmückten Schiffen über die March gebracht. Dann versuchten kostümierte Bauern die Tiere in das Wasser zu treiben. Die verschreckte riesige Herde wendete jedoch, durchbrach den Kordon und verletzte einige Treiber. Daraufhin ließ die Kaiserin die Treibjagd abbrechen, und man beschränkte sich darauf, Hasen, Füchse und Wildschweine zu schießen. Am 26. September wurde ein Bacchantenzug veranstaltet, bei dem mehrere von Ochsen gezogene prächtige Wagen mit Satyren, Nymphen und Bacchanten in den Hof des Schlosses einzogen. Das Kaiserpaar sah dem Treiben von einem Fenster des Schlosses aus zu. Zur Freude der Anwesenden wurden die auf dem mitgeführten »Victualienwagen« geladenen köstlichen Speisen und Weine an die Zuschauer und Akteure verteilt.

Die Lustbarkeiten zeitigten den vom Besitzer von Schloßhof erhofften Erfolg – Franz Stephan gefiel alles ganz außerordentlich, und Maria Theresia kaufte die Herrschaften Schloßhof und Niederweiden um 400 000 Gulden und machte sie dem jagdbegeisterten Gatten zum Geschenk, wobei im Kaufbrief am Schluß vermerkt wird, daß er mit dem Besitz viel Freude haben möge.

Damit endete für den kaiserlichen Feldzeugmeister und Prinzen von Sachsen-Hildburghausen eine Episode seines Lebens, die großes Aufsehen erregt hatte.

Am 21. April 1736 war Prinz Eugen von Savoyen, der größte Feldherr Österreichs, gestorben. Da er kein Testament hinterließ, fiel sein gesamtes riesiges Vermögen, darunter die kostbare Bibliothek, die einzigartige Kollektion an Antiken und eine große Gemäldesammlung sowie die Herrschaft Schloßhof an seine einzige überlebende Verwandte, Prinzessin Anna Viktoria von Savoyen-Carignan, die Tochter seines Bruders. Die wenig kunstsinnige Viktoria hatte keinerlei Interesse an den kostbaren Sammlungen des Onkels. Da sie sofort begann, alles wahllos zu verschleudern, erntete sie heftige Kritik.

Als sie aber am 17. April 1738 in der Kapelle von Schloßhof den um fast 20 Jahre jüngeren, gut aussehenden und amüsanten Prinzen von Sachsen-Hildburghausen heiratete und bekannt wurde, daß dieser sich schon vor der Hochzeit öffentlich über sie lustig gemacht hatte, wurde sie zur Zielscheibe des allgemeinen Spotts. Im Heiratskontrakt hatte Viktoria ihrem Gatten 300 000 Gulden sowie die Herrschaft Schloßhof überschreiben lassen. Auf Grund der Eskapaden des Prinzen wurde die Ehe sehr unglücklich, und 1744 erhielt Prinzessin Viktoria nach langem Bemühen von Kaiserin Maria Theresia die Erlaubnis zur Scheidung. Verbittert kehrte Viktoria nach Turin zurück, und Schloßhof verblieb im Besitz des Prinzen, der als Günstling des Kaiserhofes unbeschwert (obwohl er sich im Siebenjährigen Krieg als Feldmarschall versuchte und bei Roßbach eine vernichtende Niederlage erlitt) ein sehr hohes Alter erreichte.

Das Schloß an der March war das geliebte »Tusculum rurale« des 62jährigen Türkenbezwingers Prinz Eugen von Savoyen gewesen. Mit dem geschulten Blick des Strategen hatte Prinz Eugen die einzigartige Lage der alten Feste Hof erkannt: Der schmucklose Bau lag – ruinös und von Wall und Graben umgeben – auf einer Bodenwelle, von der mit Weingärten bedeckte Terrassen zur March hin abfielen. Auch die weite schöne Aussicht nach dem Osten, wo er so erfolgreich gekämpft hatte, mag dem Feldherrn gefallen haben.

Schloßhof war ursprünglich als ein vierflügeliges, quadratisches Kastell von den Herren von Prankh, einem steirischen Geschlecht, im 16. Jahrhundert erbaut worden. Die äußerst wehrhafte Anlage besaß zinnenbekrönte Basteien sowie Waldgräben. Zu Beginn des 18. Jahrhunderts, als das Marchfeld von den Kuruzzen heimgesucht und verwüstet wurde, blieben auch die Feste Hof und Umgebung nicht verschont.

In diesem Zustand erwarb Prinz Eugen 1725 den Besitz »mit merklicher Überzahlung« von dem Obersthoffalkenmeister Graf St. Julien und kaufte zur Arrondierung auch gleich das in der Nähe gelegene kleine Schlößchen Niederweiden samt der Herrschaft Engelhartstetten. Damit besaß der Prinz als leidenschaftlicher Jäger eine »Jagdbarkeit« – und den größten Grundbesitz im Marchfeld.

Die herrliche Lage von Schloßhof veranlaßte den genialen Architekten des Prinzen, Johann Lukas von Hildebrandt (1668–1745), zu Visionen, die er bereits 1726 in einer »Mappa der Hochfürstlich Printz Eugenischen Herrschaften Hof an der March …«, einem ausgewogenen Planwerk, vorstellte: durch zwei in Pavillons auslaufende Flügelbauten vor der Westfront wird ein Ehrenhof formiert. Der alte Innenhof mit Arkaden bleibt weitgehend unverändert, nur im Obergeschoß werden Fenster die Arkaden ersetzen. Die Schloßterrasse ist weit vorgezogen. Ein Neptunsbrunnen bildet die optische Überleitung zu den ausgedehnten Stallungen. Die architektonische Sensation bei dem Ausbau von Schloßhof ist jedoch die harmonische Integration der alten Befestigungswerke in die Gesamtanlage.

Der anstelle bestehender Weingärten geschaffene Park wird ein wahres Wunderwerk der Gartenarchitektur. Er verfügt über ein eigenes, Fontänen und Kaskaden speisendes Wasserwerk, und der Prinz meint bescheiden, »daß dieser herrliche Garten mit den vielen exotischen Pflanzen nicht so viel meiner Erquickung in müßigen Stunden, als in teueren Zeiten der Versorgung vieler tausender Menschen diene«.

Immerhin sind an die 30 Arbeiter, meist Veteranen der Feldzüge des Prinzen, beschäftigt, diese Pracht aufrechtzuerhalten.

1729 ist das Schloß im wesentlichen fertiggestellt, und der erste Augenzeugenbericht vermerkt pessimistisch, daß »... der Prinz um 100 000 Gulden nicht ausbauen werde, was er angefangen habe ...«

In sein »Tusculum rurale« lud Prinz Eugen hauptsächlich zur Jagd. Im vorgerückten Alter zog er allerdings die Bequemlichkeiten des Stadtlebens vor. Seine Besuche wurden seltener, bis schließlich im Oktober 1733, aus Anlaß seines 70. Geburtstages, die letzte Jagdgesellschaft stattfand, an der er noch teilnehmen konnte.

Von der ursprünglichen Ausstattung Schloßhofs blieb außer einigen Stuckdecken und Kaminen kaum etwas bestehen. Nur die in der Südostecke gelegene Kapelle, die in ihrer Anlage auf die Grafen von St. Julien zurückgeht, hat sich als barockes Juwel bis heute erhalten.

Unter den neuen, kaiserlichen Besitzern blieb Schloßhof lange Zeit unverändert. Die ganze Pracht des Schlosses mit seinen herrlichen Barockgärten ist auf den beiden 1759 im Auftrag der Kaiserin Maria Theresia entstandenen Gemälden Canalettos zu ersehen. Bis zum Tod des Kaisers im August 1765 wurden in Schloßhof immer wieder kleine »Embellissements« durchgeführt. Von der Bautätigkeit des Hofarchitekten Nicolo Pacassi ist allerdings fast nichts archivalisch belegbar, obwohl anzunehmen ist, daß er Veränderungen in größerem Umfang durchgeführt hat.

Maria Theresia wählte Schloßhof als Witwensitz, wo sie in einem der einfachen, mit schlichten grauen Tapeten versehenen Fremdenzimmer wohnte. 1766 wurde Schloßhof allerdings wieder der Schauplatz eines Festes, als Marie Christine, die Lieblingstochter der Kaiserin, Herzog Albert von Sachsen-Teschen heiratete. Eine Gedenkinschrift in der Kapelle erinnert noch heute daran. Schloßhof stand dem jungen, als Statthalter von Ungarn in Preßburg residierenden Herzog und seiner Gemahlin stets zur Verfügung. Später sollte – nach den Plänen der Kaiserin – der Besitz ihrem jüngsten Sohn, Erzherzog Maximilian Franz, gehören, der im Amt des ungarischen Statthalters nachfolgen sollte. Dazu kam es aber nicht. Maximilian ergriff den geistlichen Stand und verließ Österreich.

Schloß und Park waren 1773 nahezu vier Jahrzehnte unangetastet geblieben, bis unter der Leitung von Oberhofarchitekt Franz Anton Hillebrandt eine rege Bautätigkeit einsetzte, die das Aussehen von Schloßhof grundsätzlich änderte. Mit der Aufstockung des ganzen Gebäudes, der Neugestaltung der Hauptstiege, der künstlerischen Ausgestaltung des Festsaales sowie der völligen Neuadaptierung sämtlicher Räume stellte diese Aktion einen schwerwiegenden Eingriff in das Konzept des Lukas von Hildebrandt dar.

Die Fassaden des Ehrenhofes wurden überarbeitet, während an den Eckpavillons und Seitenfronten eine Gliederung durch Lisenen und an den Seitenfronten eine durch Pilaster erfolgte. Damals wurden sämtliche Möbel neu angefer-

Ansicht von Schloßhof, Aquarell von J. Ziegler, Ende 18. Jahrhundert

tigt, wobei der Architekt als Novum selbst die Boiserien und die Möblierung entwarf. Er schuf damit eine stilistische Einheit von Bau und Interieur, wie sie in keinem anderen kaiserlichen Schloß anzutreffen war. Bemerkenswert ist, daß auf Grund der Reorganisation des Hofbauwesens keine ausländischen, sondern einheimische Kunsthandwerker beschäftigt wurden. Diese Maßnahmen wurden jedoch schon 1778 zunichte gemacht, als auf Initiative Josephs II. das Hofbauamt zur Reduzierung der Ausgaben bei den kaiserlichen Domänen angehalten wurde. Das kostenintensive Schloßhof litt darunter besonders. Im 19. Jahrhundert verlor Schloßhof, das dem Kaiserhof nur mehr als Zwischenstation auf den Reisen nach Preßburg diente, an Bedeutung und verfiel. 1835 wird der Zustand und die Innenausstattung beschrieben. Damals befanden sich im Erdgeschoß noch Küche, Zuckerbäckerei, Speise- und Silberkammer sowie die Wohnungen von Schloßkaplan, Lehrer und Dienstleuten. Der Gartensalon – die Sala terrena – stand noch in Verwendung. Im ehemaligen Schlafzimmer des Prinzen Eugen war sein Bett zu sehen. Im Ostflügel fielen die Zimmer mit chinesischen Papiertapeten auf. Der Hauptsaal bestach durch schöne Stuckaturen. Die anschließenden Zimmer enthielten zahlreiche Familiengemälde der Herrscherfamilie. Diese Ausstattung bestand mehr oder weniger unverändert bis zum Ende des Jahrhunderts.
1891 wird von Schloßhof noch berichtet: »… lange Reihe von Wohnräumen

mit großgeblümten Stofftapeten und drapierten Himmelbetten bis zu den Ofenschirmen und Tintenfässern … bis auf den reizvollen Schlafraum des Prinzen Eugen zeigen jedoch alle den einfachen Charakter, den man einem temporären Aufenthaltsort zu geben pflegt …«

1898 jedoch brach das Unglück über Schloßhof herein. Es sollte zur Nutzung an das Militär übergeben werden, das ein Reit- und Fahrinstitut einrichten wollte. Vor der Übergabe wurde Schloßhof total geräumt, ja devastiert. Alles, was nur irgendeinen Wert zu haben schien, wurde entfernt. Um 9000 Gulden verkaufte man alle entfernbaren Spiegel, Kamine, Öfen, Wandbespannungen, Türen samt Supraporten, Beleuchtungskörper, Bilder und Möbel gegen die Auflage der Bereitstellung irgendwelcher Ersatzstücke. Das genaue Inventar ist noch erhalten. Die Schloßhauptmannschaft von Schönbrunn organisierte den Abtransport per Bahn, der einen Monat dauerte und wegen Kälteeinbruchs unterbrochen werden mußte. Nachdem man Türen entfernt, Balkongitter abmontiert und selbst die Parkettböden samt den Polsterhölzern herausgebrochen hatte, bot sich dem einziehenden Militär ein Bild der Verwüstung, das schon von den Zeitgenossen lebhaft beklagt wurde. 1920 fanden in Schloßhof Reit- und Fahrausbildungskurse des österreichischen Bundesheeres statt. 1938 kam Schloßhof an die Deutsche Wehrmacht und sollte – man hatte wohl die prächtigen Bilder Canalettos vor Augen – wieder in seinen ursprünglichen Zustand versetzt werden. Mit den Gartenanlagen machte man den Anfang, als der Ausbruch des Zweiten Weltkriegs diese Pläne zunichte machte.

Die Besatzungszeit von 1945 bis 1955 brachte neue Verwüstungen. Als die Russen das Marchfeld verließen, versuchte das Bundesdenkmalamt sofort, den schlimmsten Beschädigungen Einhalt zu gebieten. Erst die Projektierung der großen Prinz-Eugen-Ausstellung im Jahre 1986 brachte eine umfassende Renovierung. Das Schloß selbst erhielt wieder die gelb-weiße Färbelung, die es zur Zeit des Lukas von Hildebrandt ursprünglich gehabt hatte. Die Wiederherstellung des Gartens mußte damals aus Kostengründen gänzlich unterbleiben, wird aber nun allmählich vorangetrieben.

Schloßhof wird derzeit für Ausstellungen genutzt.

Schönau a. d. Triesting

Schönau an der Triesting

Vom Prunkschloss zum Landhaus

Erzherzog Otto (1865–1906) war ein Lebemann, dessen Skandalgeschichten das Kaiserhaus in Atem hielten. Um den »Schönen Otto«, den jüngeren Bruder des Thronfolgers Franz Ferdinand und Vater des letzten österreichischen Kaisers Karl, rankt sich eine ganze Reihe gut bezeugter Anekdoten. Einmal zeigte er sich nur mit einem Säbel bekleidet in den nächtlichen Korridoren des Hotels Sacher. Ein anderes Mal versuchte er in volltrunkenem Zustand mit einer Anzahl von Saufkumpanen in das Schlafzimmer seiner Frau einzudringen, um ihnen, wie er meinte, eine Nonne zu zeigen. Bei einem Gelage warf er die Bilder des Kaiserpaares aus dem Fenster. Ob allerdings eine skandalöse Episode aus dem Jahr 1886 auf das Kerbholz von Erzherzog Otto geht, ist nicht ganz sicher. Manche Quellen nennen auch den älteren Bruder Franz Ferdinand. Sehr wahrscheinlich ist dies nicht, da Otto bei weitem der schneidigere Reiter war und die Eskapade seinem Sinn für makabren Humor entsprach. Es ist daher anzunehmen, daß sehr wohl er es war, der auf dem Land einen Trauerzug aufhalten ließ, um dann mit seinem Pferd elegant über den Sarg zu setzen.

Diese Missetat rief bei Kaiserin Elisabeth tiefes Entsetzen hervor, bestärkte sie in ihrer Abneigung gegen die meisten Mitglieder der Familie Habsburg und inspirierte sie zu einem strophenreichen Gedicht, das sinnreich endete:

> »Dann fliegt mit leichtem Satze
> Er, hopp! über den Sarg;
> Erbleichend bis zur Glatze
> Der Priester kreischt: Zu arg!«

Die Liste der Sünden des Erzherzogs ließe sich beliebig fortsetzen. Es ist daher erstaunlich, daß er, der sich weder für Politik noch für die Armee interessierte, auf seinem idyllischen niederösterreichischen Landsitz in Schönau an der Triesting ein vollkommen anderer Mensch war. Erzherzog Otto hatte den Besitz 1886 erworben, da er sich als passionierter Pferdeliebhaber und Besitzer eines großen Rennstalls in der Nähe des Kottingbrunner Rennplatzes ansiedeln wollte. Es war ihm dabei nicht bewußt, daß er das »Österreichische Elysium«, den ehemaligen Märchenpark des Barons Braun, gekauft hatte. Von der einstigen Pracht konnte man zu dieser Zeit nichts mehr sehen. Auch der Vorbesitzer Ottos, ein Engländer namens Paget, hatte in Schönau bloß Landwirtschaft betrieben.

Schönau, Stich von G. M. Vischer, 1672

1796 allerdings gehörte Schönau, wo damals noch ein altes Wasserschloß stand, Peter von Braun. Der Baron stammte aus einfachen bürgerlichen Verhältnissen und war durch gewagte Finanzspekulationen in kurzer Zeit zu enormem Reichtum gekommen. Er konnte daher seine kühnsten Pläne realisieren und sich eine phantastische, kulissenhaft gestaltete Zauberlandschaft, dem Geschmack der damaligen Zeit entsprechend, leisten. Die neuesten technischen Errungenschaften durften nicht fehlen, und so bekam Schönau – installiert von dem Franzosen Philipp de Girard – die erste Gasbeleuchtung Österreichs. So gab es eine »Insel der Liebe«, die nur mittels stark schwankender Kettenbrücke erreicht werden konnte. Der »Tempel der Eintracht«, das »Japanische Haus« und die Fischerhütte, komplett mit Bewohnern aus Wachs, hatten ebenfalls halsbrecherische Zugänge. In der »Eremitage« saß ein mechanischer Einsiedler, der nicken und grüßen konnte. Zahlreiche Grotten, Brunnen und Ruinen waren gefüllt mit künstlichen Figuren – und alle bewegten sich. Daneben gab es Labyrinthe, Wasserfälle und antike Badegrotten in großer Zahl. Im »Tempel der Nacht« schreckten Donner und Blitz die in Scharen herbeiströmenden Besucher – Baron Braun machte seinen zauberhaft illuminierten Besitz jeden Donnerstag der Allgemeinheit zugänglich.
Der durch Peter von Braun 1796–1817 angelegte Landschaftspark von Schönau war auch noch 100 Jahre später für seine Schönheit berühmt, und

Erzherzog Otto veränderte ihn nicht. Das bestehende schlichte dreigeschoßige Schloßgebäude (Kastell) mit vorgezogenem Mittelrisalit, zwei Seitenflügeln und einfacher Dachzone hingegen mißfiel dem Erzherzog. Kurz entschlossen ließ der neue Eigentümer zwei Drittel des Baubestandes entfernen, wobei auch der gesamte dritte Stock abgetragen wurde. Erzherzog Otto plante und gestaltete seinen Lieblingssitz vollkommen allein, ohne Zuziehung eines Architekten, wobei er seinen manchmal bizarren Ideen freien Lauf ließ. Oft griff er selbst zum Werkzeug und arbeitete mit. Die zahlreichen Neu-, Zu- und Umbauten veränderten das Gebäude so gravierend, daß von der früheren Ansicht nichts mehr erkennbar ist. Giebel, Erker, Lauben, Logen und vor allem eine kleinteilige Dachlandschaft bestimmen seither das in den Augen von Zeitgenossen zur »Hochparterre-Villa« degradierte ehemalige Schloß. Die Vorliebe des Bauherrn für Pferde ist überall sichtbar. So wurden die alten Wirtschaftsgebäude abgerissen, an ihre Stelle kam eine Springschule. Aus dem großen Viehstall schuf man Stallungen für Rennpferde. Das Gelände der Wagenremise diente als Reitschulplatz, davor baute man eine Zuschauertribüne.

Das Interieur der neuen Villa wurde nach der Fertigstellung so beschrieben: »Selbes enthält im Hochparterre bloß das Entree, den Speisesalon, das Rauch-, Bade- und Schlafzimmer, während im Souterrain die Küche mit den Diener-Localitäten untergebracht sind. Dieser launige Bau mit seinen hohen Giebeln, den vielen Erkern, Logen, Statuetten und verschieden großen Fenstern, gibt Zeugnis davon, daß der Erbauer das Unregelmäßige und Symmetrielose liebt. Regelmäßig ist nur, daß sich die Unregelmäßigkeit in allen bisherigen Schaffungen zeigt!«

Das Zentrum des Hauses bildete eine mit unzähligen Jagd- und Reisetrophäen ausgestattete hallenartige Sattelkammer (das Entree), die sich über zwei Geschoße erstreckte. Sein Arbeitszimmer konzipierte der Erzherzog mit einem herrlichen Parkblick. Für die elektrische Beleuchtung von Gebäuden und Gelände existierte ein eigenes kleines Kraftwerk. Nahe der Villa gab es ein Schwimmbecken mit Springbrunnen.

Erzherzog Otto, der von seiner Frau und den Kindern getrennt lebte, fühlte sich in seinem Schönauer Refugium sehr wohl. Hier besaß er, der nach habsburgischer Tradition ein Handwerk – das Drechseln – erlernt hatte, seine eigene Tischlerei. Gemeinsam mit seinem Kammerdiener fällte er Bäume und arbeitete in den Weingärten. Der Erzherzog war ein begabter Zeichner und konnte mit wenigen Strichen treffende Karikaturen anfertigen.

Besonders stolz war Otto jedoch auf seine Schönauer Obstkulturen, wo in großangelegten Spalieren die besten Sorten gezogen wurden. Allerdings war es dem Erzherzog nicht gegönnt, sich lange an seinem liebevoll gestalteten Landsitz zu erfreuen. Er erkrankte, offiziell an einem Kehlkopfleiden, tatsächlich aber an Syphilis, und starb, erst 41 Jahre alt, nach dem Verlust seiner Stimme im Haus seiner letzten Geliebten.

Ansicht des Schlosses, Stich von J. von Alt, Anfang 19. Jahrhundert

Die Erben, seine Witwe Maria Josefa und die beiden Söhne, hatten für Schönau kein Interesse und verkauften die Liegenschaft mit ca. 170 ha Grund und Boden sowie dem Park im Ausmaß von 30 ha an Erzherzogin Elisabeth, die Tochter des Kronprinzen Rudolf. Kaiser Franz Joseph gab seiner Lieblingsenkelin dafür insgesamt 2,7 Millionen Kronen.

Damit hatte Schönau eine Besitzerin, deren Exzentrizität und Skandale die des Erzherzogs Otto bei weitem in den Schatten stellten. Die auf ihren Wunsch erzwungene Ehe (Kaiser Franz Joseph hat Otto Fürst Windisch-Grätz befohlen, seine Enkelin zu heiraten) war bald vollkommen zerrüttet: man verkehrte nur mittels Rechtsbeistand. So zwang ein notarieller Vertrag Elisabeth, bis spätestens 1913 mit der Möblierung des Schlosses zu beginnen. Der Fürst hielt sich in Schönau einen Reitstall und reservierte sich einige Räume, bis er 1916 endgültig auszog. Zur Überwachung seiner Frau durch Spitzel arbeitete er ein genaues Spionagesystem aus. Elisabeth war ab 1916 grundbücherliche Alleinbesitzerin von Schönau und betrieb dort eine große Gärtnerei und eine Baumschule mit bis zu 100 Angestellten.

Jahrelang beherrschte das Ehepaar die Klatschspalten der Zeitungen, bis 1924 die Scheidung erfolgte. Schon davor hatte ein erbitterter Streit um die vier Kinder getobt. Zwei davon sprach der zuständige Badener Jugendrichter dem Vater zu. Als dieser nach Schönau kam, um die Kinder abzuholen, leisteten die Fürstin und ihr ältester Sohn Widerstand. Als auch alle weiteren Versuche scheiterten, erschien im März 1921 eine von 22 bewaffneten Gendarmen begleitete Gerichtskommission, um die zwangsweise Überstellung zu exekutieren. Die Kinder jedoch klammerten sich schreiend an ihre Mutter. Außerdem eilten die Arbeiter einer benachbarten Fabrik der »Genossin Windisch-Grätz« zu Hilfe, denn aus der ehemaligen Erzherzogin war eine überzeugte Sozialdemokratin geworden. Die Beamten mußten unverrichteter Dinge abziehen. Die Vorgänge machten nicht nur in der Presse Schlagzeilen, sondern hatten auch ein politisches Nachspiel.

Elisabeth arbeitete in der sozialdemokratischen Frauenbewegung, war in Schönau bei den Aufmärschen zum 1. Mai zu sehen und stellte ihr Schloß den Roten Falken zur Verfügung. Bei einer sozialdemokratischen Wählerversammlung in Schönau lernte die »rote Erzherzogin« den Hauptschullehrer und Schutzbundkommandanten von Mödling, Leopold Petznek, kennen. 1930 verkaufte sie ihren Schönauer Besitz und zog mit ihrem Lebensgefährten und späteren Ehegatten nach Wien.

Das Schloß Schönau jedoch hatte noch eine bewegte Zukunft vor sich. In der Ära der Nationalsozialisten wurden nacheinander eine Baukompanie, eine Luftwaffenkompanie und eine Funkberatungsstelle einquartiert. Die Rote Armee besetzte Schönau im April 1945, richtete anfangs im Schloß ein Lazarett ein und blieb bis 1953. 1961 verpachtete die Eigentümerin von Schönau (seit 1951 Baronin Demblin) das Gebäude einem Holländer, der hier von 1965 bis 1973 ein Lager für jüdische Auswanderer aus der Sowjetunion einrichtete.

Seit 1978 ist Schloß Schönau Trainingsbasis für die Antiterrorabteilung »Skorpion« des Innenministeriums.

Die kaiserliche Burg in Wels

WELS

D er Khaiser wardt schwach, ee wann er geen Wels khamb«, berichtete sein
Begleiter Siegmund von Herberstein, der neben der Sänfte einhergeritten
war, über den Gesundheitszustand Kaiser Maximilians I. (1459–1519). Als
dieser am 10. Dezember 1518 in der ärmlichen Burg von Wels eintraf, litt er
abwechselnd unter »geheimer Kälte« (Frostgefühl) und »Hitze« und begab
sich sofort zu Bett.

Wels wurde zur letzten Station im bewegten Leben dieses Kaisers, der nie eine
ständige Residenz besaß. Sein Hoflager bestand aus der Kanzlei, einem Stab
von Mitarbeitern und Räten, einer Menge Hofgesinde für Bedienung und Ver-
pflegung, aber auch einer Hofkapelle sowie Gelehrten und Künstlern, die Maximilian zeitweise begleiteten. So pendelte der Kaiser, begleitet von großem
Gefolge – auch in Wels zog er unter dem Spiel seiner Trompeter und Posauni-
sten ein –, in der Art der mittelalterlichen »Reisekönige« durch die Lande,
war dauernd unterwegs und regierte gleichsam vom »vom Pferde aus«.

Diesmal kam der Kaiser vom Generallandtag in Innsbruck, wo er sich wegen
seiner ruinösen Finanzpolitik bittere Vorwürfe hatte anhören müssen. Das
von Maximilian geschaffene Regiment (die mit der Regierung betraute Lan-
desstelle) hatte mit dem Rücktritt gedroht und ihn unverhohlen zur Regelung
seiner Nachfolge aufgefordert.

Als sich die Innsbrucker Wirte wegen der hohen, noch vom letzten Besuch
offenen Schulden weigerten, sein Gefolge aufzunehmen, verließ Maximilian
voll Zorn die Stadt. Seine schwere Erkrankung suchte er vor seiner Umgebung zu verheimlichen. Der Ärger und die Aufregungen verschlechterten den
Gesundheitszustand Maximilians, der infolge eines Beinleidens nicht mehr
reiten konnte und unter den Folgen eines Schlaganfalls litt.

Der Kaiser war sehr abergläubisch. Am 8. Juni 1518 sah er jene ringförmige
Sonnenfinsternis, die ihm nach den Prophezeiungen seines Leibarztes
Dr. Tannstetter aus dem Jahre 1512 das bevorstehende Ende ankündigen soll-
te. Aus diesem Grund hatte sich Maximilian als ständige Mahnung an die Ver-
gänglichkeit alles Irdischen schon 1514 seinen Holzsarg anfertigen lassen, den
er überallhin mitnahm (er sollte zur Aufbewahrung geheimer Akten und
Hauschroniken gute Dienste leisten) und der zu vielen Gerüchten Anlaß gab.
Nach dem abrupten Aufbruch in Innsbruck im Herbst 1518 reiste der von

Todesahnungen geplagte und von einer schweren Erkrankung der Verdauungsorgane gezeichnete Kaiser über Kufstein und Rosenheim nach Salzburg. Anschließend ging es in das Salzkammergut, wo er sich in Ischl Zeit für eine Badekur nahm. Sie brachte jedoch keine Linderung der Beschwerden.

In St. Wolfgang besprach er mit dem Abt ein letztes Mal sein Lieblingsprojekt – auf dem Falkenstein am Wolfgangsee hätte eine Ordensburg der St.-Georgs-Ritter mit einer Kirche zur Aufnahme des Grabdenkmals Maximilians entstehen sollen. Der Kaiser ahnte damals schon, daß dieser Plan, so wie die meisten anderen seiner Pläne, Utopie bleiben würde. Dananch führte die Reise des unermüdlich arbeitenden Kaisers nach Enns und Steyr, wo er überall noch Beratungen abhielt. Auch für das eigentliche Ziel, den Landtag in Linz, auf dem die ständigen räuberischen Einfälle der Böhmen behandelt werden sollten, traf er Vorbereitungen. Als sich der kaiserliche Konvoi Wels näherte, war jedoch an eine Weiterreise nicht mehr zu denken.

Die landesfürstliche Handelsstadt an der Traun, am Schnittpunkt wichtiger Verkehrswege gelegen, bot damals noch ein durchaus mittelalterliches Stadtbild. Mit ihren Mauern, Toren, vier Wehrtürmen und einem Stadtgraben (der heutigen Ringstraße) sah sie höchst wehrhaft aus. Zu den wichtigsten profanen Gebäuden von Wels zählten die Polheimerburg im Nordwesten und die kaiserliche Burg im Südosten.

Nach dem Tod seines Vaters im Jahre 1493 hatte Maximilian die wenig einladende kaiserliche Burg in Wels mehrmals für kurze Aufenthalte benutzt. Von dem einstigen schlichten, vierflügeligen, im Kern noch gotischen Bau mit dem späteren arkadengeschmückten Innenhof haben sich bis zum heutigen Tag nur zwei Trakte erhalten. An der Hofseite befinden sich noch ein spätgotischer Erker und Reste einer Rundbogengalerie. Im Inneren sind Steinportale vom Ende des 15. Jahrhunderts vorhanden. Zu Beginn des 16. Jahrhunderts befand sich die ansonsten von kaiserlichen Vögten verwaltete Burg samt der dazugehörigen Herrschaft als Pfand in den Händen der Herren von Polheim.

In der Burg zu Wels verschlechterte sich der Zustand des Kaisers nach vorübergehender Besserung in alarmierender Weise, so daß man eiligst mit Boten den Kartäusermönch und geschätzten Beichtvater des Kaisers, den Freiburger Gregor Reisch, holen ließ. Hastig wurden auch die kaiserlichen Leibärzte verständigt. Nacheinander trafen die medizinischen Kapazitäten Österreichs und des Reichs in Wels ein, konnten ihrem Patienten, dem sie Hausmittel gaben, jedoch nicht helfen. Der Kaiser litt unter schleichendem Wechselfieber, begleitet von krampfartigen Anfällen, die ihn sehr schwächten. Zusammen mit einer starken Gelbfärbung der Augen ließ dies auf Störungen von Galle und Leber schließen. Verstopfung alternierte mit Durchfall. Da eine genaue Beschreibung der auftretenden Symptome der Todeskrankheit des Kaisers vorliegt, haben Mediziner der Gegenwart die Erstellung einer Diagnose versucht und entweder Dickdarmgeschwüre oder Darmkrebs festgestellt.

Ansicht der Stadt Wels, Stich von M. Merian, um 1650

Trotz heftiger Schmerzen empfing Maximilian noch seine Ratgeber, führte lange Gespräche mit Geistlichen, ließ sich zur Messe tragen und aus der Geschichte seiner Vorfahren vorlesen.

Über seinen Zustand machte er sich keine Illusionen. So bat er den Hofkoch, der Urlaub zur Regelung von Familienangelegenheiten nehmen wollte, sich doch bis zu seinem, Maximilians, baldigen Tod zu gedulden.

In der vorletzten Nacht des Jahres 1518 diktierte Kaiser Maximilian in der Welser Burg sein Testament. Es war von der Sorge um die Zukunft seiner Enkel getragen und bestimmte Karl (als Kaiser Karl V.) und Ferdinand (als Kaiser Ferdinand I.) zu gemeinsamen Erben der habsburgischen Länder. Dann verfügte er die Gründung zahlreicher Spitäler, deren Pfründner für sein Seelenheil beten sollten. Schließlich wählte er die St.-Georgs-Kirche in der Burg zu Wiener Neustadt zu seiner vorläufigen Begräbnisstätte. Unter der linken Seite des Hochaltars wollte er beigesetzt werden, so daß der Priester bei der Lesung des Evangeliums über der Brust seines Leichnams zu stehen komme.

Mit größter Überwindung empfing Maximilian am 1. Januar 1519 noch ausländische Delegationen. Er erhob sich dafür vom Krankenbett, ließ sich die Haare waschen und rasieren. Auch aß er eine – als Krankenkost völlig ungeeignete – Suppe mit »Krauttascherln« und sah bei offenem Fenster in winterlicher Kälte dem Flug von Falken zu. Damit beschleunigte er wahrscheinlich sein Ende. Im Laufe der nächsten Tage fielen dem vom Tod gezeichneten Herrscher noch allerlei Zusätze zu seinem Testament ein – so sollten Regenten und Hofräte bis zur Ankunft des neuen Landesfürsten im Amt bleiben –, die später zu Fälschungen erklärt wurden und bei der Rebellion der Stände eine große Rolle spielten. Die große Politik beschäftigte den Kaiser bis zur letzten Stunde. Vor allem quälte ihn die Sorge, ob die Reichsfürsten angesichts des Machtzuwachses der Habsburger den Enkel Karl zum römischen König (aber de facto zum Kaiser) wählen würden. Ungeklärt blieb auch das Verhältnis, in dem die spanisch-burgundischen sowie die deutschen Erbländer zwischen den Enkeln aufgeteilt werden sollten. Schließlich quälten den Sterbenden noch der 1516 geschlossene enttäuschende Frieden in Italien und die Finanzkrise der österreichischen Länder. Positive Entwicklungen, wie die von Maximilian initiierte böhmisch-ungarische Erbfolge, waren damals noch nicht absehbar, und so dürfte der Kaiser am Ende seines Lebens ein eher tristes Resümee gezogen haben. Seine letzten Briefe richtete Maximilian an den Enkel Karl und die geliebte Tochter Margarete, die Statthalterin der Niederlande.

Am 6. Januar wurde publik, daß die Ärzte den Kaiser aufgegeben hatten. Endlich traf auch der ersehnte Beichtvater in Wels ein. Maximilian begrüßte ihn mit den Worten: »Du kommst eben zurecht, um mir in den Himmel zu helfen«, dann empfing er das Sakrament in beiderlei Gestalt. Am 11. Januar 1519 erhielt der Kaiser die letzte Ölung. Er befahl seinem Gefolge, eine Sterbekerze zu entzünden und mit ihm zu beten. Er untersagte jede förmliche Anrede und wünschte, mit seinem Vornamen angesprochen zu werden. In der Nacht zum 12. Januar verstarb der Kaiser.

Da er vor Gott als reuiger Sünder erscheinen wollte, hatte er ein grausiges Zeremoniell für seinen Leichnam angeordnet: nach dem Herausbrechen der Zähne sollte die Leiche gegeißelt werden.

Erst nach Maximilians Tod traf Kardinal Matthäus Lang, sein wichtigster Berater und Leiter der Außenpolitik, der »halbe Kaiser«, in Wels ein. Ob der Zeitpunkt Zufall oder berechnendes Kalkül war, blieb ungeklärt. Auf jeden Fall hielt Lang die Trauerrede und regelte die Begräbnisfeierlichkeiten. Auf die zweitägige öffentliche Zurschaustellung des Leichnams in der Burg von Wels folgte die feierliche Überführung in die Stadtpfarrkirche. Inzwischen stellte sich heraus, daß Maximilians Gefolge in der Burg unter dem Vorwand des Andenkensammelns geplündert hatte. Für das Begräbnis war kein Pfennig vorhanden, und Geld mußte geborgt werden.

Von Wels zog der Leichenzug unter Glockengeläute und von einer großen Menschenmenge begleitet nach Wien, sodann weiter nach Wiener Neustadt, wo der Kaiser seinem Wunsch gemäß beigesetzt wurde.

Das Sterbezimmer Kaiser Maximilians I. in der Burg zu Wels erhielt 1543 als Erinnerung und Huldigung eine von Sebastian Tombner angefertigte einfache hölzerne Tafel über dem Eingang. Sie bestand bis mindestens 1836, ist heute jedoch verschwunden. Ferdinand IV. schenkte 1653 Burg und Herrschaft Wels seinem Obersthofmeister Fürst Johann Auersperg. Während die Herrschaft bis 1848 in Familienbesitz blieb, wurde das Burggebäude selbst weiterverkauft.

Heute ist die Burg von Wels im Besitz der Stadtgemeinde und beherbergt das Burgenmuseum mit dem Sterbezimmer des Kaisers Maximilian I. sowie einer Abteilung über Handel und Handwerk.

Die Albertina

WIEN – ALBERTINA

EIN ZEUGNIS HABSBURGISCHER
SAMMELLEIDENSCHAFT

Mit ca. 40 000 Zeichnungen und weit über einer Million druckgraphischer Werke beherbergt die Wiener Albertina die größte und bedeutendste Graphiksammlung der Welt. Entstanden war sie durch die Sammeltätigkeit ihres Begründers, des Herzogs Albert von Sachsen-Teschen (1738–1822), und seiner kunstsinnigen Gattin Marie Christine, der Lieblingstochter Maria Theresias.

Im Grunde genommen war die Sammlung das erfreuliche Resultat einer Liebesheirat im Hause Habsburg, denn erst die enorme Mitgift von Marie Christine hatte die dafür notwendige finanzielle Basis geschaffen und damit die Ausweitung einer Liebhaberei zu einer Sammeltätigkeit größten Maßstabes ermöglicht. Die 600 000 Gulden in bar, dazu der überaus reiche Grundbesitz im Wert von vier Millionen Gulden waren die größte Ausstattung, die je eine habsburgische Prinzessin erhalten hatte. Dazu kam noch die Statthalterschaft in Ungarn, die Marie Christine gleichberechtigt mit Albert ausübte, und das von der Mutter fürsorglich adaptierte Schloß in Preßburg. In weiser Voraussicht hielt man die Höhe der Mitgift vor den Geschwistern der Braut geheim. Die von ihrer Mutter »Mimi« genannte Marie Christine (1742–1798) besaß große Intelligenz, ein gewinnendes, liebenswürdiges Wesen und ein auffallendes zeichnerisches Talent. 1776 wählte die Künstlerakademie S. Luca in Rom sie zum wirklichen Mitglied.

Als erklärte Lieblingstochter der Kaiserin Maria Theresia nahm Marie Christine innerhalb der Familie eine bevorzugte Stellung ein. So mußte sie (als einzige aus der großen Kinderschar) keine dynastische, die Interessen Österreichs und des Hauses Habsburg fördernde Ehe eingehen, sondern durfte ihrer Neigung entsprechend heiraten.

Die Wahl Marie Christines fiel auf Albert Kasimir, den vierten Sohn des Kurfürsten von Sachsen, der 1760 nach Wien gekommen war. Infolge der Kriegswirren bezog Albert kaum eigene Einkünfte, so daß »Mimis« Bräutigam fast mittellos war. Maria Theresia stellte mit der Verleihung des Herzogtums Teschen auch die Versorgung Alberts sicher, der durch seine Heirat schlagartig zum reichsten Grundbesitzer Europas wurde.

Trotz aller günstigen Voraussetzungen gestaltete sich das Leben des seit 1766 verheirateten Paares schwierig. Nach einer glücklichen Zeit als Statthalter von

Schlaf- und Sterbezimmer Erzherzog Karls, Aquarell von F. Heinrich, 1847

Ungarn traten sie 1780 die Statthalterschaft in den Österreichischen Niederlanden (Belgien) an. Die politische Situation wurde allerdings unhaltbar, nachdem Kaiser Joseph II. die niederländische Verfassung aufgehoben hatte, was
das Statthalterpaar zu bloßen Befehlsempfängern degradierte. Ein Aufstand
brach aus, und sie mußten fliehen, da die Bevölkerung ihnen die Hauptschuld
an den vom Kaiser erlassenen verfassungswidrigen Verordnungen gab.
Der Tod Josephs II. ermöglichte ihnen 1791 eine kurzfristige Rückkehr nach
Brüssel, bis der Einmarsch französischer Truppen und die Niederlage von Je-
mappes (1792) der österreichischen Herrschaft ein Ende bereitete. Damals
schlug ihnen Kaiser Franz II. (I.) vor, doch nach Wien zu kommen. Als
Wohnsitz bot er das alte »Palais Tarouca« auf der Wiener Augustinerbastei an.
Drei Schiffe transportierten sowohl den persönlichen Besitz der Ex-Statthal-
ter als auch ihre kostbare Kollektion an Skulpturen, graphischen Blättern und
Gemälden. Unglücklicherweise sank eines der Schiffe vor Hamburg.
Am 4. Dezember 1794 schrieb Kaiser Franz dem inzwischen zum Feldmar-
schall der erfolglosen Reichsarmee ernannten Albert, vermutlich auf dessen
Antrag zur Umgestaltung des Palais Tarouca:
»... zu der vorhabenden Führung eines Baues auf eigene Kosten ... die an un-
serer Burg gelegenen Gebäude und Plätze ... mit dem beding ... daß bey dem
Bauantrag auf die Baupolizey Rücksicht genommen werde ...«

188

Augustinerbastei mit Palais Erzherzog Karls, Lithographie,
1. Hälfte 19. Jahrhundert

Am 11. Juni 1795 bat Kaiser Franz den inzwischen aus der Armee entlassenen
Albert, doch nun mit seiner Frau nach Wien zu kommen, das Palais stehe zu
seiner Verfügung.

Das als Palais Tarouca bezeichnete Gebäude war 1745–1747 von dem portu-
giesischen Grafen Manuel Teles da Silva-Tarouca, dem Minister, Mentor und
engen Vertrauten der Kaiserin Maria Theresia, im Anschluß an das Kloster
der Augustiner erbaut worden. Das auf der Bastei gelegene Palais erhielt einen
trapezförmigen Grundriß und stand auf unterschiedlichem Terrainniveau. Es
befand sich an jener Stelle der Augustinerbastei, wo einst das alte, 1543 von
der Stadt Wien erworbene Gießhaus gestanden hatte.

Schon bald nach der Fertigstellung hat Silva Tarouca auf dringendes Ersuchen
der Kaiserin sein Palais dem unter Raumnot leidenden Kaiserhaus verkauft.
Fortan wurde es als Gästehaus des Hofs benutzt.

Für die neuen Besitzer stellte der Hofsteinmetz Paul Köbel 1795 mittels ge-
decktem Gang eine Verbindung zwischen der Hofburg und dem Palais Tarouca her, die vom Schweizerhof zur Augustinerkirche und dann in das Palais
führte. Von diesem sogenannten Augustinergang führte ein weiterer, unterir-
discher »Laternengang« in den Hofgarten.

Nach der Übernahme des Gebäudes durch Marie Christine und Albert brachte man die Augustiner zur Abgabe des dritten Stocks ihres Klostergebäudes.

189

1802 traten sie an Albert schließlich auch jenen Teil des Klosters ab, der gegen die Bastei zu gelegen war. Letztendlich machten die Erfordernisse einen großen Umbau notwendig, denn das Palais hatte eine doppelte Aufgabe zu erfüllen. Es sollte einerseits fürstlicher Wohnsitz mit Repräsentationsräumen sein und anderseits der bereits recht stattlichen Kunstsammlung als Kunstgalerie und Bibliothek dienen.

Als Architekt gewann man wiederum Louis de Montoyer, der für das Paar schon während seiner Amtszeit in den Niederlanden das Sommerschloß Laeken bei Brüssel geschaffen hatte. Der Baubestand des Palais Tarouca wurde weitgehend berücksichtigt. Der dritte Stock des Augustinerklosters, der stadtseitig an den ersten Stock des alten Palais anschloß und in dem sich Mönchszellen befunden hatten, blieb unverändert erhalten (Alte Albertina). Dort wurden die Sammlung und die Bibliothek untergebracht. Ein ganz neuer, dreigeschoßiger Trakt mit Repräsentationsräumen entstand auf der Basteiseite Richtung Hofburg.

Im Mai 1798, inmitten der Bauarbeiten, erkrankte die Erzherzogin schwer und verstarb, von ihrem Gatten tief betrauert, bereits am 24. Juni. Albert errichtete seiner »Uxori optimae« (der besten Gattin) ein großartiges Grabdenkmal in der Augustinerkirche.

Der monumentale Neubau war erst 1804 fertiggestellt. Die damals entstandene Fassade Montoyers mit stark klassizistischen Elementen sollte 1867 durch eine historistische ersetzt werden.

Herzog Albert verbrachte jene 24 Jahre, um die er seine Gattin überlebte, unverheiratet und von nicht weniger als 103 Bediensteten betreut, in seinem Palais auf der Augustinerbastei. Politische Aufgaben übernahm er keine mehr. Zunächst erfüllte er wortgetreu die Bestimmungen des Testaments von Marie Christine, das den Bau einer Wasserleitung von der Hohen Wand bis in die Wiener Innenstadt, aber auch die Trockenlegung von Sümpfen in Ungarn (zur Gewinnung von Ackerland) vorsah. Dann jedoch widmete der Herzog seine Zeit und sein großes Vermögen – die jährlichen Einkünfte betrugen an die 900 000 Gulden – ausschließlich dem Erwerb graphischer Kunstwerke. Schon 1801 bemerkte ein Besucher Wiens, daß »diese merkwürdige große und prächtige Sammlung« in Deutschland einzigartig sei. Aufgestellt wäre sie »in einer sehr langen ununterbrochenen Gallerie …«

Herzog Albert von Sachsen-Teschen starb 1822. Sein Adoptivsohn und Erbe Karl engagierte noch im selben Jahr seinen bevorzugten Architekten, Josef Kornhäusel, und beauftragte ihn, das Palais dem geänderten Zeitgeschmack sowie dem Lebensstil und den Wohnbedürfnissen einer kinderreichen Familie anzupassen.

Kornhäusel schuf eine neue Kommunikationsraumfolge, die nicht mehr beim neuen Trakt Montoyers, sondern beim älteren Palais Tarouca begann. Die neue Achse verläuft über die prächtige ovale Minervenhalle mit der Statue der

Pallas Athene, den Säulengang und den Stiegenaufgang zum Hauptgeschoß. Auch der Festsaal wurde neu geschaffen.

Eine Darstellung der k. k. Haupt- und Residenzstadt beschreibt das Entree: »... obschon man, wie gesagt, auch durch den schönen Augustinergang und vorn unter dem Eingange auf einer Stiege in das Innere des Palais gelangt, so ist doch der Hauptaufgang von der Seite der Bastei durch das Hauptthor und den kurzen Hof. Hier öffnet sich ein halbrunder Vorplatz mit einer Nische, in welcher Minerva lebensgroß und kunstvoll in Stein gehauen steht, von diesem entlang führt eine schöne Säulenhalle zur prachtvollen Stiege ... zunächst der Stiege eröffnet ein Vorgemach das Apartement der verblichenen Erzherzogin Henriette ...«

Wie schon in der Weilburg zu Baden besorgte Josef Klieber die Ausschmückung mit Plastiken. Bemerkenswert und voll barockem Prunk ist das aus heutiger Sicht in der musealen Atmosphäre einer Graphiksammlung eher unerwartete, weitgehend im Originalzustand erhaltene Goldkabinett. 1832 wird darüber voll Bewunderung berichtet:

»Dieses letzte Cabinet wird mit vollem Recht das ›Gold-Cabinet‹ genannt, da von unten bis oben sammt dem Plafond weiters nichts als bloße Goldwände ... und vielen Spiegeln, die den ohnehin großen Reichtum und diese Pracht tausendfach vervielfältigen, mannichfach wechseln, und diesem Gemache ein staunenswertes Ansehen geben ... Dieses Cabinet ist der Endpunkt dieser Prachtgemächer ...«

Die Sammlung Alberts von Sachsen-Teschen wurde von Erzherzog Karl und später von dessen Sohn Albrecht fortgeführt und beträchtlich erweitert. Mit dem Ende der Monarchie kam noch das kaiserliche Kupferstichkabinett dazu. 1945 erlitt die Albertina einen schweren Bombentreffer. Im Zuge der Wiederherstellung entstand die heutige modifizierte Fassade. Die Albrechtsrampe wurde durch eine Stiege ersetzt. Seit 1989 hat der Albrechtsbrunnen am Fuße der Rampe, dessen Statuen verschenkt worden waren, wieder seine originale Gestalt.

Heute beherbergt das Palais die Graphiksammlung Herzog Alberts von Sachsen-Teschen, die Papyrussammlung der Österreichischen Nationalbibliothek und das Österreichische Filmmuseum.

Schloß Augarten

WIEN – AUGARTEN

DES »VOLKSKAISERS LIEBSTE SCHÖPFUNG«

Allen Menschen gewidmeter Erlustigungsort von ihrem Schätzer« ließ Kaiser Joseph II. (1741–1790) auf das von Isidor Canevale entworfene triumphbogenartige Eingangsportal schreiben, als er am 30. April 1775 den Park für das allgemeine Publikum zugänglich machte.

Diese Öffnung der kaiserlichen Domänen Augarten und Prater war spektakulär. Die riesigen Grünflächen wurden bald zu beliebten Erholungsgebieten der Wiener und bildeten den Auftakt zu umfangreichen Maßnahmen einer Stadterneuerung und zur Erschließung des gesamten Gebietes nordöstlich des Donaukanals.

Seine Existenz verdankt der Augarten Kaiser Ferdinand III. (1608–1657), der nach dem Ende des Dreißigjährigen Krieges eine Reihe von Ländereien im Augebiet des »Unteren Werd« aufkaufte und sich einen Garten nach holländischem Vorbild anlegen ließ. Schon damals existierte ein kleines, von Kaiser Matthias 1614 in den Donauauen erbautes Lustschlößchen. Um 1677 erwarb Kaiser Leopold I. das benachbarte, erst 1654 erbaute Lustgebäude der Grafen Trautson, ließ es zur »Favorita« umbauen, einen Garten anlegen und mit dem bereits vorhandenen kaiserlichen Besitz zusammenlegen.

Der Park wurde oft von Überschwemmungen der Donau heimgesucht, aber stets wiederhergestellt. Als jedoch die Türken 1683 das Schloß niederbrannten, wandte sich das Interesse Kaiser Leopolds I. der »Neuen Favorita« auf der Wieden zu. Die Gartenanlagen der nunmehrigen »Alten Favorita« blieben jedoch weiterhin sehr beliebt.

»Eine sehr schöne und angenehme Promenade«, heißt es in einem zeitgenössischen Bericht vom Beginn des 18. Jahrhunderts, »ist der so genannte Au-Garten, welcher den ganzen Sommer hindurch offen stehet und derjenige Ort ist, allwo man gegen Abend le beau monde de Vienne gemeiniglich antrifft. Der angenehme Garten, die schönen Alleen, der lustige Wald … will man sich mit einem Discours unterhalten, so findet man … allzeit Bekannte von beyderley Geschlecht … will man aber alleine sein und seinen Gedanken in der Solitude Audienz geben, so sind in dem Walde so viele gehauene Gänge, daß man über eine Stunde in solchen herum gehen kann, ohne einen anderen zu begegnen …«

Beklagt wird allerdings, »daß die Annehmlichkeiten dieser schönen Promenade durch den traurigen Anblick deren Ruinen der ehemaligen Kayserlichen

Der Augarten, Stich von J. Ziegler, um 1804

Favorita, so von den Türken 1683 eingeäschert und biß jetzo noch nicht wieder aufgebauet ist, um ein merkliches vermindert wird«.
1707 hat Kaiser Joseph I. die Gebäude der »Alten Favorita« wiederherstellen
lassen. Er ließ auch das in der Nähe gelegene ehemalige Palais Leeb (das heutige Augartenschloß) umbauen und bestimmte es für seine Mutter, Kaiserin
Eleonore, als Witwensitz.
Als Kaiser Joseph II. sein Interesse für den Augarten entdeckte, bestanden
hier also zwei große Gebäude, die ihm aber beide nicht zusagten. Da er beschlossen hatte, in Abkehr von Schönbrunn seine Residenz im Augarten auf-
zuschlagen, kaufte er die Gründe des Kroatischen Konvikts und ließ sich dort
das kleine »Kaiser-Joseph-Stöckl« bauen. Der Augarten wurde bald zur Lieb-
lingspromenade der Wiener, und auch den Kaiser sah man manchmal unter
den Spaziergängern. Vor seiner Öffnung war der Besuch dieses Parks nur An-
gehörigen des Adels und Personen von Stand erlaubt gewesen; der Prater, als
kaiserliches Jagdgebiet, bildete überhaupt ein Sperrgebiet in dem Sinn, daß
Durchfahren und Durchreiten zwar mit Einschränkungen erlaubt, das Aus-
steigen jedoch verboten war.
Die Beliebtheit Josephs II. hielt sich zu seinen Lebzeiten auf Grund vieler un-
populärer Verordnungen in Grenzen. Erst später, unter Kaiser Franz II. (I.),
entstand der Mythos des »Volkskaisers« und im Zuge der Imageförderung Jo-

194

Das Josefsstöckl im Augarten

sephs II. jene beliebte, aber nicht authentische Anekdote, mit der die zweifellos recht populäre Öffnung des Augartens in das rechte Licht gerückt wurde:
Der Adel hätte sich damals beschwert, erzählte man sich, daß er im Augarten
nicht unter »seinesgleichen« sein könne. »Wenn ich«, so ließ man Joseph II.
sagen, »nur unter meinesgleichen sein wollte, bliebe mir nur die Kaisergruft
bei den Kapuzinern.«
Joseph II. hegte für die Gegend der Leopoldstadt (2. Wiener Gemeindebezirk)
großes Interesse. Er sorgte dafür, daß die Jägerzeile (heute Praterstraße) regu-
liert wurde, ließ Straßen anlegen und vor allem die prächtige Prater-Hauptal-
lee pflanzen. Dafür setzte man schon ältere Bäume, denn die Ungeduld des
Kaisers war groß. Als Arbeitskräfte kamen, gemäß der Weltanschauung des
Kaisers, »im Zuchthaus müßig einsitzende Männer und Bettler« zum Einsatz.
Das Augartenpalais diente Joseph II. auch zum Empfang illustrer Gäste. So
kam 1781 in Begleitung seiner Gattin der russische Großfürst und spätere Zar
Paul I. Dieser bewunderte die Reformideen des Kaisers sehr. Als er selbst al-
lerdings die Privilegien des Adels zu beschneiden versuchte, wurde er 1801 in
St. Petersburg ermordet.
Joesph II. blieb trotz seiner einschneidenden politischen Maßnahmen von
Angriffen auf sein Leben verschont, wenn man von der Attacke jenes riesigen
Hirsches absieht, der den Kaiser in unmittelbarer Nähe des Augartens angriff
und zu Boden schleuderte, ihn aber kaum verletzte.
1782 bemühte sich sogar der Papst nach Wien. Entsetzt über das Ausmaß der
Kirchenreformen und Klosteraufhebungen, versuchte Pius VI. persönlich, Jo-
seph II. zur Rücknahme seiner Verordnungen zu veranlassen. Die zu diesem
Zweck bei langen Spaziergängen im Augarten geführten Gespräche konnten

195

den Kaiser jedoch nicht zu Konzessionen bewegen. Der riesigen Menschenmenge, die damals in den Augarten strömte, erteilte der Papst von der Terrasse des Schloßgebäudes aus seinen Segen.

Ab 1782 fanden im Frühling und Sommer jeden Sonntag in einem ebenerdigen, langgestreckten Restaurantgebäude, das auch einen Tanzsaal hatte, Morgenkonzerte statt. Dirigent war kein Geringerer als Wolfgang Amadeus Mozart. Mozart zog sich aber bald zurück, da der Erfolg – der Eintritt war mit zwei Dukaten pro Saison ziemlich teuer – nicht seinen Vorstellungen entsprach. 1786 gab Ludwig van Beethoven im Augarten Klavierkonzerte.

Als der Augarten nach dem Tode Josephs II. als Vergnügungsort allmählich aus der Mode kam, versuchte man durch diverse Veranstaltungen (Marionettentheater, Sommerfeste, Wettläufe, eine »Freßlotterie« u. ä.) das Publikumsinteresse zu heben. Der Andrang dazu wurde so groß, daß ein eigener Omnibus von der Stadt bis zum Augarten verkehrte.

1897 zog abermals ein Mitglied des Herrscherhauses in das renovierte und aufgestockte Palais ein – Erzherzog Otto mit seiner Familie. Das tuberkulöse Lungenleiden des Thronfolgers Franz Ferdinand hatte sich nämlich so verschlechtert, daß Zweifel an seiner Genesung aufkamen. Um für alle Fälle gerüstet zu sein, installierte man daher den in der Thronfolge an nächster Stelle stehenden Otto, den Bruder des Thronfolgers, im Augartenpalais. Da der durch seine Skandale Berüchtigte sowohl den ihm zugeteilten Obersthofmeister Fürst Montenuovo als auch jede offizielle Repräsentationspflicht haßte, nannte er den Augarten nur Auweh-Garten.

Auf Grund seiner Willenskraft und Disziplin wurde Erzherzog Ferdinand bereits 1898 gesund. Das Vorgehen des Hofes bei der Bestellung seines präsumtiven Nachfolgers hatte ihn jedoch sehr gekränkt. Einer Freundin (der Fürstin Fugger) gegenüber äußerte er sich folgendermaßen:

»Es ist unerhört ... um mich zu kränken, vor den Kopf zu stoßen und einfach moralisch tot zu machen! Diese ganze Komödie mit dem Augarten ist ja nur darauf angelegt. Wie Sie wissen, stand ich als mein geliebter Vater noch lebte [Erzherzog Karl Ludwig], genau in dem selben Verhältnis, ja sogar näher dem Thron, als jetzt mein Bruder zu mir. Und da geschah nie etwas für mich, ich mußte in dieser Hühnersteige in der Beatrixgasse [Modena-Palais] wohnen und kein Mensch kümmerte sich um mich. Jetzt auf einmal bekommt der Otto den Augarten, Hof-Haushaltung, Hof-Küche, Lippizaner in Wien und am Lande usw. usw. Bei Gott glauben Sie, es ist nicht Neid, der da aus mir spricht ...«

Der Zweite Weltkrieg hinterließ im Augarten enorme Schäden und zwei fast 50 m hohe, praktisch unzerstörbare Flaktürme. 1948 bezogen die Wiener Sängerknaben das wiederhergestellte Palais (das ehemalige Palais Leeb), das ehemalige Schloß Trautson ist Sitz der weltberühmten Wiener Porzellanmanufaktur Augarten.

Das Theresianum, Stich nach Zeichnung von S. Kleiner, 1725

WIEN – THERESIANUM

VON DER KAISERLICHEN FAVORITA ZUR ELITESCHULE

Der bevorzugte Aufenthaltsort Kaiser Karls VI. (1685–1740) und überhaupt ein Zentrum des gesellschaftlichen Lebens war die »Neue Favorita«. In diesem Lustschloß, das sich heute im vierten Wiener Gemeindebezirk befindet, damals jedoch vor den Toren der Stadt lag, verbrachte der kaiserliche Hof die Zeit von Mitte Juni bis zum Spätherbst. Das langgestreckte Lusthaus war vor allem wegen seiner herrlichen Gartenanlagen berühmt. Eigentlich hätte Karl, der jüngere Sohn des Kaisers Leopold I., nach den dynastischen Familienplänen Wien für immer verlassen müssen, um nach dem Tod des letzten spanischen Habsburgers (1700) die Herrschaft in Spanien anzutreten.

In diesem Sinn erfolgte auch am 12. September 1703 in der Favorita die Proklamation Karls zum König von Spanien und gleichzeitig der Abschluß eines Vertrags über die wechselseitige Nachfolge mit dem älteren Bruder Joseph (als Kaiser Joseph I.). De facto bedeutete dies eine Trennung der habsburgischen Länder. Karl reiste 1704 nach Spanien. Seine Regierung konnte er allerdings nicht unangefochten antreten, denn inzwischen war der von Frankreich ausgelöste Spanische Erbfolgekrieg ausgebrochen.

Als im Jahre 1711 Kaiser Joseph I. plötzlich verstarb, mußte Karl, als der letzte überlebende Habsburger mitten im Krieg nach Österreich zurückkehren. Eine Vereinigung der österreichischen und spanischen Länder in der Hand eines Herrschers (wie zu Zeiten Karls V.) scheiterte am vehementen Einspruch der Seemächte. So kam es, daß Kaiser Karl VI. in der »Neuen Favorita« (die »Alte Favorita« befand sich im heutigen Augarten) jene unter Leopold I. begonnene Tradition weiterführen konnte, die das Sommerschloß zum kulturellen Zentrum der Kaiserstadt gemacht hatte.

In habsburgischem Besitz befand sich die bis ins 14. Jahrhundert zu verfolgende Liegenschaft schon seit der Erwerbung durch die Gattin von Kaiser Matthias im Jahre 1615. Ab 1623 findet sich dann die Bezeichnung »khaiserliche Favorita«, und der erste Bau dürfte 1625 abgeschlossen worden sein. Zwischen 1642 und 1655 schuf Giovanni Carlone den ersten, großzügig mit Skulpturen geschmückten Park im italienischen Stil, der einen großen Teich, einen Terrassen- und Ziergarten, eine Grotte und einen Turnierplatz sowie ein Wäldchen mit Pavillon besaß.

Die Favorita selbst war (nach einer Ansicht von 1672) bereits auf 38 Fensterachsen angewachsen.

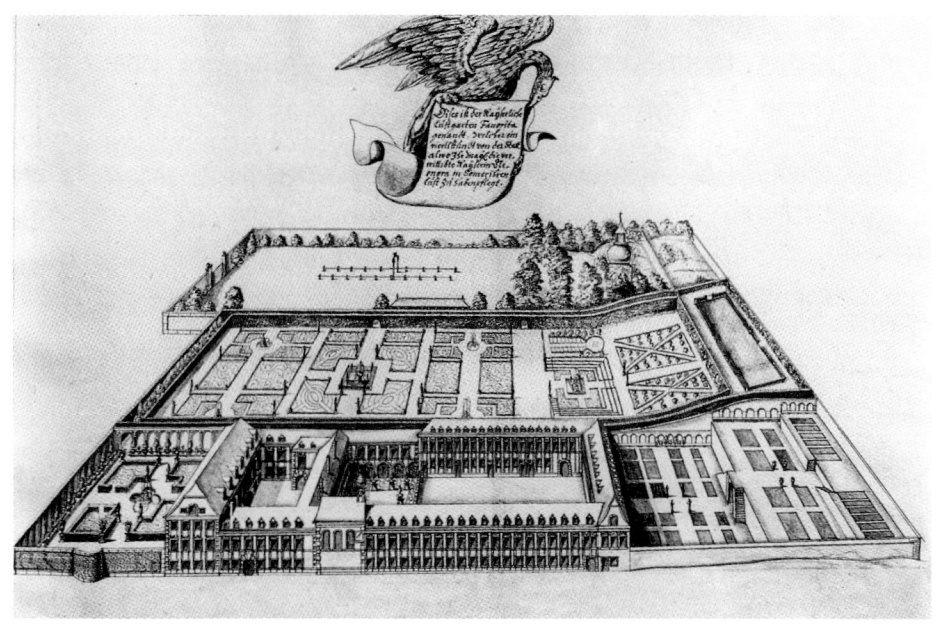

Die kaiserliche Favorita, Vogelschau, um 1670/80

Unter Leopold I. wechselten prunkvolle Opern mit Theateraufführungen,
Bällen und Konzerten, bis das bedrohliche Vorrücken des türkischen Heeres
gegen Wien im Sommer 1683 den »Spectaceln« ein plötzliches Ende bereitete.
Über Befehl des Verteidigers von Wien, Rüdiger von Starhemberg, mußten
die Vorstädte niedergebrannt werden. Auch die kaiserliche Favorita erlitt dieses Schicksal.

Bald nach Ende der Türkenbelagerung und der Bannung der Türkengefahr
entschloß sich Kaiser Leopold I. zum Wiederaufbau bei gleichzeitiger Ver-
größerung der Favorita, vermutlich nach dem Vorbild des Leopoldinischen
Traktes der Wiener Hofburg. Als Architekten des von 1687 bis 1690 entstandenen Gebäudes werden Ludovico Burnacini, aber auch Giovanni Tencala
oder Alexander Oedtl vermutet. Als wesentliche Neuerungen entstanden, bedingt durch die Errichtung eines Quertraktes, zwei neue Höfe (der Direk-
tions- und der Küchenhof). Erneuert hat man damals auch das alte Komö-
dienhaus. Alle Trakte wurden auf insgesamt drei Geschoße aufgestockt. Im
Sinne barocker Gestaltung versuchte man eine weitgehende Vereinheitlichung
der Fassade mittels durchgehender Gesimsabschlüsse zu erzielen. Aus dieser
Bauphase blieben bis zum heutigen Tag das stuckierte Stiegenhaus, der Ritter-
(Peregrini-)Saal und die Bibliothek erhalten.

Ab 1691 konnte das Schloß wieder vollständig genutzt werden. Durch die
vergnüglichen Festivitäten schimmerte manchmal die grimmige Realität des
Alltags. So schrieb Leopold I. am 4. August 1696 aus der Favorita:

»Der König, mein Sohn (Joseph) litt in den letzten Tagen an einem von der Galle herrührenden Gebrechen, und die Ärzte glauben, daß er bestimmte Medizinen nehmen soll und sich keiner Mühe unterziehen darf. Gott erhalte ihn an Seele und Körper und mache, daß er gut werde und bleibe, denn sonst möchte ich ihn wahrlich nicht unter den Lebenden wissen wollen.«

Als 1698 der russische Zar Peter der Große Wien besuchte, veranstaltete man in der Favorita ihm zu Ehren ein riesiges Maskenfest. Kaiser Leopold I. erschien als Wirt, die Kaiserin Eleonore als Wirtin. Die Gäste waren im Stil der verschiedensten Volksgruppen kostümiert. Der Zar kam als friesländischer Bauer, sang russische Weisen, tanzte ausgelassen und bestand darauf, daß Erzherzog Joseph (der spätere Kaiser Joseph I.) hintereinander acht Gläser Wein austrank.

Während des Sommeraufenthaltes der kaiserlichen Familie im Jahre 1699 erkrankte der vom Kaiser hoch geschätzte und durch seine anfeuernden Reden während der Türkenbelagerung berühmt gewordene Pater Marco d'Aviano schwer. Leopold I. berichtet dazu aus der Favorita:

»… ich hatte das Glück, mit der Kaiserin bei seinem Tode anwesend sein zu dürfen. Wir kamen, ihn zu besuchen, um noch einmal seinen Segen zu empfangen … er kannte uns alle … wir gingen fort, um ihm nicht lästig zu werden … aber kaum waren wir die Stufen herabgegangen … sagte man uns, daß er in Agonie liege … kehrten um, knieten vor seinem Bett, bis seine Seele Gott empfohlen war …«

Unter Karl VI. erlangte die Favorita vor allem wegen der vom kaiserlichen Garteningenieur Jean Trehet 1706 neu angelegten großartigen Gärten mit dem Gartentheater, »dem neuen Theatrum, auf welchem die Opere gehalten«, große Berühmtheit. Zahlreiche Aufführungen italienischer Opern fanden statt. Am 21. September 1716 befand sich die bekannte englische Reisende, Lady Montagu, unter den Gästen:

»… dass ich letzten Sonntag die Oper, welche im Garten der Favorita aufgeführt wurde, besuchte und mich so sehr daran ergötzte, daß mir noch keine Reue gekommen ist … Nichts von dieser Art kann jemals prächtiger gewesen sein, und ich kann es wohl glauben … daß die Dekorationen und die Kleider vom Kaiser 30 000 (englische) Pfund gekostet haben. Die Bühne, die über einem breiten Kanal erbaut war, wurde beim Anfang des zweiten Aktes in zwei Teile geteilt, daß man das Wasser erblickte, auf welchem an verschiedenen Seiten zwei Flotten von vergoldeten kleinen Schiffen erschienen, die ein Seetreffen vorstellten … das Theater ist so groß, daß es dem Auge schwer wird, darüber hinauszuschauen, und die Kostüme sind von äußerster Pracht … kein Haus wäre groß genug, diese weitläufigen Anstalten zu fassen …«

Die Zuschauer, außer der kaiserlichen Familie, saßen im Freien. »Als anher«, schreibt Lady Montagu, »unversehens ein Platzregen einfiel … liefen die Zuseher in solcher Verwirrung davon, daß ich fast zu Tode gedrückt wurde…«

Der Anlaß für die Aufführung der Wasseroper »Angelica, Vincitrice di Alcina« war die Geburt des lang erhofften männlichen Thronfolgers (Leopold, geb. 13. April 1716). Lauter erstklassige Künstler des Wiener Hofes hatten sie gestaltet: Johann Joseph Fux schrieb die Opernmusik, das Libretto stammte vom Hofdichter Pietro Pariati, und die glanzvollen Dekorationen entwarf Ferdinando Galli-Bibiena.

Es bedeutete für Kaiser Karl VI. eine persönliche Tragödie, als das Kind wenige Monate später verstarb. Nachdem ihm zwei Töchter (Maria Theresia, Maria Anna) geboren wurden, waren alle politischen Aktionen Karls VI. darauf ausgerichtet, seine Nachfolge im Sinne der Pragmatischen Sanktion zu regeln und die Thronfolge für Maria Theresia zu sichern.

Daher wurden die Hochzeiten der Töchter von Karls früh verstorbenem Bruder (Maria Josepha 1719, Maria Amalia 1722) auch mit allem Prunk in der Favorita gefeiert – allerdings erst nachdem sie offiziell auf das Thronerbrecht verzichtet hatten.

Lady Montagu war anscheinend recht oft zu Gast in der Favorita und auch Zeugin der Amusements des kaiserlichen Hofes:

»Die Kaiserin [Elisabeth Christine] saß auf einem kleinen Thron am Ende einer Allee des Parkes. Beiderseits von ihr standen zwei Reihen junger Damen von Stande, die Hofdamen und an ihrer Spitze die beiden jungen Erzherzoginnen. Alle trugen das eigene Haar mit glitzernden Juwelen geschmückt. In den Händen hielten sie schöne leichte Flinten. In geeigneten Abständen waren drei ovale Bilder als Zielscheiben aufgestellt ... Neben der Kaiserin stand eine vergoldete und blumenbekränzte Trophäe, die aus kleinen Hirtenstäben bestand auf welchen reiche türkische Taschentücher, Schleifen ... für Trostpreise hingen. Den ersten Gewinst, einen schönen mit Diamanten gefaßten Rubinring in einer goldenen Schnupftabakdose, überreichte die Kaiserin persönlich der Siegerin ... Herren von Stande waren Zuschauer, doch nur die Damen durften sich am Wettbewerb beteiligen ...«

1725 wurde nach Entwürfen von Joseph Emanuel Fischer von Erlach im Park eine Schießstätte errichtet, die sich größter Beliebtheit erfreute. Die junge Erzherzogin Maria Theresia (die spätere Kaiserin) war eine ausgezeichnete Schützin. Da sie im Gegensatz zu der bei den Habsburgern herrschenden Jagdleidenschaft die Jagd verabscheute, zog sie das Scheibenschießen vor. Besonders beliebt war das sogenannte »cränczel«schießen, zu dem sich der Adel den ganzen Sommer hindurch versammelte. Die dafür vorgesehenen Statuten umfaßten 36 Paragraphen, ihre Einhaltung überwachte man streng. Da der Kaiser, trotz der herrschenden spanischen Hofetikette, gerne Publikum um sich hatte, durfte man ihm in der Favorita beim Speisen zusehen. Die kaiserliche Tafel stand auf einer Estrade, und die Speisen wurden von Edelknaben aufgetragen. Sobald der Oberst-Küchenmeister alles geprüft hatte, wurde es dem Monarchen gezeigt. Dieser schritt zur Ta-

Prunkzimmer im Theresianum

fel, wusch sich mit dem dargereichten Wasser die Hände und setzte sich. Er speiste mit bedecktem Haupt. Nur während des Tischgebets oder wenn die Kaiserin auf seine Gesundheit trank, nahm er den Hut ab. Getränke wurden den Majestäten in knieender Haltung serviert. An Sonn- und Feiertagen gab es Tafelmusik.

Interessant ist, daß durch die Anziehungskraft der kaiserlichen Favorita große Verkehrsprobleme entstanden. Das »Wiener Diarium« (ein Vorläufer der heutigen »Wiener Zeitung«) druckte am 14. Juni 1721 die zur Regelung des Verkehrs erlassene kaiserliche Verordnung. Sie bedeutete eine Bevorzugung der Hofwagen und adeligen Equipagen:

»... jedermann kundgemacht ... bei Aufenthaltung Ihrer Kayserlich- und Catholischen Majestät in dero Favorita ... sich bey dem Kärnthnerthore durch die aus- und einführend schweren Fuhren öfters ereignende Beschwerden ... anbefohlen wurde, daß sobald sich Ihre ... Majestät ... in dero Favorita einfinden ... schwere Fuhren als Sand, Ziegel, Stein in- oder auser der Stadt zu führen haben ... Fruhe bis acht Uhr das Kärnthnerthor ... nach acht Uhr oferwentes Thor umfahren und durch ein anderes Thor die Aus- und Einfuhr nehmen sollen.«

Die Ausstattung der Räumlichkeiten in der Favorita konnte mit den aufwendigen, barocken Ziergärten nicht Schritt halten: »...ob nun gleich diese kayserliche Sommer-Residenz von keiner sonderlichen Magnificence, sondern nur mittelmäßig gebauet ist ... so ist die kayserliche Herrschaft daselbst noch besser und lustiger logiret als in der Burg ... ohne Pracht, die Treppen sind eng, die kaiserlichen Zimmer schön eingerichtet, jedoch ohne alle Kostbarkeit«, heißt es in einer zeitgenössischen Beschreibung Wiens.

Die Favorita bestand 1724 aus dem an der Favoritenstraße gelegenen, langgestreckten Trakt – wobei das Fehlen jeder Vorhofanlage auffällt –, dem parallel dazu gelegenen Gartentrakt und den Quertrakten mit den drei Höfen.

Am 20. Oktober 1740 verstarb der erst 55jährige Kaiser Karl VI. in der Favorita, vermutlich an einer Pilzvergiftung. Die letzten Monate seines Lebens hatte der von Natur aus schwermütige Monarch oft unter Depressionen und Todesahnungen gelitten. Als ihm der päpstliche Nuntius zu seinem Geburtstag am 1. Oktober noch viele glückliche Jahre wünschte, erwiderte Karl VI., daß dies sein letztes sein werde.

Obwohl er seine Sommerresidenz sehr geschätzt hat, befand sie sich, einem Bericht des Jahres 1737 zufolge, in sehr vernachlässigtem Zustand:

»... sehr alt und schlecht, das beste darinnen, ist das kayserliche Schieß Häusel ... es gehet dißer Garten völlig zu Grund und das darinnen befindliche Theatrum fallet auch zusammen ...«

Kaiserin Maria Theresia mied das Sterbehaus ihres Vaters, in dem zur Erinnerung an Karl VI. eine Gedenkkapelle eingerichtet wurde. Bald sollte Schloß Schönbrunn die Stelle der Favorita einnehmen.

Nach kurzer Verwendung als Depot kauften die Jesuiten die leerstehenden Gebäude mit der Absicht, ein – von Kaiserin Maria Theresia wohlwollend geförderte – Kollegium zur Erziehung der adeligen Jugend für den Staatsdienst, das »Theresianum«, einrichten zu wollen.

»… dem Adel der Erblande die Gelegenheit zu eröffnen … seine Söhne in guten Sitten und allen anständigen Wissenschaften unterweisen zu lassen …«, heißt es im Stiftsbrief vom 30. Dezember 1749. Das Theresianum bedeutete für Wien ein absolutes Novum, denn die Söhne aus adeligen Häusern wurden bis dahin ausschließlich privat unterrichtet (eine seit 1682 bestehende »Adelige Akademie« hatte sich fast nur auf »ritterliche Übungen« beschränkt).

Alle weiteren ab 1753 bei der Favorita durchgeführten An- und Zubauten, bis zur Erreichung der heutigen Länge von 315 Metern und 55 Fensterachsen, fanden unter Berücksichtigung schulischer Aspekte statt und gaben dem Collegium Theresianum eine Fassade von beträchtlicher Länge.

Es ist als eine Ironie des Schicksals anzusehen, daß die öffentliche Kundmachung der Bulle von Papst Klemens XIV. mit der Aufhebung des Jesuitenordens im Jahre 1773 ausgerechnet in dem von den Jesuiten als Mustererziehungsanstalt geführten Theresianum erfolgte. Wie so viele Gründungen der Epoche Maria Theresias hatte auch das Theresianum Bestand, obwohl Kaiser Joseph II. die Anstalt schloß. Schon Kaiser Franz II. (I.) hob die Sperre jedoch wieder auf.

Heute wird das Theresianum als öffentliches Gymnasium der Stiftung Theresianische Akademie geführt. Seit 1964 beherbergt der Konsulartrakt das Nachfolgeinstitut der 1938 aufgelassenen Konsularakademie, die Diplomatische Akademie.

Die Hermesvilla

WIEN – HERMESVILLA

TITANIAS ZAUBERSCHLOSS

Dass Du dennoch eine Art Sehnsucht nach unserer lieben Villa Hermes hast, hat mich gerührt«, schrieb Kaiser Franz Joseph am 1. September 1898 an seine Gattin Elisabeth, die sich in der Schweiz aufhielt. Es sollte sein letzter Brief an die Kaiserin sein. Elisabeth, die am 10. September von dem Anarchisten Luigi Lucheni in Genf ermordet wurde, bekam ihn nicht mehr zu Gesicht.

Die vom Kaiser erwähnte Villa – ihren Namen hat sie nach Hermes, dem Götterboten und Lieblingsgott der Kaiserin Elisabeth – befindet sich inmitten des im Südwesten Wiens gelegenen Lainzer Tiergartens, der heute ein Erholungsgebiet der Wiener ist. Das ehemalige große kaiserliche Jagd- und Forstrevier, das seit dem Mittelalter einen großen Bestand an Rot- und Schwarzwild aufweist, wurde bereits im 16. Jahrhundert vom Wienerwald deutlich abgegrenzt. Zu Beginn des 18. Jahrhunderts durch einen Palisadenzaun geschützt, bekam das Terrain 1782–1787 unter Maria Theresia eine später von Johann Nestroy als »Junges der Chinesischen Mauer« bezeichnete vollständige Umfriedung aus Bruchstein und Ziegeln.

Kaiser Franz I. löste einen Großteil der noch bestehenden Besitzansprüche und Nutzungsrechte fremder Herrschaften ab, so daß der Lainzer Tiergarten fast zur Gänze dem Hofärar gehörte. Mit fast 2 900 ha (derzeit nach Gebietsabtrennungen für Wohnbauten nur mehr 2 400 ha) umfaßte er ein riesiges unberührtes Wald- und Wiesengebiet, auf dem sich außer den Gebäuden der Forstverwaltung kein Wohnhaus befand. Längere Jagdaufenthalte für den kaiserlichen Hof waren daher nicht möglich. So mußte auch der Schah von Persien, der 1873 zur Hirschjagd kam, mit seinem Gefolge in Schloß Schönbrunn wohnen.

Es war Kaiser Franz Joseph, der die Forste des Lainzer Tiergartens schätzte wie kein Habsburger vor ihm und der sich daher 1881 zum Bau einer Jagdvilla entschloß. Dabei dachte er auch an seine Gattin, die immer menschenscheuer wurde. Elisabeth haßte Wien und jede Art höfischer Repräsentation. Das faszinierende zeitgenössische Kulturleben der Gründerzeit mit seinen großartigen Leistungen auf dem Gebiet der Naturwissenschaften, der Kunst, Architektur, Musik und Literatur interessierte sie nicht; sie nahm daran keinen Anteil. Ein eigenes, abgeschiedenes Refugium, wie es der Lainzer Tiergarten war, schien für sie, die auch Schönbrunn und Laxenburg nicht mochte, daher das Richtige zu sein. Der Kaiser hoffte, daß Elisabeth dann ihr Herumreisen in der Welt einschränken würde. Der Gedanke an einen gemeinsamen Alterssitz dürfte ebenfalls eine Rolle gespielt haben. Jedenfalls ging das Jagdhaus auf Wunsch des Monarchen samt Nebengebäuden und zugehörigem Grund sofort nach Fertigstellung in das juristische Eigentum der Kaiserin über.

Als Architekt hatte der Kaiser, der seit dem Umbau der Villa in Ischl in seiner Jugend nur in Mürzsteg als privater Bauherr fungiert hatte, den von ihm sehr geschätzten Ringstraßenarchitekten und Erbauer der Hofmuseen, Carl von Hasenauer (1833–1894), gewählt. Schon im Dezember 1881 legte dieser insgesamt sechs Entwürfe für eine »Villa Waldruh« vor. Im darauffolgenden Januar fand eines dieser Projekte in etwas abgeänderter Form – die Schaufront erhielt durch einen prominenten Eckrisalit im Anschluß an den Nordtrakt einen unsymmetrischen Akzent – Gefallen. Die mit der Realisierung betraute Österreichische Unionsbaugesellschaft schloß die Bauarbeiten bereits 1883 ab, die überaus kostbare Innenausstattung vollendete man erst 1886 – sie bedingte die sehr hohen Gesamtkosten von weit über zwei Millionen Gulden.

Schon 1888 wurde die Hermesvilla etwas übertrieben als »Krone des modernen Schloßbaues« bezeichnet. Entstanden war ein zweigeschoßiger Bau vom Typus einer feudalen historistischen Landvilla, eine Mischung aus Renaissance- und Barockelementen, mit einer Fassadenverkleidung aus Hausteinen und bandartig plazierten roten und glasierten Ziegeln. Der nach Osten gerichteten Haupt- und Gartenfront ist eine Terrasse vorgelagert. Davor steht die namensgebende Hermesstatue des Berliner Bildhauers Ernst Herter. Auf der nach Westen gerichteten Front befindet sich eine überdeckte Auffahrt. Durch Vorziehen des Nord- und Südflügels wurde eine durch die Wohnhäuser der Bediensteten abgeschlossene hofähnliche Anlage geschaffen.

Die Räume des Kaisers waren im Nord-, die der Kaiserin im Südtrakt untergebracht, von wo aus sie, die als beste Reiterin ihrer Epoche galt, über einen schmiedeeisernen gedeckten Korridor ihre durch eine Glaskuppe belichtete Reitschule erreichen konnte. Daß die Kaiserin in Kürze ihren Lieblingssport abrupt völlig aufgeben würde, wußte damals noch niemand.

Auch mit dem von 1882 bis 1890 um das Schloß angelegten Park versuchte man dem Geschmack der Kaiserin nach mediterranem Ambiete zu entsprechen, was im Hinblick auf Lage und Klima allerdings nur bedingt möglich war. Elisabeth sollte bei ihren Lainzer Aufenthalten über die feuchte Witterung in den Forsten klagen und das Haus insgesamt zu düster finden.

Am 24. Mai 1886 besichtigte das kaiserliche Paar gemeinsam mit der jüngsten Tochter Marie Valerie die vollendete Villa. Ihr Rundgang durch das Haus ist auch heute noch gut nachvollziehbar.

Leider ist ein Großteil der Originaleinrichtung verschwunden, und außerdem entstanden durch Vandalismus in der Besatzungszeit nach dem Zweiten Weltkrieg große Schäden. Die Räumlichkeiten selbst blieben fast unverändert, und eine ambitionierte Restaurierung vermittelt das Flair vergangener Tage:

Der Reitstall der Kaiserin Elisabeth

Nach Betreten des Gebäudes gelangt man in ein achteckiges, im Stil der deutschen Renaissance gehaltenes Vestibül mit Eichenholztäfelung. In die Fenster eingelassene Wappenscheiben aus dem 17. Jahrhundert spenden diffuses Licht, der Bronzeluster wurde 1886 bereits elektrisch betrieben – wie überhaupt das ganze Haus moderne technische und sanitäre Einrichtungen (Warmluftheizung, Wasserleitung und Bäder) aufweist. Solchen Komfort hatte keines der anderen Kaiserschlösser, und der Architekt beobachtete einmal die Kaiserin, die fasziniert immer wieder die ihr unbekannten Wasserhähne auf- und zudrehte. Rechts vom Vestibül liegen die für Marie Valerie bestimmten Zimmer. Ein großer, gemeinsamer Speisesaal mit Wänden und Decke aus Marmor und Scagliola, reich ornamentierten Wandverkleidungen und einem Wandbrunnen – zum Einkühlen von Getränken – bildet das Zentrum des Parterres. In das erste Stockwerk führt eine prunkvolle Treppe. Die Suite des Kaisers besteht aus Garderobe, Kabinettskanzlei, Arbeitszimmer sowie einem Badezimmer und dem Schlafzimmer, wo ein einfaches Messingbett den spartanischen Ansprüchen des Monarchen genügte. Bald sollte der Kaiser für seine Privaträume in der Hermesvilla ein sinniges Weihnachtsgeschenk erhalten – ein Gemälde, das seine Freundin, die Schauspielerin Katharina Schratt, als »Frau Wahrheit« darstellte. In dieser Rolle, aus einem damals sehr beliebten Lustspiel, sah Franz Joseph sie am liebsten.

Das Turnzimmer der Kaiserin Elisabeth

In einem ihrer Gedichte schreibt die Kaiserin darüber nicht ohne Ironie:
»Gross ist Oberons [des Kaisers] Entzücken, Und das Bild ist gut getroffen;
Wohl thut ihn, gesteh'n wir's offen, Nicht Titania (die Kaiserin) draus be-
glücken. Doch ist dies nicht wert des Lärmes; Glück lebt nur in Phantasien,
Beiden sei darum verziehen, Denkt da draussen Schutzgott Hermes.«
Von den Gemächern der Kaiserin ist das prunkvolle Schlafzimmer am bemer-
kenswertesten. Es enthält Fresken nach Entwürfen von Hans Makart mit Szenen aus Shakespeares »Sommernachtstraum«, einem Lieblingsstück Elisabeths. Das in der Nähe des imposanten Prunkbetts befindliche Hauptgemälde
zeigt Titania mit ihrem eselsköpfigen Liebhaber – ein Scherz, den der Kaiser
gelassen hinnahm. Eher düster und wie eine Grabplastik wirkt die von der
Kaiserin selbst gekaufte lebensgroße Bronzestatue der Melancholie. Direkt
vom Schlafzimmer führt eine kleine Wendeltreppe ins Freie, so daß Elisabeth
unbemerkt das Haus verlassen konnte.
Sachbezogen, aber farbenprächtig zeigt sich das berühmte Turnzimmer der
Kaiserin, wo die Wände in Anlehnung an pompejanische Vorbilder mit Darstellungen antiker Gladiatorenkämpfe bedeckt sind. Die ursprüngliche Einrichtung bestand aus einem Turnapparat aus Eichenholz, einem Schwebebaum
sowie zwei Garnituren von Ringen die von der Kaiserin eifrig benutzt wurden. Eine Dezimalwaage diente ihr dreimal täglich zur Gewichtskontrolle.

Das Schlafzimmer der Kaiserin Elisabeth

Außer ihren sehr repräsentativen Räumen im ersten Stock, wo sich auch der große »Kirchensaal« befindet, stand der Kaiserin mit den sogenannten Korfuzimmern noch ein etwas einfacheres, aber behagliches Appartement im Parterre zur Verfügung.

Zur Enttäuschung des Kaisers gefiel Elisabeth die mit so großem Aufwand gestaltete Hermesvilla nicht besonders. Die Kaiserin zeigte sich reserviert, Valerie fand das Haus »ungemütlich schön und modern und sieht uns und was wir bis jetzt gewohnt waren, gar nicht gleich«, worauf der Kaiser betreten meinte: »Ich werde mich immer fürchten, alles zu verderben.«

Erst zwei Jahre später, im Mai 1887, kam das Herrscherpaar wieder nach Lainz. Kurze Frühsommeraufenthalte wiederholten sich in den folgenden Jahren. Über die ersten Tage im neuen Haus schrieb Valerie, die Heimweh nach Ischl hatte, in ihr Tagebuch:

»Traurig lege ich mich in mein weißes Bett, das in einem unheimlichen Alkoven steht … Mamas Zimmer haben den besten Willen, ungeheuer freundlich zu sein, sind mir aber in ihrem manirierten Rokoko zuwider. Ach wären wir wieder daheim!«

Die Kaiserin schätzte an Lainz die völlige Abgeschiedenheit und Unzugänglichkeit – der Tiergarten blieb der Allgemeinheit verschlossen, und an den Toren standen Wachen. Das riesige Areal erstreckte sich damals bis zum Beginn der Hermesstraße. Elisabeth dienten die spärlichen Lainzaufenthalte als Vorwand, die Stadt Wien fast gänzlich zu meiden. In den Wäldern um »Titanias Zauberschloß« ging sie stundenlang spazieren und beobachtete das Wild oder ließ sich von ihrem Griechischlehrer Christomanos vorlesen. Gegen zu listige Wildschweine hatte sie eine Ratsche mit. In ihren Gedichten verewigte Elisabeth, die sich als große Dichterin fühlte und Hunderte von

»Ein Sommernachstraum«, Gemälde im Schlafzimmer der Kaiserin

Boudoir der Erzherzogin Marie Valerie, Foto 1899

Versen im Stil Heinrich Heines hinterließ, den Lainzer Tiergarten: »Im Mondlicht ruht Titania gern, dem blassen, Ihr Lieblingsreh schaut dann zu ihr empor, wie ihre Arme zärtlich es umfassen; Den wilden Eber krault sie hinterm Ohr.«

Länger als ein paar Tage im Jahr hielt es Titania jedoch in Lainz nicht aus. Vielmehr galt seit der Mitte der achtziger Jahre ihr ganzes Interesse Griechenland. 1888 teilte sie ihrem Gatten mit, daß sie Korfu als ihre zukünftige Heimat betrachte, und ging mit großem Elan daran, sich dort ein Haus, das »Achilleion«, zu errichten. Knapp nach der Fertigstellung dachte sie allerdings bereits an Verkauf und verfiel einer hektischen Reisesucht. Die ausländischen Zeitungen schrieben damals ganz offen, daß die österreichische Kaiserin verrückt geworden sei.

Nur wenige Menschen konnten damals aus eigener Anschauung über den Lainzer Tiergarten berichten. So bekam die Fürstin Nora Fugger vom Kaiser selbst die Erlaubnis, dort zu reiten, allerdings nur bei Abwesenheit der Kaiserin, die sich bereits durch eine einsame Reiterin gestört fühlte. Die Fürstin zählte ihre Morgenritte in Lainz zu ihren schönsten Erinnerungen:

»... das Landschaftsbild im Lainzer Tiergarten ist außerordentlich abwechslungsreich. Besonders in den westlichen Teilen, im Johannser Wald, in den Gründen um Auhof … und im Hirschgstemm bietet der reiche Wechsel von uralten Waldbeständen mit weiten sonnigen Wiesen malerische Bilder von unerhörter Schönheit. Im Herbst, wenn das Laub der alten Buchen und Eichen, aus dem die dunklen Tannen herausragten, sich färbte und wie in Gold getaucht schien, wenn die Kirchenstille des Waldes nur durch den Hufschlag des Pferdes oder durch das Brechen eines aufgescheuchten Hochwildrudels unterbrochen wurde, ging mir das Herz in tiefstem Grunde auf. Und wie oft dachte ich mir, ob es wohl in der Welt noch eine Stadt gäbe, in deren unmittelbarer Nähe man die Natur in solch ursprünglicher Kraft und Schönheit genießen könne.«

Nach dem Tod Elisabeths erbte ihre jüngste Tochter, Marie Valerie, den Besitz, verkaufte ihn jedoch 1910/1911 dem Hofärar. Der Lainzer Tiergarten bekam dadurch den Status einer kaiserlichen Domäne. Damals entstanden Pläne, die seit 1883 provisorisch im Theresianum (im 4. Wiener Gemeindebezirk) untergebrachte Orientalische Akademie, die Vorläuferin der heutigen Diplomatischen Akademie, in den Lainzer Tiergarten zu übersiedeln. Die Zustimmung des Kaisers zu einem Neubau, der das »größte College auf dem Kontinent« werden und gemäß den Gedanken der Lietzschen Landerziehungsheime mitten im Grünen angesiedelt werden sollte, lag bereits vor. Doch der Ausbruch des Ersten Weltkriegs verhinderte die Ausführung des Vorhabens.

Sofort nach dem Ende der Monarchie wurde die Villa aus unbekannten Gründen völlig geräumt und die Inneneinrichtung in das Hofmobilien- und Materialdepot gebracht. 1921 wurde der Lainzer Tiergarten samt Gebäuden dem Kriegsgeschädigtenfonds zur Nutzung überlassen, der die Villa dem Publikum öffnete. Die Besichtigung der leeren Räume war jedoch wenig attraktiv, die inzwischen verstreuten Originalmöbel konnten nicht mehr beschafft werden. Nach der Auflösung des Fonds im Jahre 1937 wurden Tiergarten und Hermesvilla Eigentum des Bundes, der die gesamte Liegenschaft bereits 1938 an die Gemeinde Wien verkaufte. Nach dem Krieg befand sich die Hermesvilla in sehr schlechtem Zustand. Schäden in Millionenhöhe waren entstanden, die Reparatur- und Restaurierungsarbeiten dauerten sehr lange.

1969 konstituierte sich ein Verein zur Rettung der Hermesvilla. Nach der vollständigen, geglückten Restaurierung war es, wie bei vielen historischen Gebäuden, schwierig, einen sinnvollen Verwendungszweck zu finden. Mit dem Entschluß, Ausstellungen zu Themen des 19. Jahrhunderts abzuhalten, die dem Ambiente des Hauses als kaiserlichem Landsitz entsprechen und den Besucher in die Zeit des Historismus versetzen sollen, konnte eine entsprechende Lösung gefunden werden.

Das kaiserliche Lustschloß Hetzendorf, Aquarell von L. Janscha, vor 1812

Wien – Schloss Hetzendorf

Witwensitz und Gästehaus

Ein »Klein-Schönbrunn« war zur Zeit Maria Theresias das Schloß Hetzendorf in dem gleichnamigen Wiener Vorort (heute ein Teil des 12. Wiener Gemeindebezirks), denn die frappierende Ähnlichkeit vieler Bauelemente – allerdings in recht kleinem Maßstab – mit dem kaiserlichen Schönbrunn ist nicht zu leugnen.

Ursprünglich befanden sich auf dem heutigen Schloßterrain drei kleine Höfe, aus denen sich Sigismund Graf Thun 1694 ein Jagdschlößchen bauen ließ. In der Folge hatte Hetzendorf verschiedene Besitzer. Als es Anton Florian von Liechtenstein gehörte, führte der berühmte Architekt Lukas von Hildebrandt 1712 für dessen Gattin eine Veränderung und Erhöhung der Wohnräume sowie den Einbau von zwei Säulen mit drei Bogen an der Westseite des Schlosses durch. Nach den Plänen Hildebrandts baute der Maurermeister Christian eine Küche. Diese Umgestaltungen sind bei dem neuerlichen Umbau des Schlosses im Jahre 1742 verlorengegangen. 1742 verkaufte der als Vormund für Anton Graf Salm-Reifferscheidt agierende Fürst Wenzel Liechtenstein das Schloß Hetzendorf mit allen Gebäuden und Gärten der Hofkammer. Kaiserin Maria Theresia kam das idyllisch gelegene Schlößchen sehr gelegen, denn nach ihrem Regierungsantritt hielt sie es für opportun, ihre Verwandten vom kaiserlichen Hof zu entfernen. Vor allem ihre Mutter, Elisabeth Christine (1691–1750), hätte allzu gerne jenen politischen Einfluß erlangt, den man ihr zu Lebzeiten ihres Gatten versagt hatte. Doch wie schon Karl VI. verbat sich auch Maria Theresia respektvoll, aber konsequent die Einmischung in Regierungsgeschäfte.

Zum Trost bekam Elisabeth Christine das Schloß Hetzendorf. Es wurde von dem Architekten Schönbrunns, Nicolo von Pacassi, mit deutlichen Anklängen an den nicht weit entfernten kaiserlichen Sommersitz vollkommen neu adaptiert. Einfluß und Geschmack Maria Theresias, die leidenschaftlich gern baute und sich bei ihren Projekten gern um alle Details kümmerte, sind sichtbar. »Sie hat Freude am Bauen, ohne etwas davon zu verstehen«, schrieb ein Zeitgenosse.

Der Hetzendorfer Witwensitz wurde eine kleine, sehr reizvolle Residenz. Voll psychologischem Geschick wählte der Architekt die symmetrische Raumordnung beidseits einer Durchfahrtshalle sowie die parallelen Galerien des Hauptgeschoßes nach Schönbrunner Muster. Die Hauptfront nach Norden besteht

Ansicht von Schloß Hetzendorf, Stich von J. A. Delsenbach,
1. Hälfte 18. Jahrhundert

aus einem Mitteltrakt und zwei Seitentrakten, wobei sich der Mitteltrakt
nochmals in einen dreiachsigen, zurücktretenden Mittelteil, der von zweiach-
sigen Seitenflügeln flankiert wird, gliedert. Dem Erdgeschoß ist eine Halle mit
vier Säulen vorgelagert. Das darüberliegende, durch vier Wandpilaster gegliederte Geschoß findet durch ein ausladendes profiliertes Kranzgesims und eine
mit allegorischen Frauenstatuen geschmückte Attikazone seinen Abschluß.
Der Haupttrakt bildet mit den niedrigeren Nebengebäuden einen Ehrenhof.
Die einfachere Gartenfront wird durch einheitliche Putzelemente betont. Einem vorspringenden Mitteltrakt sind zwei sechsachsige Seitentrakte ange-
schlossen. Während von der Schaufront eine Allee direkt nach Schönbrunn
führt (Schönbrunner Allee) und somit durch die Anbindung an den kaiserlichen Hof die Isolation des Witwensitzes demonstrativ gemildert wird, er-
streckt sich an der Rückseite des Gebäudes ein kleiner, aber gut angelegter
Park im französischen Stil, in dem eine Quelle schwefel- und eisenhältiges
Wasser lieferte.
Bei der höchst qualitätsvollen Innenausstattung scheute man keine Kosten
und beauftragte namhafte Künstler. So weist das Vestibül ein bemerkenswer-
tes Deckenfresko von Daniel Gran (Aurora) auf, der für seine Arbeit nicht
nur die horrende Summe von 100 Dukaten im Tag verlangte, sondern sich
auch mit einer vierspännigen Hofequipage täglich von der Stadt nach Hetzendorf und wieder zurück bringen ließ. Für die Malereien des Empfangssaals,

Japanisches Kabinett im Schloß Hetzendorf

die zu den schönsten Beispielen spätbarocker Quadraturmalerei zählen, lieferte Antonio Beduzzi die Entwürfe.

Der japanische Salon mit seinen Boisserien, Specksteinreliefs und vergoldeten Ornamenten weist wieder den Einfluß der Kaiserin Maria Theresia auf, deren Vorliebe für fernöstliche Kunst bekannt ist (der herrschende Zeitgeschmack bevorzugte französische Interieurs).

1745 fand die Einweihung der von Daniel Grans Fresken dekorierten einschiffigen Kapelle statt.

Elisabeth Christine, die in ihrer Jugend eine Schönheit gewesen war, starb, von langer Krankheit entstellt, im Dezember 1750 im Alter von 59 Jahren.

Danach stand das genau in der Mitte zwischen Schönbrunn und Laxenburg gelegene Schloß Hetzendorf leer, außer wenn hier die »Hetzendorfer Gesellschaft« logierte – jene adeligen Damen und Herren, aber auch viele kaiserliche Kinder, die bei den jährlichen Aufenthalten des Hofes in Laxenburg keinen Platz mehr fanden.

Bei Kindern war Schloß Hetzendorf nicht eben beliebt, seit hier im Jahre 1762 die ersten Blattern-Impfungen durch den Wundarzt von Atzgersdorf, Josef Miller – zuerst an den Kindern der Kaiserin, später an zahlreichen adeligen –, vorgenommen wurden. Später sollten die jährlichen Impfungen in Schloß Hetzendorf Tradition werden.

Kaiser Joseph II., der das Hofleben haßte, entdeckte Schloß Hetzendorf als Refugium. Aus seiner Zeit stammen die ausgedehnten Wirtschaftshöfe. 1788 kehrte der Kaiser von einem Aufenthalt bei seinem Heer in Semlin (einem Vorort von Belgrad) tuberkulosekrank nach Wien zurück. »Ich huste (Blut), ich speie und das Atmen fällt mir schwer«, schrieb er an seinen Bruder Leopold. Als er sich vorübergehend erholte, begab sich der Kaiser im September 1789 zur vermeintlichen Genesung nach Hetzendorf. Dort spazierte er im Park und bedankte sich bei den Ärzten mit Geldgeschenken für seine Gesundheit. Das kalte und feuchte Wetter im Spätherbst brachte jedoch seine Krankheit erneut zum Ausbruch. Joseph II. litt unter ständigem Fieber, Husten und Atemnot, sein körperlicher Verfall war rapide. Trotzdem arbeitete er rastlos, wobei er mit dem Staatskanzler Kaunitz korrespondieren mußte, da dieser sich weigerte, nach Hetzendorf zu kommen. Er könne den Anblick Kranker nicht ertragen, meinte Kaunitz (mit dieser Lebensanschauung, die ihm jede Infektion ersparte, sollte er immerhin 83 Jahre alt werden).

Kaiser Joseph II. verlieh seinem letzten behandelnden Arzt den Titel Baron, begab sich im Oktober nach Wien und verstarb am 20. Februar 1790 im Alter von 49 Jahren.

Schloß Hetzendorf sollte bald wieder neue Bewohner erhalten, denn für die in den Napoleonischen Kriegen vertriebenen Habsburger benötigte man dringend Wohnraum. So flüchtete 1800 Maria Karolina, die Königin von Neapel-Sizilien, eine Tochter Maria Theresias, aus Neapel. Ebenso fluchtartig hatte Ferdinand, der Generalgouverneur der österreichischen Lombardei, 1796 Mailand verlassen. Desgleichen war Maximilian Franz, der Kurfürst-Erzbischof von Köln, aus dem Rheinland vertrieben worden.

Naturgemäß wandten sich die habsburgischen Flüchtlinge alle an Kaiser Franz II. (I.). Sie trafen oft mit großem Gefolge in Wien ein, wo sie bei ihren Verwandten nicht nur Aufnahme, sondern auch Hilfe und militärische Unterstützung zu finden hofften. Sie intervenierten und intrigierten am Kaiserhof. Für ihre zumindest zeitweise Unterbringung bot Schloß Hetzendorf ideale Bedingungen – den standesgemäßen Rahmen und die angemessene Entfernung von der Wiener Hofburg.

Besonders Maximilian Franz litt unter dem Aufenthalt im Exil sehr. Als das linke Rheinufer den Franzosen überlassen werden mußte (Frieden von Luneville 1801), wurde er schwer depressiv. Von Krampfhusten und Schlafsucht geplagt, lebte er, sehr dick geworden, in Schloß Hetzendorf. Eine Verwandte schrieb über ihn: »Er ist ein Ungeheuer an Dicke, daß man förmlich Angst bekommt und er einem wahrhaft leid tut. Man stelle sich vor, er kann sich kaum bewegen, ißt wie ein Wolf, schläft bei der Hoftafel immer ein und schnarcht …«

Salon im Schloß Hetzendorf mit Gemälde der Kaiserin Elisabeth Christine

Die Säkularisierung seines Erzbistums im Jahre 1803 sollte Maximilian Franz allerdings nicht mehr erleben. Am 25. Juli 1801 starb der ehemals in Bonn sehr beliebte Kurfürst, der große Förderer Beethovens, in Schloß Hetzendorf im 45. Lebensjahr.

1813 mußte Königin Maria Karoline, diesmal auf Verlangen der Engländer, neuerlich ihr Land verlassen. Aus Sizilien kam sie nach einer langen Odyssee über Konstantinopel und Odessa nach Wien. Man befürchtete, daß sie, eine Intimfeindin Napoleons, auf Kaiser Franz II. (I.) Einfluß nehmen könnte, und verhinderte ein längeres Zusammentreffen mit dem Monarchen. Außerdem bat die Königin, in Schönbrunn wohnen zu dürfen. Geschickt lenkte sie der Kaiser ab und schrieb ihr:

»Sie haben gewünscht den Sommer am Lande zu verbringen … Fürst Trautt-mansdorff hat mir geschrieben, daß Hetzendorf Ihnen passen könnte …«

»Ich bin recht krank nach Hetzendorf gekommen, aber die Luft hat mir sehr gut getan und ich habe Appetit und Kraft wiedergewonnen«, notierte die Königin im Sommer 1814. Napoleon ist besiegt, der Wiener Kongreß steht vor der Tür, und sie rechnet sich Chancen auf eine baldige Rückkehr nach Neapel aus.

Auf dieses Zusammentreffen der Mächtigen bereitete sich Maria Karoline, ihrer Art gemäß, sehr gewissenhaft vor. Doch erlitt sie in der Nacht vom 8. auf den 9. September 1814 in Schloß Hetzendorf einen Schlaganfall, an dem sie verstarb.

Zur Zeit Kaiser Franz Josephs diente Schloß Hetzendorf dem kaiserlichen Hof als Gästehaus. Während der Wiener Weltausstellung im Jahre 1873 wohnte hier das deutsche Kronprinzenpaar. Damals hatte das Schloß bereits viel von seinem Reiz verloren, denn die Trasse der Südbahn war über einen Teil des Parks geführt worden.

Kaiser Franz Joseph verzieh Verstöße gegen die vermeintlichen dynastischen Interessen des Hauses Habsburg nie. Als daher der Thronfolger Franz Ferdinand gegen den erbitterten Widerstand des Kaisers die zwar adelige, aber nicht ebenbürtige Gräfin Sophie Chotek geheiratet hatte, schloß er die Kinder ihrer Ehe – auf Grund des noch von Metternich ausgearbeiteten Familienstatuts von 1839 – von der Thronfolge aus. Ohne jede Rücksichtnahme oder Taktgefühl zögerte Franz Joseph auch nicht lange, die Nachfolge des Thronfolgers zu regeln. Als der dafür ausersehene Großneffe Erzherzog Karl (als Kaiser Karl I.) 1911 heiratete und 1912 einen Sohn (nämlich Otto von Habsburg) bekam, holte ihn der Kaiser nach Wien und wies ihm das Schloß Hetzendorf als Residenz zu.

Die daraus resultierende Situation war grotesk: In der Hofburg herrschte noch der alte Kaiser, im Belvedere sah Franz Ferdinand bereits ungeduldig der Nachfolge entgegen, während sein eigener Nachfolger schon in Schloß Hetzendorf installiert war. Nur das Taktgefühl und diplomatische Geschick Karls, der sich in keiner Weise politisch betätigte, machten die Situation erträglich.

Das Schloß Hetzendorf mit einem stark verkleinerten und veränderten Park blieb bis zum heutigen Tag erhalten und erlangte sogar Weltruf – und zwar als Modeschule der Stadt Wien.

Die Kunst- und Modeschule der Stadt Wien, aus der 1942 gegründeten »Wiener Frauenakademie« hervorgegangen, bezog 1946 das noch kriegsbeschädigte Schloßgebäude – glücklicherweise war 1943 das Lackkabinett demontiert und im Salzbergwerk von Altaussee aufbewahrt worden. 1948 fand die erste Modeschau statt. Außerdem befindet sich in Schloß Hetzendorf seit 1951 eine Modesammlung sowie eine Modebibliothek.

Schloß Neugebäude, Gemälde von L. von Valckenborch, um 1577

WIEN – NEUGEBÄUDE

EIN TORSO KLAGT AN

Obwohl Wien sehr wenige Bauten aus der Zeit der Renaissance besitzt, ist das Neugebäude, also Wiens einziges im 16. Jahrhundert errichtetes Lustschloß, der Öffentlichkeit kaum bekannt. Weit verbreitet ist die Annahme, daß von dem einstigen Prachtbau nur mehr geringe Ruinenreste vorhanden wären.

Das Gegenteil ist jedoch der Fall. Zwar wurden beim Neugebäude alle Fenster vermauert, die Arkadengänge abgerissen und die überaus reiche Innenausstattung zerstört oder abtransportiert. Auch von den prachtvollen Gärten ist nichts mehr zu sehen. Der massive Hauptbau mit seinen meterdicken Wänden blieb jedoch vollständig erhalten. Die Zeichen jahrhundertelanger Zerstörung und zweckentfremdeter Nutzung sind allerdings deutlich sichtbar. Vor allem aber ging dem Neugebäude durch die negativen Veränderungen die ursprünglich heitere, elegante, fast spielerische Ausstrahlung verloren. Niemand würde heute in dem riesigen Gebäude, das düster, abwehrend und geheimnisvoll, aber immer noch sehr imposant die Simmeringer Haide beherrscht, ein ehemaliges Lustgebäude vermuten.

Der Schöpfer dieser Sehenswürdigkeit war Kaiser Maximilian II., dessen Vater, Kaiser Ferdinand I., seinem vermeintlich mißratenen 20jährigen Sohn am 14. Februar 1547 folgendes schrieb:

»Maximilian! Ich höre mit großem Schmerz, daß du dich nicht gut beträgst am Hof des Kaisers und wenig von dem gehalten hast, was du mir mit Handschlag, da wir uns versöhnten, versprachst dich in Zukunft zu bessern. Und dem entgegen ist, was ich von dir höre, daß du starke Weine in größerem Maße trinkst und Spuren von Trunkenheit gezeigt hast und es das Ansehen hat, daß du, wenn du frei wärest, dich öfter betrinken würdest … Zweitens höre ich, daß du leichtfertigen Menschen glaubst, und diese und deine Bären und die Musik dein ganzer Umgang sind. Auch vernehme ich, daß da ich dir empfahl zu lesen, du solches gänzlich unterlässest – Ich aber fürchte, daß du nichts hören willst, als was dir wohlgefällt … und wenn sich das so verhält und du darin fortfahren wirst, so sei gewiß, daß du dann der lasterhafteste und böseste Fürst werden und am Ende zugrunde gehen wirst – Ich fürchte auch sehr, daß du nach meinem Tode sehr ausschweifend und unschamhaft werden möchtest, ich ermahne dich, daß du dich enthalten mögest von Wollust …«

Die düsteren Prophezeiungen des besorgten Vaters traten nicht ein. Im Gegensatz dazu wurde Kaiser Maximilian II. (1527–1576) von den Zeitgenossen als gebildet, leutselig, kunstsinnig und sprachgewandt bezeichnet. Er wurde auch nicht der »böseste Fürst«, sondern wirkte in dem zu seiner Zeit schwelenden Konfessionskonflikt vermittelnd und friedensstiftend. Die drei Jahre von 1548 bis 1551 hatte Maximilian II. auf Wunsch des Vaters und recht widerwillig am Hofe seines Onkels, Kaiser Karls V., in Madrid verbracht. Owohl er später alles »Spanische« ablehnen sollte, haben die hoch entwickelte Gartenkultur der Lust- und Ziergärten, die Architektur und die große Vielfalt der in den kaiserlichen Menagerien gehaltenen exotischen Tiere prägende Eindrücke hinterlassen.

1551 kehrte Maximilian aus Spanien heim, wobei er einen Elefanten zur Ankündigung seiner Rückkehr vorausschickte. Der Marsch des Dickhäuters durch ganz Österreich erregte bei der Bevölkerung, die erstmals einen Elefanten zu Gesicht bekam, ein an Massenhysterie grenzendes Aufsehen und wurde schließlich Legende. Der Elefant fand im Tiergarten des kaiserlichen Jagdschlosses Ebersdorf bei Wien Aufnahme.

Schon bald nach seinem Regierungsantritt im Jahre 1564 wälzte Maximilian II. Pläne zur Errichtung eines eigenen Lustschlosses mit großen Gärten und Menagerien. Als Standort schien ihm das sanft zur Donau abfallende Terrain in der Nähe von Schloß Ebersdorf, am Rande der Donauauen und mit Blick auf Wien, am geeignetsten. Diese Wahl überraschte, da die Umgebung Wiens reizvollere Gegenden bietet als die karge Simmeringer Haide, und gab zu vielen Spekulationen Anlaß. Hatte sich doch bei der Belagerung Wiens durch die Türken im Jahre 1529 das Hauptquartier Sultan Suleimans II. an jener Stelle befunden, wo Maximilian II. 40 Jahre später seinen Lustgarten errichten sollte. Für die zahlreichen türkischen Delegationen, die im Laufe der Jahre nach Wien kamen, war dies signifikant. Schon bald berichteten sie, »daß an Stelle des Prunkzeltes Suleimans die Giauren [Ungläubigen] ein steinernes Abbild der Zeltburg errichtet hätten, um sich zu brüsten und den eigenen Ruhm zu vergrößern ...«

Derartige symbolträchtige Überlegungen dürften Maximilian II., der nach dem Frieden von Sewastopol 1568 ein jährliches Ehrengeschenk an die Pforte zu entrichten hatte, jedoch fremd gewesen sein.

Abgesehen von dem Fehlen jeglicher schriftlicher Belege zur Untermauerung dieser Theorie, finden sich auch keine architektonischen Parallelen zu einem Prunkzelt, sehr wohl dagegen solche zu italienischen und französischen Bauten. Für die Türken blieb das Neugebäude jedoch vor allem eine Stätte der Reverenz, wo sie vor Ergriffenheit die Mauern küßten.

Im Spätsommer des Jahres 1683 besuchte der Großwesier Kara Mustafa anläßlich der zweiten Türkenbelagerung Wiens das damals schon vernachlässigte Neugebäude und verbrachte in den Gärten einen vergnüglichen Nachmittag. Der gewissenhafte türkische Chronist des Feldzugs schrieb dazu: »... die

Wandverkleidungen und die Säulen sind aus buntem Porphyr und Marmor, die prächtigen Gärten enhalten neben Blumen und Obst Palmen, Zypressen und Zitronen. Die Lauben sind zwei Lanzen hoch. In den Menagerien tummeln sich Löwen und Tiger …«

Während die meisten Dörfer der südwestlichen Umgebung Wiens von den Türken und ihren tatarischen Hilfstruppen devastiert wurden, verschonten sie vermutlich aus Pietätsgründen das Neugebäude. Sie richteten dort keinen Schaden an, obwohl sie die Nebengebäude als Magazine benutzten.

Für den Bau seines Lustschlosses dürfte Maximilian zwei Vorbilder im Auge gehabt haben: An erster Stelle das Lustschloß Kaiser Ferdinands I., das Belvedere in Prag (1536 begonnen, aber erst 1557–1563 vollendet). Dieses lag außerhalb der Stadt, inmitten von Gärten, mit Blick auf die Burg. Nur mit geringem Wohnkomfort ausgestattet, diente es ausschließlich als Lustgebäude. An zweiter Stelle das Antiquarium in München, dessen Planung 1567 abgeschlossen war. Gebaut wurde es von 1569 bis 1571 und diente als Kunstkammer zur Aufstellung von Kunstschätzen. Bemerkenswert ist, daß der auch für Maximilian II. tätige Jacopo da Strada am Baugeschehen mitwirkte und Entwürfe lieferte.

Maximilian war seit früher Jugend mit dem Aufbau einer eigenen Kunst- und Wunderkammer beschäftigt. Er liebte Antikes, pflegte aber auch Kontakte zu zeitgenössischen Künstlern wie Giuseppe Arcimboldo und Lucas von Falkenborch. Beim Bau des Neugebäudes hatte er sicherlich die Unterbringung seiner reichen Sammlungen in einem repräsentativen Rahmen im Auge. So wurde das Neugebäude mit seinen Gärten, Grotten, Ballspielplätzen, Aussichtsterrassen und Menagerien ein Lustschloß, das auch museale Funktionen erfüllen konnte. Dafür dienten die sogenannten »schönen Säle« im Untergeschoß.

Interessant ist, daß der Bauherr seinem Lieblingsschloß keinen klangvollen Namen gab. Man nannte es, in Unterscheidung zum alten Jagdschloß Ebersdorf, schon während der Planung das »neugepeu«, und dabei sollte es bleiben. Maximilian II. betreute sein Lieblingsprojekt selbst sehr intensiv, und er schrieb, daß die Beschäftigung mit Baukunst und Hortikultur sein einziges Vergnügen sei. Sichtlich genoß er das Studium von Ansichten diverser Lustbauten, Gärten, Brunnen und Statuen, die ihm sein Berater, der Gelehrte, Künstler und Antiquar Jacopo da Strada, und ausländische Diplomaten beschaffen mußten. Für die Gärten kaufte Maximilian zahlreiche antike Statuen. Ab 1566 holte er Auskünfte über geeignete Architekten ein, und zwei Jahre später meinte er, daß er nun genügend Auswahl hätte.

Die Errichtung eines Fasangartens machte den Anfang. Der eigentliche Baubeginn fand 1569 statt. Der oder die planenden Architekten der Gesamtanlage blieben unbekannt, obwohl aus der Umgebung Maximilians II. zahlreiche Künstler genannt werden, die dafür in Frage kommen. Auf jeden Fall dürfte

Neugebäude, Durchblick

von Anfang an ein Gesamtkonzept vorgelegen sein, das dann je nach Maßgabe der stets knappen Geldmittel schrittweise verwirklicht wurde.

Es entstand in dem nach Norden abfallenden Gelände ein langgestrecktes, zweigeschoßiges Gebäude, von dem nach Süden hin beide Geschoße hervortreten, nach Norden hingegen trat nur das Hauptgeschoß hervor. Die Nordansicht zeigt einen ca. 25achsigen Arkadengang, der im Osten und Westen von turmartigen Gebäuden (das Obergeschoß des Ostturms diente als Kapelle) abgeschlossen wird. Im Inneren befinden sich im Erdgeschoß zwei lange gewölbte Räume, die ehemaligen »schönen Säle«.

225

Im Süden trennten ein schmaler Wassergraben und ein großer Vorhof das Hauptgebäude von den Gartenanlagen. Hier gab es zunächst einen mit Beeten und Brunnen versehenen inneren Blumengarten, um den ein Arkadengang, der »Spaziergang«, führte. Die Aufgänge dazu waren in den vier Ecktürmen integriert, die eine wohnliche Ausstattung aufwiesen und allesamt Namen hatten – Kronturm, Musikantenturm, Ratsturm und Badeturm.

Im letzteren unterzog sich der kränkliche Kaiser seinen Wasserkuren. Ein »Spazierfeld« und – von diesem durch einen Wassergraben getrennt – der Tier- und Baumgarten schlossen den Südgarten ab. Das ganze südliche Areal war von einer durch Rundtürme unterbrochenen Mauer umgeben. Mauern und Türme vermittelten einen derart dominierenden Eindruck, daß ein englischer Besucher des 17. Jahrhunderts bemerkte: »not like a garden, but a city of towers« (nicht wie ein Garten, sondern wie eine Stadt aus Türmen). Es dürfte auch die große Anzahl kupfergedeckter Türme gewesen sein, die bei den türkischen Reisenden Assoziationen zu Pavillons türkischer Paläste hervorriefen, so daß bald die Mär vom Neugebäude als Nachbildung einer Zeltstadt verbreitet wurde.

Allgemein bewundert wurden die üppigen Gärten mit den zahlreichen Springbrunnen und einem Teich für Bootsfahrten als Höhepunkt. Ermöglicht wurde dies durch die von Hans Gasteiger meisterhaft gebauten Wasserwerke, wobei ein Kanal das Wasser des Inzersdorfer Baches bis zu dem (noch heute erhaltenen) Wasserturm an der südlichen äußeren Gartenmauer führte. 1585 schreibt ein durchreisender Franzose: »... einer von diesen [Türmen] heißt Wasserturm, und aus seiner sehr geräumigen Höhlung befördert man das Wasser mittels einer Kette von 244 Kupfereimern in ein großes Bassin an der Spitze des Turmes, von wo man es in die beiden Gärten hinabrinnen läßt ...« Eine weitere von der Schwechat gespeiste Wasserleitung versorgte die nördlichen Gärten.

Auf dem Areal befand sich ein Ballspielplatz (später Löwenhof genannt), wo man das Pallonespiel, einen Vorläufer des heutigen Tennissports, betrieb.

1573 waren die Gartenanlagen und die Türme so weit gediehen, daß die Fugger-Zeitung vom 8. Mai schrieb, daß »die Kays. Mt [Majestät] auff dem neuen pau vor der stat alhier ein statlich pangget und ein herlichen schönen dantz gehalten, und darbey seinde Ir Mt. gar fröhlich und gutter ding gewesen ...« Im Spätsommer 1574 stellte der Bildhauer Alexander Colin zwei große Brunnen auf. Die Fundamente des Hauptbaus, die Erdgeschoßräume mit den Rampen, Schönen Sälen und Grotten gingen der Vollendung entgegen.

Es sollte Maximilian II. jedoch nicht gegönnt sein, die Fertigstellung des Baus, den er so liebte, zu erleben. Erst 49 Jahre alt, starb der schon lange herzleidende Kaiser am 12. Oktober 1576. In der Leichenrede erwähnte man das Neugebäude – der Kaiser hätte dort eigenhändig Bäume gepflanzt, hieß es. Zu diesem Zeitpunkt war der Mittelrisalit des Hauptgebäudes, der sogenannte

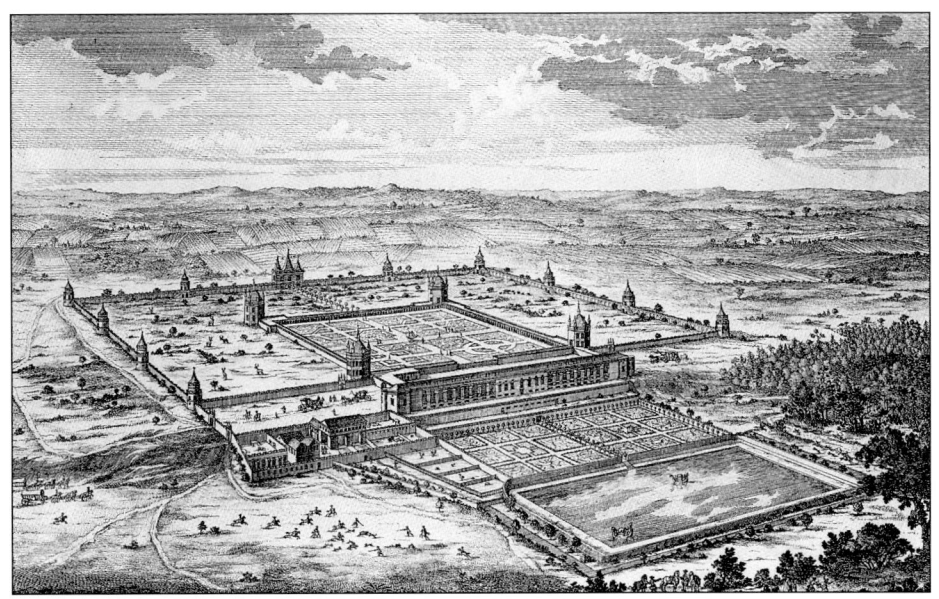
Das Neugebäude im 18. Jahrhundert, Kupferstich nach J. B. Fischer von Erlach

Picketturm, fertig. An der westlichen Galerie arbeitete man gerade, die östliche sollte erst unter Rudolf II. in Angriff genommen werden.

Aus dem Jahre 1585 stammt die erste Beschreibung des kaiserlichen Lustgebäudes in den Reiseerinnerungen des Diplomaten Jacob Bongars: »… verließen Wien und erreichten nach anderthalb Meilen den Fasangarten, auch das Neugebäude genannt. Dort gibt es drei Gärten, wovon einer mit Sträuchern, Blumen usw. bepflanzt und von teils hohen, teil niederen Galerien umgeben ist. An den vier Ecken erheben sich wuchtige Türme, jeder mit zwei gewölbten, vortrefflich ausgemalten Stockwerken, und in der Mitte steht ein Springbrunnen aus weißem Marmor mit schön gemeißelten Nymphen … wohlbepflanzte Obstbaumreihen [ca. 16 000 Bäume] nebst einem schönen Labyrinth, und mitten durch das Gelände zieht sich ein drei bis vier Schritt breiter Graben, der mit Steinen ausgelegt sein dürfte und in welchen sich das Wasser von einem anderthalb Meilen entfernten Gebirge herab ergießt … am Ende zwei Fischteiche, an der Seite sieben Gehege … einen Ballspielplatz und Stallungen für 50 Pferde … zwischen diesem Garten und den beiden anderen steht ein drei Stock hohes Gebäude, von dessen Galerien … der Blick auf die Felder, Wälder und die Berge … wo sich das nach dem Kaiser genannte Lustschloß [Kaiser-Ebersdorf] befindet, zu dem eine Straße führt.«

Nach dem Tod Maximilians ließ dessen Sohn Rudolf II. noch eine Zeitlang unter Beachtung größter Sparsamkeit weiterbauen. Großes Interesse hatte er für das Neugebäude seines Vaters, von dem er beträchtliche Schulden geerbt hatte, nicht. Auch verlegte Kaiser Rudolf II., um den ständigen Streitereien mit seinen Brüdern auszuweichen, schon 1583 seine Residenz nach Prag.

Beim Neugebäude setzte, nachdem die Dächer undicht wurden und die Wasserversorgung nicht mehr funktionierte, ein allmählicher, aber unaufhaltsamer Verfall der Gebäude und Gärten ein. Beim Kuruzzeneinfall des Jahres 1704 verwüsteten die Scharen Rakoczis das Lustschloß und erwürgten die Tiere. Die Felle wurden zum Schmuck ihrer Kleidung verwendet.

1730 bezeichnete Küchelbecker in seinen Nachrichten vom Kaiserhof das Schloß als »ein abenteuerliches Gebäude, welches nicht mehr ästimiert wird und mehr und mehr einer Wüstenei als einem Lusthaus gleicht«.

Bei der Gründung des Tiergartens in Schönbrunn 1752 übersiedelte ein Teil der Tiere dorthin, im Neugebäude bestand jedoch noch eine kleinere Menagerie bis 1785 weiter. Maria Theresia überließ das Neugebäude dem Militär. Seither waren im Bereich des Schlosses ein Pulvermagazin und Artillerielaboratorium untergebracht. Die Gartenanlagen hatte man aufgegeben. Am 29. April 1775 schrieb die Kaiserin dem Hofkriegsratspräsidenten Hadik: »Es befindet sich zu Neugebau eine alte Gallerie von steinernen säullen und gesimbsen, welche nichts nuzet, sondern villmehr zu beförchten ist, das solche zusam fahlet und grossen schaden und unglick verursachen könte ... entschlossen dort abbrechen ... und nacher Schönbrunn bringen zu lassen ...«

Demzufolge transportierte Johann Ferdinand von Hohenberg noch 1775 alle Säulen, Gesimse und Zierelemente ab, um sie beim Bau der Gloriette in Schönbrunn zu verwenden. Neuere Forschungen haben ergeben, daß auch die »Römische Ruine« im Park von Schönbrunn fast ausschließlich aus Architekturelementen vom Neugebäude besteht.

1831 vermittelten das Neugebäude und seine Umgebung folgenden Eindruck: »Von den, vor der Hauptfronte nach der Simmeringer Heide zu, einst befindlich gewesenen Gallerien, Ziergärten, Teichen usw. ist keine Spur mehr vorhanden, so wie auch der große, von der Mauer mit den Türmen umgebene Platz, seiner ehemaligen Zierden gänzlich beraubt ist; hier wo einst in demselben noch ein besonderer Ziergarten mit Gallerien ... wo man lustwandeln konnte ... wo gewölbte Gänge, zierliche Grotten und mit Säulen gezierte Gartensäle ... über und unter der erde ... auch den lüsternsten Geschmack befriedigen, da mahnen einige alte Bäume, umgeben von Feldern und Wiesen ... und die tiefste Stille des Ortes ... an die Vergänglichkeit alles Irdischen.«

In diesem Zustand blieb das Neugebäude fast weitere 100 Jahre bestehen. 1922 kam das Neugebäude samt dem Umland in den Besitz der Gemeinde Wien, die damals schon lange den Plan zur Errichtung einer Feuerbestattungsstätte hegte. Aus heutiger Sicht ist bedauerlich, daß sich dafür im 11. Wiener Bezirk mit seinen großen freien Flächen kein anderer Standort finden ließ als ausgerechnet der südliche Lustgarten des Neugebäudes. Dort nämlich entstand nach den Plänen des Architekten Clemens Holzmeister

Ehemaliges Lustschloß Neugebäude

1922 ein Krematorium samt Urnenhain, wobei die Verwaltungkanzlei und die Urnenaufbewahrungshalle im Gebäude des einstigen Brunnenwerks untergebracht wurden. In den Jahren 1967–1969 führte der Architekt eine Erweiterung seines Baus durch.

1985 stellte der Wiener Bürgermeister in einer Pressekonferenz neue Pläne zur Revitalisierung des Neugebäudes vor – ein Veranstaltungs- und Museumszentrum sollten entstehen, die berühmten Gärten wiederhergestellt werden. Das gesamte Areal wurde neu vermessen, wissenschaftlich erforscht, und die Firma Ekazent erstellte ein Nutzungskonzept. 1986 fand ein großes Symposium zum Thema Neugebäude statt, danach kehrte wieder Ruhe ein. Die Pläne erwiesen sich auf Grund der enormen Kosten als nicht realisierbar.

Derzeit erfolgen nur Maßnahmen zur Erhaltung der Bausubstanz. Betreten darf das Neugebäude nicht mehr werden, da die Baupolizei akute Einsturzgefahr festgestellt hat. Nach einem vermutlich von ungebetenen Gästen verursachten Brand in einem Nebengebäude wurde das gesamte Areal hermetisch abgeschlossen, um weitere Akte von Vandalismus zu verhindern.

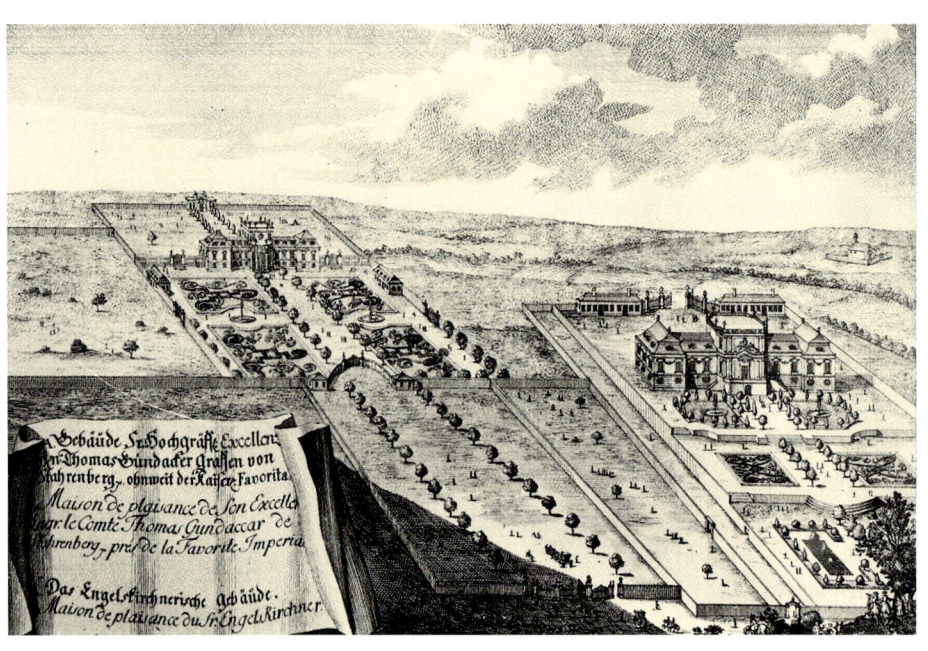

Das »Engelskirchnersche Gebäude« – Vorläufer des Palais Rainer, Stich nach
J. B. Fischer von Erlach

WIEN – PALAIS RAINER

EIN OPFER DER NACHKRIEGSZEIT

Am 18. Januar 1957 schrieb die »Arbeiter-Zeitung«: »Das Rainer-Palais ist heute von den Mauern moderner Wohnbauten umgeben. Sehr bald wird es gänzlich in die Erinnerung versinken und dem neuen Wien seinen Platz abtreten. Eine Tragödie? Nicht ganz. Eine Notwendigkeit.«

Die Prophezeiung der »Arbeiter-Zeitung« basierte auf Insider-Wissen, denn zu diesem Zeitpunkt hatte bereits eine Abbruchgesellschaft das im 4. Wiener Gemeindebezirk gelegene Barockpalais samt Areal erworben. Ein Abverkauf der gesamten Innenausstattung begann. Die noch aus dem 18. Jahrhundert stammenden Statuen der Dachzonen von Lorenzo Matielli wurden auf Anordnung des Bundesdenkmalamtes geborgen und übersiedelten nach Innsbruck, wo sie vor der Hofburg aufgestellt wurden. In Wien blieb von dem Abbruchobjekt als einziges Relikt eine Bacchusfigur zurück, die in einem Gemeindedepot aufbewahrt wird. Binnen kürzester Zeit war ein geschichtsträchtiges Barockpalais, das auch in seinem zuletzt verwahrlosten Zustand noch über eine gute Bausubstanz verfügt hatte, vom Erdboden verschwunden und Wien um eine Sehenswürdigkeit ärmer.

An seiner Stelle errichteten die Architekten Georg Lippert und Otto Mayer von 1961 bis 1964 das sogenannte »Semperit-Zentrum«, ein wenig originelles, klotziges Bürohaus, das schon beim Bau zahlreiche Kontroversen hervorrief. Seit 1965 ist es Eigentum und Sitz der Wirtschaftskammer Österreich.

Im Gegensatz dazu war der Vorgängerbau stets hoch geschätzt worden. Er stammte aus dem Anfang des 18. Jahrhunderts. Damals, ca. 1710/11, ließ sich der Sohn des reichen »Hofhandelsmannes« Leopold von Engelskirchner in den Weingärten nahe dem kaiserlichen Lustschloß Favorita ein Palais mit terrassenartigen französischen Gartenanlagen bauen.

Das Vorhaben war sein finanzieller Ruin. Das »Engelskirchnerische Lustgepäu«, wie es noch lange genannt wurde, mußte zwangsversteigert werden. Es kam an den Leibarzt Kaiser Leopolds I. und schließlich 1739 an Kaiser Karl VI.

In dem nunmehrigen »Kaiserhaus« besuchte Kaiserin Maria Theresia während der großen Blatternepidemie des Jahres 1767 ihre erkrankte Schwiegertochter Maria Josefa. Sie infizierte sich mit der damals gefürchteten und oft tödlich verlaufenden Krankheit, an der bereits 1761 Maria Theresias Lieblingssohn,

Karl Josef, im Alter von 16 Jahren gestorben war. Für die Dauer ihrer Krankheit, vom 23. Mai bis zum 14. Juni, war die Monarchin in dem Palais auf der Wieden untergebracht, wo sie ihr Leibarzt van Swieten behandelte. In allen Kirchen der Stadt wurde damals für die Kaiserin gebetet. Am 1. Juni 1767 empfing sie die Sterbesakramente. »Die Trauer in der Stadt ist unbeschreiblich ... Überall in den Straßen sieht man die Menschen erschüttert weinen ...«, berichtete der venezianische Gesandte.

Maria Theresias ältester Sohn, Joseph II., wich nicht vom Krankenlager seiner Mutter und ließ sich sogar ein Notbett im Vorraum des Krankenzimmers aufstellen. Daß zur selben Zeit und im selben Haus seine Gattin Maria Josefa an den Blattern verstarb, berührte ihn kaum. Auch am Begräbnis seiner unglücklichen, erst 28jährigen Frau nahm er nicht teil. Die robuste Konstitution der damals 50jährigen Kaiserin Maria Theresia widerstand jedoch der Krankheit, und in der ersten Juniwoche meldeten die Ärzte, daß die Krise überstanden sei. Im Juli konnte die kaiserliche Familie unter großer Anteilnahme der Bevölkerung im Stephansdom einen Dankgottesdienst feiern. Zum Gedenken an die glückliche Genesung wurden Medaillen geprägt. Ab dieser Zeit trat die Kaiserin vehement für die Einführung der Pockenimpfung ein. Dabei ging die kaiserliche Familie mit gutem Beispiel voran. Alle Kinder und Enkel unterzogen sich dieser Prozedur. Von den Folgen ihrer Krankheit erholte sich Maria Theresia allerdings nicht mehr ganz. 1769 schrieb sie illusionslos über sich selbst: »... Meine äusserliche Gesundheit scheint zwar gut. Ich bin sehr fett, mehr als meine hochseligste Frau Mutter, auch roth, besonders seit den Blattern, aber die Füsse, Brust, Augen gehen zu Grunde; erstere sind geschwollen; ich erwarte täglich das Aufbrechen. Die Augen sind schier gar hinweg; das Uebelste ist, dass ich kein Glas noch Brillen brauchen kann ... ich kann mich nicht beklagen; der Mensch muß aufhören. Fünfzig Jahre war ich ganz gesund ...«

1770 verkaufte die Monarchin das »Kaiserhaus«. Nach mehrmaligem Besitzerwechsel erwarb im Jahre 1823 ein überaus interessanter Mann das Palais – der Bankier Johann von Geymüller. Bis zu seinem Bankrott im Jahre 1843 führte der bei Ferdinand Raimund als »Verschwender« verewigte Geymüller ein schönes und lustiges Leben. Seine Gesellschaften waren berühmt:

»Es herrschte ein Glanz, ja eine Verschwendung in diesem Haus«, schrieb ein Gast, »wie in wenigen fürstlichen. Die Diners und Soupers waren von der größten Feinheit und Vielfältigkeit, es wurden Schauspiele, sogar Opern gegeben. Ich weiß mich eines Balls im Kaiserhaus zu erinnern, zu dem dreihundert Personen geladen waren und bei dem der Champagner in Strömen floß ...«

Ein Bericht aus dem Jahre 1825 beschreibt das Palais:

»Das Hauptgebäude ist terrassenförmig aufgebaut. Das flache, mit Balustraden gezierte Dach gibt dem Ganzen ein imposantes Ansehen, die beiden Seitenflügel treten mit dem Mitteltrakt gleichmäßig hervor. Das Ganze ist mit einem englischen Park umgeben, der bis zur Hauptstraße hervortritt; doch ist derselbe noch von der Straße durch lebende Hecken getrennt ...«

1832 pilgerten die Wiener auf die Wieden, um eine revolutionäre Neuigkeit zu bestaunen, denn Geymüller hatte in seinem Palais – und auch im Hof und in den Ställen – die erste Gasbeleuchtung Wiens installieren lassen. 1843 war es mit der Herrlichkeit leider vorbei, denn der Bankrott des Bankhauses Geymüller verschonte auch das private Vermögen nicht. 1854 bekam das Palais wieder einen Besitzer aus dem Hause Habsburg. Das ehemalige, fast 150 Jahre alte »masion de plaisance« gefiel Erzherzog Rainer d. Jüngeren (1827–1913) so sehr, daß er es erwarb und zu seinem Hauptsitz machte. 69 Jahre seines Lebens sollte der Erzherzog hier verbringen. Er ließ das Haus einer gründlichen Renovierung durch den Architekten Franz Bell unterziehen, wobei auch eine Aufstockung erfolgte. Die aus dem ersten Viertel des 18. Jahrhunderts stammende Bausubstanz blieb dabei im Kern unverändert. Damals entstand auch eine Reitschule mit großen Stallungen. Für die ca. 40 000 Bücher des Erzherzogs wurde ein eigener Bibliothekstrakt mit einer hauseigenen Buchbinderei gebaut. Alle Neuerwerbungen des Erzherzogs wurden hier mit einheitlichen, goldverzierten Einbänden versehen.

Erzherzog Rainer war als vierter Sohn des gleichnamigen Vizekönigs von Lombardo-Venetien in der Mailänder Hofburg zur Welt gekommen. Mit 17 Jahren schickte man ihn zur weiteren Erziehung nach Wien, wo er eine militärische Laufbahn einschlug und von 1872 bis 1906 als Oberkommandierender der erst 1870 geschaffenen Landwehr wirkte. Nach einem kurzen Intermezzo als erster konstitutioneller Ministerpräsident Österreichs zog sich der Erzherzog 1865 beim Auftreten von Unstimmigkeiten ganz aus der Politik zurück. Fortan widmete sich der durch seine liberalen Ansichten recht populäre Erzherzog in seinem Palais auf der Wieden den Künsten und Wissenschaften. Seit 1861 wirkte er als Kurator und Ehrenmitglied der Akademie der Wissenschaften.

Das größte Verdienst von Erzherzog Rainer ist jedoch, die ca. 100 000 Exemplare umfassende, damals entdeckte Papyrussammlung »El Fayum« mit Handschriften aus der Zeit von 1400 vor bis 1400 nach Christus nach Wien gebracht zu haben. Zusammen mit dem Gelehrten Professor Karabacek betreute der Erzherzog viele Jahre hindurch die Konservierung und wissenschaftliche Bearbeitung dieses unschätzbaren Fundes. Er finanzierte nicht nur das ganze Unternehmen, sondern förderte mit großem Engagement den Fortgang der Arbeiten. Dabei wachte er in seinem Wiedener Palais sozusagen über jedem einzelnen Stück und schrieb dort 1891: »...übersende ich Ihnen [Karabacek] das Ansuchen ... für die Internationale Musikausstellung ... die Musikfragmente der Papyrussammlung ... als ältestes Musikwerk der Welt ... zur allgemeinen Besichtigung...gerne dazu bereit...aber Bedenken wegen

Das Palais Rainer vor dem Abbruch, 1957

Feuchtigkeit ... dem Zwecke würde eine gute fotographische Aufnahme entsprechen ...«
Auch die Herausgabe eines Katalogs ging auf eine Initiative des Erzherzogs
zurück, und im Jahre 1894 konnte die Sammlung der Öffentlichkeit präsen-
tiert werden. 1899 kam sie als Geschenk des Erzherzogs in die kaiserliche
Hofbibliothek (Nationalbibliothek), wo sie zu den größten Schätzen zählt.
Dieses außergewöhnliche Mäzenatentum wurde dem Erzherzog durch sein
großes Privatvermögen ermöglicht. Rainer besaß nicht nur die Güter seines
verstorbenen Vaters in Italien und Österreich, sondern er erbte auch von seinen kinderlos verstorbenen Brüdern bedeutende Besitzungen. Nach dem Tod
des Erzherzogs im Jahre 1913 verkaufte und versteigerte man seine großen
Sammlungen. Das Palais selbst erbte sein Neffe Erzherzog Franz Salvator, der
Gatte der jüngsten Kaisertochter Marie Valerie, und nach ihm dessen Sohn
Klemens Salvator (seit 1949 mit dem Familiennamen Altenburg). 1919 verfügte die Gemeinde Wien zahlreiche Zwangsquartierungen, die Nebengebäude
dienten als Depots. Die ehemaligen Reitstallungen sollten zur »Rainer-Gara-
ge« werden.
Im Zweiten Weltkrieg erlitt das Palais Bombentreffer, konnte jedoch von der
sowjetischen Besatzungsmacht als Offizierskasino benutzt werden. Dem Abschluß des Staatsvertrages folgte der Abzug der ausländischen Truppen und
auch die damit verbundene Räumung des Palais Rainer. Die Demolierung ließ
nicht lange auf sich warten.

Die Militärakademie Wiener Neustadt

WIENER NEUSTADT – DIE BURG

EINE RESIDENZ ALS MILITÄRAKADEMIE

Am Anfang stand ein Verbrechen: Als der Babenbergerherzog Leopold V. in der Ebene des Steinfelds zur Sicherung des Handelswegs von Wien nach Venedig eine Stadt – die Wiener Neustatt – gründete, verwendete er dafür einen Teil der riesigen Summe Lösegeldes, die er für die Freilassung des englischen Königs Richard I., Cœur de Lion, bekommen hatte. Richard hatte im Jahre 1192 auf der Rückkehr vom 3. Kreuzzug nahe Venedig Schiffbruch erlitten und sah sich gezwungen, die Weiterreise durch das Territorium seines Feindes Leopold V., mit dem es schon im Heiligen Land zu Querelen gekommen war, vorzunehmen. In Erdberg erkannte man den als einfachen Pilger verkleideten König – wahrscheinlich an seinem kostbaren Ring – und setzte ihn gefangen. Für diese üble Tat wurde der Babenbergerherzog zwar exkommuniziert – Teilnehmer an Kreuzzügen genossen den besonderen Schutz des Papstes –, doch dürfte ihn dies nicht weiter gestört haben. In England jedoch mußte eine neue Steuer zur Auslösung des Königs, der von seiner zehnjährigen Regierungszeit nur sechs Monate im Land verbrachte, eingehoben werden.

Ende 1193 erhielt Leopold V. 20 000 Mark Silber, das waren ca. 5 000 kg Silber. Die damals zusammen mit der Stadt gebaute Pfalz erwies sich als nicht zweckmäßig, so daß bereits zu Beginn des 13. Jahrhunderts mit dem Neubau einer weiteren Burg begonnen wurde. Sie konnte bereits 1204 benützt werden, besaß 1260 vier Türme und gilt als Vorgängerbau der heutigen Burg.

In den folgenden Jahrhunderten diente die allmählich vergrößerte Anlage den frühen Habsburgern. Zu längeren Aufenthalten kam es jedoch nicht, da zu jener Zeit die Herrscher keine feste Residenz hatten und ständig ihre Länder bereisten.

Herzog Ernst (1377–1424) war der erste, der einen Teil seiner Regierungszeit in Wiener Neustadt verbrachte. 1412 traf auch seine zweite Gattin Cimburgis von Masowien hier ein.

Es war vielleicht das Andenken an den Vater, das den Sohn aus dieser Ehe, Friedrich (als Kaiser Friedrich III.) bewog, Wiener Neustadt zu seiner Residenz zu wählen. Seit der habsburgischen Erbteilung von 1379 gehörte es zur Steiermark – »pei steirmark in dy newenstatt da der kaiser sein wonung hat«, wie ein Chronist schreibt.

Als Friedrich III. 1434 endlich nach zweijähriger Verzögerung aus der Vormundschaft seines Onkels entlassen wurde, trafen die beiden in Wiener Neu-

Die k. k. Neustädter Militärakademie, Lithographie und Zeichnung von Doderer, um 1860

stadt zusammen, wo ein erbittertes Feilschen um den Nachlaß Herzog Ernsts begann. Im Jahr darauf bekam Friedrich seinen Anteil an Feuerwaffen, Munition, Harnischen und Belagerungsmaschinen in die Wiener Neustädter Burg geliefert, ebenso die »Silberasach« (Tafelsilber) und alle schriftlichen Verwaltungsunterlagen wie Urbare und Urkunden. Zum Schatz gehörte damals auch »ain ring gancz von saffir«, das älteste noch heute vorhandene Objekt aus Habsburgerbesitz.

Bald huldigten Bürgermeister, Richter und Rat der Stadt ihrem jungen Herrn. Adelige und Ritter aus der Steiermark, Kärnten und Krain erschienen in der Burg, um sich ihre Belehnungen erneuern zu lassen, denn auch als Herrscher von Innerösterreich blieb Friedrich in Wiener Neustadt. 1436 brach er von hier zu einer Pilgerreise ins Heilige Land auf, um am Grab Christi den Ritterschlag zu empfangen. Im Hinblick auf das stete Vordringen der Türken ein recht gewagtes Abenteuer.

1439 besuchte der kastilische Edelmann Pero Tafur den Herzog, blieb eine Woche zu Gast in der Wiener Neustädter Burg und speiste sogar an der herzoglichen Tafel. Begeistert war er nicht. Die Hofhaltung sei recht einfach, Friedrich »nicht eben ein großer Herr«. Tatsächlich lebte der als geizig geschilderte Friedrich sehr bescheiden. Auch persönlich war er anspruchslos, kleidete sich schlicht, war jeder Mode feind, trug aber zu seiner Sicherheit stets einen vergoldeten Dolch im Gürtel. Er aß wenig, trank nur Wasser, liebte den Verzehr frischen Obstes und sollte mit dieser Lebensführung ein hohes Alter erreichen. Sein geruhsames, phlegmatisches Temperament brachte ihm später den Beinamen »einer Schlafmütze des Heiligen Römischen Rei-

ches« ein – wich doch sein täglicher Rhythmus erheblich vom Üblichen ab:
Er ging spät zu Bett, arbeitete manchmal in der Nacht und schlief den Großteil des Tages.

Friedrich war ein profunder Kenner und trotz seiner übermäßigen Sparsamkeit ein großer Sammler von Edelsteinen. 1445 gab er die Anfertigung privater
Kroninsignien unter der Verwendung von zahlreichen Juwelen aus dem eigenen Besitz in Auftrag. Seine Sammlungen waren in den geräumigen Gewölb-
beräumen der beiden südöstlichen und südwestlichen Türme seiner Residenz
untergebracht – wo er auch die auf abenteuerliche Weise an ihn gekommene
Stephanskrone verwahrte.

Friedrich war ein eifriger Leser, besonders Geschichtsliteratur interessierte
ihn. Von seiner Bibliothek, die vermutlich neben der Kanzlei aufbewahrt
wurde, konnten über 60 Werke (nun hauptsächlich im Besitz der Österreichischen Nationalbibliothek), darunter auch die berühmte Prunkhandschrift der
Wenzelsbibel, nachgewiesen werden. Für seinen Schriftverkehr ersann er eine
Geheimschrift, von der er stolz vermerkte: »hab ich selbs erdacht.« Darüber
hinaus betrieb er Vogelfang und Obstbau. In seinem Garten soll das Obst wie
»in den Gärten der Hesperiden« gereift sein. Nahe der Burg ließ Friedrich
den »tännelgarten«, einen großen, von einer Mauer umgebenen Tiergarten
mit Damwild anlegen. 1453 wurde für die Tiertränke sogar ein Bach durchge-
leitet.

1439 wurde der erst 24jährige Friedrich durch zwei Todesfälle zum Senior der
habsburgischen Familie und damit ab Februar 1440 zum Vormund des Ladislaus Postumus, des nachgeborenen Sohns des verstorbenen Albrechts II. Ebenfalls im Jahre 1440 erschien eine glanzvolle Deputation der Kurfürsten, um
Friedrich seine Wahl zum römischen König mitzuteilen. Die feierliche Annahme der Würde mußte allerdings in der Wiener Neustädter Pfarrkirche stattfinden, da die herzogliche Burg für derartige Zeremonien nicht geeignet war.

Der nunmehrige König trachtete daher, seine Residenzstadt den geänderten
Verhältnissen anzupassen, wie es eben zur Aufrechterhaltung des Hoflebens
und der wirtschaftlichen Organisation des Hofes notwendig war. Durch die
zahlreichen kirchlichen Stiftungen sollte Wiener Neustadt unter Friedrich das
neben Wien bedeutendste Zentrum gotischer Architektur in Österreich werden. Auch an der Burg begann eine rege Bautätigkeit. Die im östlichen Trakt
gelegene, schon von seinem Vater begonnene Fronleichnamskapelle wurde
fertiggestellt. 1461 ließ Friedrich in der Nähe seiner im Südtrakt gelegenen
Gemächer einen zweischiffigen Thronsaal einbauen.

Bereits 1440 hatte Friedrich mit der Errichtung der »kirche ob dem tor«, der
St.-Georgs-Kapelle, den bedeutendsten Umbau an seiner Burg vorgenommen.
In der Mitte der Westfassade, zwischen den Ecktürmen, wurde von dem
berühmten Baumeister Peter von Pusika ein hoher rechteckiger, die gesamte
Anlage beherrschender, drei Joche über die Fassade hinausragender Baukör-

Die Wappenwand in der Burg Wiener Neustadt mit Figur Kaiser Friedrichs III.

per eingesetzt. Eine repräsentative Torhalle mit sternförmigem Rippenkreuz war bereits 1445 vollendet, und darüber entstand nun eine dreischiffige Hallenkirche, die als Grablege eine Art habsburgisches Familienheiligtum werden sollte - Friedrich ließ hier später einen vergoldeten Schrein mit Reliquien aufstellen.

Die St.-Georgs-Kirche ist von Streben umgeben, durch die in der Höhe des ersten Geschoßes ein Umgang, gleichsam eine Aussichtsgalerie, führt. Ein repräsentatives Element bildet eine Wappenreihe mit den Buchstaben AEIOU, der Devise Friedrichs und der Jahreszahl 1457. An der Außenwand der Kapelle zum Hof hin befindet sich die berühmte Wappenwand mit 107 Wappen, die als ein fabulöser Stammbaum des Hauses Habsburg aufgefaßt werden können. In der Mitte befindet sich das lebensgroße Standbild Friedrichs, umgeben von den Wappen 14 habsburgischer Länder. Engel tragen ein Spruchband mit dem Wahlspruch AEIOU (Austria erit in orbe ultima) und der Jahreszahl 1453. 1460 vollendete Peter von Pusika sein Werk. Im Osttrakt der Burg, wo heute die Generalstiege ist, hat er sich wahrscheinlich an seinem Gewölbeschlußstein verewigt – dort befinden sich sechs Porträtköpfe, die den Baumeister mit seiner Familie darstellen sollen.

Die Burg Friedrichs III. war um die Mitte des 15. Jahrhunderts eine wehrhafte vierflügelige, mit Ecktürmen versehene Anlage. An der Süd- und Ostseite befanden sich vorgelagerte Galerien zu Verteidigungszwecken. Der Innenhof besaß umlaufende, auf ionischen Säulen ruhende Bogengänge. Die Wandgestaltung durch Fresken auf Goldgrund wirkte überaus dekorativ.

Im Dezember 1451 brach Friedrich nach Rom auf, um sich zum Kaiser krönen zu lassen, aber auch um die Prinzessin Eleonora, eine Tochter des Königs von Portugal, zu heiraten. Die Reise verlief ereignislos und erfreulich – erstaunlicherweise bezahlte der Papst selbst dafür alle Kosten. Gezwungenermaßen machte sie auch Friedrichs Mündel Ladislaus Postumus mit, obwohl die Stände, die in ihm den rechtmäßigen Erben von Österreich (damals Nieder- und teilweise Oberösterreich), Böhmen und Ungarn sahen, schon vehement seine Entlassung aus der Vormundschaft forderten.

Bei seiner Heimkehr fand Kaiser Friedrich III. das Land in Aufruhr vor. Die entsetzte Gattin mußte aus Sicherheitsgründen überhaupt in Leoben zurückbleiben, Friedrich jedoch wurde am 27. August 1452 von einem 16 000 Mann starken Heer in seiner Wiener Neustädter Burg belagert.

Ein zeitgenössischer Chronist berichtet vom Kampfgetümmel: »...warf sich ihnen [den Belagerern] der steirische Ritter Andreas Baumkircher, ein Mann von furchtbarer Riesengestalt entgegen ... haufenweise streckte sein Schwert die Feinde um sich nieder ... so war für jetzt die Stadt und der Kaiser ... glücklich gerettet.« Trotzdem mußte der Kaiser sein Mündel ausliefern und bekam in einer feierlichen Zeremonie in der Burg 50 000 Gulden ausgehändigt.

Am 22. März 1459 kam in der Residenz zu Wiener Neustadt der spätere Kaiser Maximilian I. zur Welt, der hier als das einzige überlebende Kind des kaiserlichen Paares gemeinsam mit Söhnen von Adeligen unterrichtet und aufgezogen wurde. Die ersten zwei Lebensjahre hatte Maximilian mit seinen Eltern in der Burg zu Wien verbracht, bis die kaiserliche Familie von den Wienern belagert und schließlich zur Flucht nach Wiener Neustadt gezwungen wurde.

Kaiser Friedrich plante, in der St.-Georgs-Kirche seine letzte Ruhe zu finden, und beauftragte den berühmten Niklas Gerhaert von Leyden, der bereits den Grabstein für Eleonora geschaffen hatte, mit der Herstellung eines überaus prächtigen Grabdenkmals. 1467 berichtete der durchreisende böhmische Adelige Leo von Rozmital, daß am Grabmal des Kaisers bereits gearbeitet würde und der Stein, der das Grab abschließen sollte, 1 100 Goldstücke gekostet hätte. Aus dem Jahre 1479 stammt dann die Nachricht, daß »des ... allergnedigsten herrn ... des romischen kaiser ... grabstain in die Neustat gefurt«.

Der Kaiser sollte seine bevorzugte Residenz allerdings schon lange vor seinem Tod (1493) verlassen und schließlich in Wien beigesetzt werden. 1477 war Wiener Neustadt durch den ausbrechenden Krieg mit den Ungarn stark bedroht, was den Kaiser zwang, sich im westlichen Österreich aufzuhalten. Abgesehen von kurzen Besuchen, mied Friedrich seine einstige Lieblingsresidenz und kam ihr auch dann nicht militärisch zu Hilfe, als die Stadt nach fast zweijähriger Belagerung eingenommen wurde. Verbittert schreibt ein Chronist: »da hat er seinen lust gehabt ... da hat er im seine rue nach seinem tod pey seinem gemahel erwelt ... das hat er alles liederlich verlassen.«

Damit waren die Zeiten der kaiserlichen Residenz für die Wiener Neustädter Burg für immer vorbei. Zwar kehrte Kaiser Maximilian I. nach dem Abzug der Ungarn in die Burg zurück, jedoch nur zu einem kurzen, vorübergehenden Aufenthalt. Unter Maximilians Enkel Ferdinand (als Kaiser Ferdinand I.) sollte Wiener Neustadt nach der Niederschlagung des Aufstandes der Stände als Schauplatz des »Wiener Neustädter Blutgerichtes« im Jahre 1522 traurige Berühmtheit erlangen. Die heutige Bestimmung der einstigen kaiserlichen Burg geht auf die Kaiserin Maria Theresia zurück. Am 14. Dezember 1751 verfügte sie:

»... eine eigene militäracademie auf unsere kosten zu errichten, zu solcher unsere landesfürstliche burg in der Wiener-neustadt mit aller zugehörde einzuräumen und in derselben ein cadetencorps von zwei compagnien ... die wahren grundsätze deren zur kriegskunst erforderlichen wissenschaften beizubringen ...«

Im Zweiten Weltkrieg erlitt die Wiener Neustädter Burg schwerste Bombentreffer. Von der eingestürzten St.-Georgs-Kirche standen nur mehr die Außenwände und eine einzige Säule, jene vor dem Oratorium der Kaiserin Leonore. Die Wiederherstellungsarbeiten gestalteten sich sehr schwierig, 1957 jedoch war die St.-Georgs-Kapelle fertig – sogar die nach 1945 gestohlene Bronzestatue des hl. Georg fand sich, in 14 Stücke zerschlagen, bei einem Händler wieder und erhielt ihren angestammten Platz zurück. In der Burg ersetzten Eisenkonstruktionen die einstigen Grabendächer. Die Wiedereröffnung der Wiener Neustädter Militärakademie konnte 1958 erfolgen, und seither werden dort jährlich rund 100 Offiziere ausgebildet.

LITERATUR
(AUSWAHL)

ALLGEMEIN

Alfred Arneth, Briefe der Kaiserin Maria Theresia an ihre Kinder und Freunde, 4 Bde., Wien 1881.

Darstellung der k. k. Haupt- und Residenzstadt Wien von Franz Xavier Ritter von Sickingen, Wien 1832.

Die letzten Habsburger in Augenzeugenberichten, hg. von Hans Flesch-Bruningen, Düsseldorf 1967.

Nora Fugger, Im Glanz der Kaiserzeit, Wien 1932.

Habsburger schreiben Briefe. Privatbriefe aus fünf Jahrhunderten, hrsg. von Emil Schaeffer, Leipzig–Wien 1935.

Die Habsburger. Ein biographisches Lexikon, hrsg. von Brigitte Hamann, Wien 1988.

Rudolf Graf Khevenhüller-Metsch, Hanns Schlitter, Aus der Zeit Maria Theresias. Tagebuch des Fürsten Johann Josef Khevenhüller-Metsch, 7 Bde., Wien, Leipzig, Berlin 1907–1925.

Johann B. Küchelbecker, Neueste Nachrichten vom kaiserlichen Hof …, Wien 1730.

Maria Theresia und ihre Zeit, hrsg. von Walter Koschatzky, Salzburg und Wien 1979.

Adam Wandruszka, Leopold II. 2 Bde., Wien–München 1963/1964.

Franz Weller, Kaiserliche Burgen und Schlösser, Wien 1880.

Leopold Wölfling, Habsburger unter sich, Berlin 1921.

Erich Zöllner, Geschichte Österreichs, 8. Aufl., Wien 1990.

ALBERTINA

Klassizismus in Wien – Architektur und Plastik. Katalog der 56. Sonderausstellung des Historischen Museums der Stadt Wien, Wien 1978. S. 91ff.
Walter Koschatzky, Alice Strobl, Die Albertina in Wien, Wien 1970.
Adam Wolff, Marie-Christine, Erzherzogin von Österreich, 2 Bde., Wien 1863.

AMBRAS

Josef Hirn, Erzherzog Ferdinand II. von Tirol, 2 Bde., Innsbruck 1885–1887.
Laurin Luchner, Denkmal eines Renaissancefürsten, … Wien 1958.
Alois Primisser, Die kais.-königl. Ambraser Sammlung, Wien 1819.

ARTSTETTEN

Friedrich Weissensteiner, Franz Ferdinand. Der verhinderte Herrscher, Wien 1983.
Wladimir Aichelburg, Erzherzog Franz Ferdinand und Artstetten, 5. Aufl., Wien 1988.

AUGARTEN

Wilhelm G. Rizzi, Das Augartenpalais. In: Österr. Zeitschrift f. Kunst und Denkmalpflege 37, 1983/84, 12ff.
Robert Waissenberger, Das josephinische Wien. In: Österreich zur Zeit Kaiser

Josephs II. (Katalog des NÖ Landesmuseums NF Nr. 95, Wien 1980, zur NÖ Landes-ausstellung 1980 in Stift Melk) S. 139ff.

DER BRANDHOF

Der Brandhofer und seine Hausfrau, hrsg. von Walter Koschatzky, Graz 1978.

Franz Otto Roth, Zur Geschichte des Brandhofes. In: Zeitschrift des Historischen Vereins für Steiermark 50. Jg., Graz 1959, S. 128ff.

Franz Carl Weidmann, Der Brandhof, Wien 1828.

ECKARTSAU

Carl Bertele-Grenadenberg, Das kaiserliche Jagdschloß Eckartsau. In: Mitteilungen der Centralvereinigung der Architekten Österreichs, Nr. 8, 9, 10, Wien 1916.

Walter Brauneis, Die Schlösser im Marchfeld, Wien 1981.

Gordon Brook-Shephard, Um Krone und Reich, Wien 1968.

DIE EREMITAGE

Die Eremitage Maximilians des Deutschmeisters und die Einsiedeleien Tirols, hrsg. von der Messerschmitt-Stiftung, Innsbruck 1986.

Heinrich Noflatscher, Glaube, Reich und Dynastie. Maximilian der Deutschmeister (Marburg 1987).

DIE FAVORITA – DAS THERESIANUM

Österreichische Kunsttopographie Bd. XLIV: Die Kunstdenkmäler Wiens: Die Profanbauten des III., IV., und V. Bezirkes, Wien 1980 S. 235ff.

Oswald Redlich, Die Tagebücher Kaiser Karls VI. In: Gesamtdeutsche Vergangenheit. Festgabe für Heinrich Ritter von Srbik, S. 141ff., München 1938.

Erich Schlöss, Das Theresianum. In: Forschungen und Beiträge zur Wiener Stadtge-schichte Heft 5, Wien 1979.

FREINBERG

Dietmut Kastner, Erzherzog Maximilian und sein Kreis. Beiträge zur österreichischen Kulturgeschichte im 19. Jahrhundert, Phil. Diss., Wien 1964.

Renate Wagner-Rieger, Die maximilianeischen Türme. In: Kunstjahrbuch der Stadt Linz, Wien 1963.

Erich Hillbrand, Die maximilianeische Befestigung von Linz. In: Anzeiger der öster-reichischen Akademie der Wissenschaften Bd. 94, Wien 1957, S. 28ff.

GUTENSTEIN

Johann Stippel, Geschichte des Marktes Gutenstein in Niederösterreich, Phil. Diss., Wien 1964.

Alphons Lhotsky, Geschichte Österreichs ... (1281–1358), Wien 1967, S. 169ff.

Topographie von Niederösterreich, hrsg. vom Verein für Landeskunde von Nieder-österreich, Bd. III, S. 779ff.

HALBTURN

Josef H. Derx, Halbturn. Aus der Geschichte eines burgenländischen Barockschlosses und seiner Bewohner. In: Burgenländisches Leben, Jg. 32, H. 3/4, Eisenstadt 1981, S. 42f.

HERNSTEIN

Felix Halmer, Niederösterreich – Burgen und Schlösser zwischen Baden, Gutenstein und Wiener Neustadt, Wien 1976.

Theophil Hansen, Das Jagdschloß Hörnstein in Niederösterreich. In: Allgemeine Bauzeitung, Wien 1861, S. 253f.

Österreichische Kunsttopographie Bd. XVIII: Die Denkmale des politischen Bezirkes Baden, bearb. von Dagobert Frey, Wien 1924, S. 304f.

HETZENDORF

Österreichische Kunsttopographie Bd. II: Die Denkmale der Stadt Wien (XI.–XXI. Bez.), Wien 1908, S. 33ff.

Egon Cäsar Conte Corti, Ich, eine Tochter Maria Theresias, München 1950.

ISCHL

Monika Oberhammer, Von der kaiserlichen Villa in Ischl. In: alte und moderne Kunst, 147, Wien 1976, S. 27ff.

KARLAU

Fritz Popelka, Das landesfürstliche Lustschloß und die Schweizerei in der Karlau. In: Blätter für Heimatkunde, hrsg. vom Historischen Verein für Steiermark, Graz 1934, S. 53ff.

Josef Wastler, Das Kunstleben am Hofe zu Graz unter den Herzogen von Steiermark, den Erzherzogen Karl und Ferdinand, Graz 1897.

KLAGENFURT

Johann Kienberger, Zur Geschichte der bischöflichen Residenz in Klagenfurt. In: Carinthia I, Klagenfurt 1963.

Othmar Rudan, Erzherzogin Maria Anna in Klagenfurt 1781–1789 – Palais und Kloster vereint. In: Carinthia I, Klagenfurt 1980, S. 185ff.

KLESSHEIM

Schloß Kleßheim, bearb. von Johann Ostermann. In: Inventare der Salzburger Burgen und Schlösser Bd. 1, Salzburg 1989.

Franz Martin, Schloß Kleßheim. In: Wiener Jahrbuch für Kunstgeschichte, Wien 1926.

LAINZ

Klaus Eggert, Die Hermesvilla im Lainzer Tiergarten bei Wien. In: alte und moderne Kunst 66, Wien 1963, S. 1ff.

Katalog der 60. Sonderausstellung des Historischen Museums der Stadt Wien: Vor hundert Jahren, Wien 1879. Als Beispiel für die Zeit des Historismus, Hermesvilla – Lainzer Tiergarten, Wien 1979.

Susanne Walter, Hermesvilla, Wien 1986.

LAXENBURG

Elisabeth Springer, Laxenburg, Chronik – Bilder – Dokumente, Laxenburg 1988.

Peter Pötschner, Das Haus der Laune im Park zu Laxenburg. In: alte und moderne Kunst 106, Wien 1969, S. 2ff.

Christian Lackner, Das Finanzwesen der Herzöge von Österreich in der 2. Hälfte des 14. Jahrhunderts. In: Unsere Heimat, Jg. 63, Heft 4, 1992, S. 297ff.

LINZ

Rudolf Büttner, Burgen und Schlösser an der Donau, 2. Aufl., Wien 1977, S. 36.
Brigitte Haller, Kaiser Friedrich III. im Urteil der Zeitgenossen, Phil. Diss., Wien 1965.
Alphons Lhotsky, Kaiser Friedrich III., sein Leben und seine Persönlichkeit. In: Friedrich III. Kaiserresidenz Wiener Neustadt (Katalog des NÖ Landesmuseums NF Nr. 29, Wien 1966, zur NÖ Landesausstellung 1966 in Wr. Neustadt), S. 16ff.

MANNERSDORF AM LEITHAGEBIRGE

Heribert Dienstbier, Mannersdorf am Leithagebirge in alten Ansichten. In: Zaltbommel: Europ. Bibliothek 1982.
Adalbert Starzer, Mannersdorf am Leithagebirge und Umgebung: Herrschaft Scharfeneck … In: Blätter für Landeskunde von NÖ, Wien 1900, S. 104ff.

MAYERLING

Brigitte Hamann, Rudolf, Kronprinz und Rebell, Wien–München 1978.
Rudolf. Ein Leben im Schatten von Mayerling. Katalog der 119. Sonderausstellung des Historischen Museums der Stadt Wien in der Hermesvilla 1989/1990, Wien 1989.

MÜRZSTEG

Herwig Ebner, Burgen und Schlösser in der Steiermark, 2. Aufl., Wien 1979, S. 105f.
Die 1. Internationale Jagd-Ausstellung. Ein monumentales Gedenkbuch, Wien 1912.
Kaiser Franz Joseph I. und die Jagd. Interieurs und Gemälde im ehemaligen kaiserlichen Jagdschloß Neuberg a. d. Mürz, hrsg. von Gemeinde Neuberg a. d. Mürz, o. O. 1991.

DAS NEUGEBÄUDE

Rupert Feuchtmüller, Das Neugebäude. Wiener Geschichtsblätter Bd. 17, Wien 1976.
Hilde Lietzmann, Das Neugebäude in Wien … Ein Beitrag zur Kunst- und Kulturgeschichte der 2. Hälfte des 16. Jahrhunderts, München 1987.
Renate Wagner-Rieger, Das Wiener Neugebäude. In: Mitteilungen des Instituts für Österreichische Geschichtsforschung Bd. LIX, Wien 1951, S. 136ff.

ORT AM TRAUNSEE

Hannes Loderbauer, Schloß Ort am Traunsee, Gmunden 1966.
Friedrich Weissensteiner, Ein Aussteiger aus dem Kaiserhaus: Johann Orth, Wien 1985.

PERSENBEUG

Monatsblatt des Vereins für Landeskunde von Niederösterreich Bd. V, IX. Jg. Nr. 12 (1910), S. 183ff.
Rudolf Büttner, Burgen und Schlösser an der Donau, 2. Aufl., Wien 1977, S. 80f.
Topographie von Niederösterreich, hrsg. vom Verein für Landeskunde von Niederösterreich, Bd. VIII (1916), S. 189ff.

PALAIS RAINER

Karl von Bertele, Das Engelskirchnersche Lustgepäu auf der Wieden. In: Monatsblatt des Alterthums-vereins zu Wien, 1886, S. 50ff.
Dietlinde Frühmann, Erzherzog Rainer Ferdinand, Phil. Diss., Wien 1985.
Edgard Haider, Verlorenes Wien, Wien 1984, S. 134ff.

SALZBURG

Lorenz Hübner, Beschreibung der hochfürstlich-erzbischöflichen Haupt- und Residenzstadt Salzburg … Bd. 1, Salzburg 1792.
Österreichische Kunsttopographie Bd. XIII: Die profanen Denkmale der Stadt Salzburg, Wien 1914.
Friedrich Weissensteiner, Die anderen Habsburger, Wien 1989.
Salzburg im Biedermeier. In: Mitteilungen der Gesellschaft für Salzburger Landeskunde 1980 und 1981, Salzburg 1981.

SCHLOSSHOF

Walter Brauneis, Schloß Hof an der March. In: Prinz Eugen und das barocke Österreich (Katalog des Niederösterreichischen Landesmuseums NF Nr. 170, Wien 1986, zur Ausstellung der Republik Österreich und des Landes Niederösterreich in Schloßhof und Niederweiden), S. 297.
Anna Maria Sigmund, Die Innenräume von Schloßhof, ihre Veränderungen im 18. und 19. Jahrhundert und ihre Restaurierung. In: ARX 2, Wien 1988, S. 396ff.

SCHÖNAU A. D. TRIESTING

Klaus Eggert, Aspekte niederösterreichischer Villenarchitektur des Kontinuismus. In: Landhaus und Villa in Niederösterreich 1840–1914, hrsg. von der Österreichischen Gesellschaft für Denkmal- und Ortsbildpflege, Wien 1982, S. 100ff.
Josef Hauer u. a., Die Gemeinde Schönau a. d. Triesting und ihre Ortsteile in Vergangenheit und Gegenwart, Schönau a. d. Triesting 1979.
Friedrich Weissensteiner, Die rote Erzherzogin, Wien 1990.
Hannes Stekl, Marija Wakounig, Windisch-Graetz. Ein Fürstenhaus im 19. und 20. Jh.

DIE RUDOLFSVILLA UND DAS SCHLOSS WARTHOLZ

Heinrich von Ferstel, Die Villa Sr. kais. Hoheit Karl Ludwig in Reichenau. In: Allgemeine Bauzeitung, 42. Jhg., Wien 1877, S. 14ff.
Christine Gruber, Erzherzog Karl Ludwig, Phil. Diss. Wien 1982.
Felix Halmer, Burgen und Schlösser im Raume Bucklige Welt …, Wien 1969, S. 131f.
Die Eroberung der Landschaft. Semmering – Rax – Schneeberg (Katalog des NÖ Landesmuseums NF Nr. 295 der Niederösterreichischen Landesausstellung 1992 auf Schloß Gloggnitz), Wien 1992, hrsg. von Wolfgang Kos.

WEILBURG

Waltraud de Martin, Die Weilburg in Baden bei Wien, Baden 1987.
Manfried Rauchensteiner, Erzherzog Karl. In: 1000 Jahre Österreich, hrsg. von Walter Pollak Bd. 1, Wien–München 1973.
Österreichische Kunsttopographie Bd. XVIII, S. 120ff.

WELS

Hermann Wiesflecker, Kaiser Maximilian I. Bd. IV: Die Gründung des habsburgischen Weltreiches, Lebensabend und Tod. 1508–1519, Wien 1981.
Katalog der Ausstellung: Maximilian I. Innsbruck, Innsbruck 1969.

WIENER NEUSTADT

Gertrud Gerhartl, Wiener Neustadt als Residenz. In: Katalog der Ausstellung Friedrich III. Kaiserresidenz Wiener Neustadt, Wien 1966, S. 104ff.

BILDNACHWEIS

05.20